上海新金融研究院

SHANGHAI FINANCE INSTITUTE

探索国际金融发展新趋势，求解国内金融发展新问题，

支持上海国际金融中心建设

互联网金融
理论、实践与监管

范文仲◎等著

中国金融出版社

责任编辑：亓　霞　任　娟
责任校对：孙　蕊
责任印制：陈晓川

图书在版编目（CIP）数据

互联网金融理论、实践与监管（Hulianwang Jinrong Lilun、Shijian yu Jianguan）/范文仲等著．—北京：中国金融出版社，2014.10
（新金融书系）
ISBN 978 - 7 - 5049 - 7677 - 2

Ⅰ.①互…　Ⅱ.①范…　Ⅲ.①互联网络—应用—金融—研究
Ⅳ.①F830.49

中国版本图书馆 CIP 数据核字（2014）第 223257 号

出版
发行　**中国金融出版社**

社址　北京市丰台区益泽路 2 号
市场开发部　（010）63266347，63805472，63439533（传真）
网 上 书 店　http://www.chinafph.com
　　　　　　　（010）63286832，63365686（传真）
读者服务部　（010）66070833，62568380
邮编　100071
经销　新华书店
印刷　北京市松源印刷有限公司
尺寸　170 毫米×230 毫米
印张　16.75
字数　182 千
版次　2014 年 10 月第 1 版
印次　2016 年 10 月第 3 次印刷
定价　38.00 元
ISBN 978 - 7 - 5049 - 7677 - 2/F.7237
如出现印装错误本社负责调换　联系电话（010）63263947

新金融书系
NEW FINANCE BOOKS

　　中国的金融发展史就是一部"新金融"的历史，金融业的版图无时无刻不在演变、重塑。不断革新的金融工具、运行机制和参与主体塑造了不断变化的金融业态和格局。理念与技术的创新在推动金融结构演进、金融改革深化的同时，也为整个金融业的发展带来了机遇与挑战。

　　"新金融书系"是由上海新金融研究院（Shanghai Finance Institute，SFI）创设的书系，立足于创新的理念、前瞻的视角，追踪新金融发展足迹，探索金融发展新趋势，求解金融发展新问题，力图打造高端、权威、新锐的书系品牌，传递思想，启迪新知。

　　上海新金融研究院是一家非官方、非营利性的独立智库，致力于新金融领域的政策研究。研究院成立于2011年7月14日，由中国金融四十人论坛（China Finance 40 Forum，CF40）举办，与上海市黄浦区人民政府开展战略合作。研究院的宗旨是：探索国际金融发展新趋势，求解国内金融发展新问题，支持上海国际金融中心建设。

　　2014年1月22日，在美国宾夕法尼亚大学发布的《2013年全球智库报告》中，上海新金融研究院在"最佳管理"排名中居第29位，是该榜单中国区第一。在其他几项指标中，研究院也处于国内领先地位。

　　上海新金融研究院努力提供一流的研究产品和高层次、有实效的研讨活动，包括举办闭门研讨会、上海新金融年会、互联网金融外滩论坛，开展课题研究，出版《新金融评论》、"新金融书系"等。

　　中国金融四十人论坛是一家非官方、非营利性的独立智库，专注于经济金融领域的政策研究。论坛由40位40岁上下的金融精锐组成，即"40×40俱乐部"。本智库的宗旨是：以前瞻视野和探索精神，致力于夯实金融学术基础，研究金融领域前沿课题，推动中国金融业改革与发展。

新金融书系编委会

前　言

　　互联网金融发展迅速，引起了监管层、学术界和业界的广泛关注与讨论。虽然社会上针对互联网金融出现了不少理论阐述，但是多数分析仍倾向于从机构角度对互联网金融进行分类。本书从金融功能属性出发，从空间维度和时间维度对金融功能进行划分，并将除此之外的金融功能归为第三方金融服务。这种研究思路不仅将互联网金融顺理成章地纳入金融功能分析框架，更能够从历史上看到金融发展沿革的轨迹，从而揭示金融创新与金融风险并存的深刻道理。这一思考对金融监管的运用也具有启发性，从金融功能出发的监管思路可能会突破现有监管框架，实现更有效的监管。

　　本课题组成员来源广泛，既有监管层的前沿工作者，又有业界的实际创新人，还有学术界的博士生。可以说，本书在立题之初就希望对互联网金融的观察取得全面多元的视角。本书的作者分别为范文仲、蒋则沈、周特立、郭宇航、董辰珂。

　　感谢各位作者对本书的贡献，也希望本书对互联网金融发展产生些微贡献。

范文仲

二〇一四年九月

目　录

第一章
金融创新与金融制度的演进

　　金融的核心功能是对经济风险进行定价和交易，从而有效分配经济要素资源，实现社会效用的最大化。金融活动既可以表现为从空间维度、时间维度来直接分配经济资源的交易和投融资活动，也可以体现为通过咨询和代理销售等第三方服务来促进社会资源更优化的分配。20 世纪 90 年代以来兴起的互联网科技正在深刻地改变着人类社会的形态。近年来，互联网金融业务在空间和时间等多个维度创新发展了传统金融的功能。

　　首先，信息和通讯科技的发展显著降低了空间距离对资源交换的影响，金融支付体系出现了革命性变革，商品交换在更广阔的范围内实现。互联网大大加强了人类个体之间的社会联结，物理空间的距离对信息交换的限制已经基本消除，社会群体在虚拟空间可以长时间共同生活，商品经济的社会化程度急剧提高。在空间资源分配方面，由于网络平台技术的应用，金融支付范围突破了空间与地域的限制，金融资源的流动可以实现点对点的实时分配，进一步降低了交易成本，商品交换的广度和深度大大加强。

　　其次，"大数据"的发展大幅降低了金融信息的搜索和撮合成本，间接融资的中介特性发生变化，直接融资的社会化程度大大加强。计算机科技的发展，使信息传播、储存、分析的成本大幅下降，从而对经济人的行为特征、财富需求、风险偏好有更为清晰的了解。在时间维度的投融资方面，互联网技术的应用促使资金供需方的信息交换更加便利，降低了信息搜寻与撮合成本，互联网投融资由单纯的交易撮合衍生出互联网存贷与众筹投融资等创新方式。商业银行实体分支机构的功能逐渐被网络平台取代；众筹将投资风险在广大的投资者群体中分散，使高风险的项目融资成为可能。

最后，互联网的大平台特性使得微量的个性化金融服务成为可能，增强了金融的普惠化。现代金融体制帮助削弱了阶级的划分，缺乏资金者只要能提供良好的投资回报，就可以通过互联网平台获得资金，资金富余者可以通过放贷和投资分享收益，全社会的资金回报率提高；与此同时，"私人产权"的观念渐渐被共享收益的方式所取代。第三方金融服务借助互联网强大的数据处理功能，及时应用大平台与"大数据"技术为客户提供更便捷、更优惠的增值金融服务。金融产品销售的范围大大扩展，金融咨询服务的成本显著降低。金融服务不再是富人的专利，中产阶级甚至低收入家庭也可以享受到基本的金融服务。金融行业的神秘性降低，金融服务的普惠化加强。

毋庸置疑，互联网金融提供了更加便利的方式和更加社会化的交易平台，正在深刻改变传统金融活动，具有伟大的创新意义。但是，历史告诉我们，每一次重大的金融创新都会带来前所未见的金融风险。11世纪纸币的出现曾触发了中国宋朝第一次通货膨胀，西方股票市场的出现也曾导致密西西比和南海泡沫事件，各国总是在饱尝危机教训之后才开始补救、完善金融制度。针对新的金融风险，大明王朝采取的措施是取缔纸币，扼杀了中国领先 600 年的金融创新；而西方在数次资本市场危机之后，在罗马契约法理的基础上不断推动制度创新，提倡平等合规的契约精神，实现了金融创新与制度创新的平衡发展。

我们应该认识到，科技进步和金融创新并不必然降低风险，互联网金融并没有改变金融业务具有收益不确定性的本质特征，更加社会化的平台也会扩大金融外部性的负面效应。如果没有审慎明确的风险管理制度，新的金融危机将有可能在更大范围、更加快速地扩散。我们真诚地希望，在中国互联网金融兴起之时，全面了解其创新意义和内在风险本质，积极推动建设与之相适应的金融契约制度，抓住这次历史机遇，不重蹈历史覆辙，找寻到一条金融创新与制度创新的平衡之路。

第一节　金融支付体系的发展

金融活动在空间维度分配资源的功能集中表现为商品交易支付媒介的不断发展。从社会发展史的角度看，支付媒介的产生使商品交换成为可能，导致了商业分工的出现和远距离交易的实现，从而在一定的空间范围内更有效地组合使用生产要素。随着科技的发展，支付和结算手段不断发展，商品交换的空间范围不断扩大，可以在更大的范围内实现生产要素的最优分配。金融活动成为商品经济的重要推动力，在支付方式演变的过程中，金融创新和制度创新并行发展，互为因果。

一、商品支付媒介的演变

（一）近距离商品交换：从自给自足到易货贸易

人类社会发展的早期，群居部落的经济方式以自给自足为主，为了满足对内部无法生产的特殊物品的需求，偶尔进行商品交换。随着生产效率的提高，不同个体和地区发展出了自己的生产专长，自给自足的小农经济形式被打破，逐渐过渡到进行大规模商品交换的社会形态。大卫·李嘉图在其代表作《政治经济学及赋税原理》中提出了比较成本贸易理论，认为擅长生产葡萄酒的人应该和擅长生产羊毛的人进行交换，在此基础上，经济资源得到更优化的使用，全社会的经济效益都会上升。但是，在实践中，通过贸易交换实现生产的比较优势面临很多困难，因为交易对象的搜寻成本、磋商成本和运输交换成本都很高。在人类文明发展的初期，商品交易以易货贸易为主，交易的时间比较长，交易地域很小。与此相对应，易货贸易对交易契约制度的要求不高，交易双方可以看到葡萄酒和羊毛，交易风险和交易对象的人品关系不大，即使没有法律制度安排也可以进行交易。

（二）长途贸易：从金属货币到纸币

在商品交换发展的第二个阶段出现了标准化的交易媒介。中国的货币文化灿烂辉煌，有文字记载的货币史长达 3500 多年。先秦时期，牲畜、兽皮、珠玉、贝、布帛及金属都充当过货币。《周礼·载师》云："凡宅不毛者有里布"，里布就是以布为材料制成的交易媒介物，里布上有币名、年月、地址、钱数、发行人印信。《诗经·氓》云："氓之蚩蚩，抱布贸丝。匪来贸丝，来即我谋。"其中的"布"指布币。周代 800 年的币制，一直以布帛为本位。其他东西虽然也被用做币材，但使用总不如布帛来得广泛，这可以说是我国货币史上的一大特色。中国也是世界上以铜铸币最早的国家，公元前 1500 年，商代已有铜贝币，是世界上最早的金属货币之一；公元前 800 年，春秋初期已有青铜铸造的刀币。

标准化交易媒介的出现，降低了搜寻成本和磋商成本，扩大了交易地域，缩短了交易时间，社会经济活动的支付成本不断降低。当社会公众通过一般等价物进行商品交换时，商品交易的范围逐渐扩大，从而可以在更大的空间范围内实现资源分配。虽然青铜币在早期商品交换中扮演了重要的角色，但由于青铜的价值低，携带不便，后期逐渐被金银等贵金属所取代。

以金银作为支付媒介，交易对手信用风险比较小，无须辨别对手是何人，只要能够钱货匹配且足额，"一手交钱，一手交货"就可以进行正常交易。但是，贵金属媒介依然面临运输成本高的问题，远距离的贸易面临巨大的操作风险，交易的规模和地域范围依然受到很大限制。由于路途不便，盗匪猖獗，长距离的运输如何保证金银的安全成为主要的问题。为了减少运输中的操作风险，中国古代产生了镖局等商业护运的行业，虽然部分减少了运输途中的操作风险，但交易成本显著上升。找到一种简便、快捷的长距离支付方式，使经济资源能够在更大的空间里分配，成为金融创新发展的必然需求。

首先实现这一金融创新的是中国。在唐朝，经济社会活动和长途贸易日益发达，唐宪宗元和初年，朝廷鼓励商人在京城把金银财物交给各地方（"诸军、诸使或诸道"）设于京城长安的"进奏院"（驻京办），换取兑换券，即"飞钱"，后携券到其他地区的指定地方凭券取钱；与此同时，部分商人也在各地区或主要城市有联号或交易往来，代营"便换"，以此牟利。一方面，这种汇兑方式降低了对金银铜钱的需求，缓和了钱币的不足；另一方面，商人前往各地进行贸易活动时，也减少了携带大量钱币的不便。正是由于实现了金融支付工具的创新，唐朝的商业活动极度繁荣，丝绸之路成为联系东西方贸易的枢纽，商品和金融资源实现了在欧亚大陆广阔空间内的优化配置。

中国的北宋时期，出现了世界上第一个由政府信用支持的纸币——交子。唐宋时期四川盆地经济很发达，丝绸和盐铁交易非常兴旺，但是由于历史原因，四川的金属货币以铁钱为主，重则20多斤，轻则十几斤，携带十分不便利。北宋初年，四川成都出现了为不便携带巨款的商人经营现金保管业务的交子铺户。存款人把现金交付给铺户，铺户把存款数额填写在用楮纸制作的纸卷上，再交还存款人，并收取一定的保管费。这种临时填写存款金额的楮纸券被称做交子。

纸币由于其便携性，显著降低了长距离交易的成本，解决了很多贵金属作为交易媒介的麻烦。在以贵金属作为交易媒介的时期，由于贵金属产量有限而经济活动对货币的需求不断增长，容易出现通货紧缩。在以纸币为交易媒介的金融体系中，货币供应量是可以调节的，这是历史的进步。但与此同时，纸币的创新也带来了新的弊端——交易对手风险和支付媒介的价值风险显著增大。一方面，交易对手是否会接受交子具有不确定性；另一方面，交子本身的价值也有波动性。例如，北宋时期，交子铺户在经营中发现，只动用部分存款，并不会危及交子信誉，于是他们便开始印刷有统一面额和格式的交子，作为一种新的流通手段向市场发行。纸币的出现放大了借贷的杠杆行为，金融风险随之而生。市场逐渐意识到这项业务有利可图，不久在四川便出现了很多的交子铺户，交子的发行数量大增，信用大减，价值暴跌，引发了地区性金融危机。北宋景德年间（1004—1007年），益州知州张泳对交子铺户进行整顿，剔除不法之徒，交子铺户专由16户富商经营，至此交子的发行正式取得政府认可。宋仁宗天圣元年（1023年），政府设益州交子务，以本钱36万贯为准备金，首届发行官交子126万贯，准备金率为28%。

在纸币本位下，中央政府为了增加财政资源，倾向于通过扩大货币发行量解决燃眉之急，如果没有严格的金融制度约束，金融危机在纸币本位下将更为频繁。北宋最初对于交子的发行确立了一系列的规则。交子采取分届发行的办法，每届到期时，用新发行的交子替换旧发行的交子。交子的发行原需备有金属货币作为"钞本"，依惯例每造一届交子（钱引）需准备铁钱 36 万缗作为钞本。但是，这些规范交子发行、稳定交子发行量的规则并没有能够维持太长时间。首先是交子分界发行规则被破坏，交子开始新旧两界并行，发行量倍增，后来因对辽、金长年征战，供应军需超额发行，北宋和南宋政府大量超限发行官交子，导致交子严重贬值，出现了全社会性的通货膨胀。可以说，中国是世界上第一个使用法定纸币的国家，也是世界上第一个经历纸币类型通货膨胀的国家。尽管宋朝灭亡后，元朝和明朝先后发行了"中统钞"和"大明宝钞"，但在金融制度上却没有能够完善宋朝的纸币制度，通货膨胀愈演愈烈。明末张萱在《西园闻见录》中对此有生动的描述："钱者，特天子行权之物耳，上之威令果行者，虽沙砾可使趣于珠玉，桑楮可以肩于锦绮，片纸只字飞驰于天下而无凝滞。"永乐年间，明朝政府被迫取消了大明宝钞，中国的货币支付退回到了白银支付。戈兹曼和罗文霍斯特在《价值起源》一书中，对这一悲剧过程进行了详尽的描述。

（三）国际贸易：国际货币体系的发展

西方文艺复兴之后，伴随着航海和天文技术的发展，商品交换的方式从陆上交通拓展到海上贸易，交易的地域也从欧亚大陆扩展到了全球。为了拓展国际贸易，西方的金融支付体系迅速演变。欧洲各国在商业私人机构发行"银行券"的基础上，逐渐出现了以政府信用为基础的纸币，但在商品交换中白银和黄金依然扮演着不可替代的角色。18 世纪 40 年代，世界白银产量的增加使白银价格不断下跌，削弱了白银作为货币的能力。因此，许多国家逐步过渡到了金银复本位制。平行本位制下金银币可以自由兑换、自由铸造、自由熔化、自由输出入。复本位制下，由政府规定的银币作为货币的价值高于其作为普通商品在市场上的价值，套利的结果使劣币驱逐良币，银币充斥流通。

1816 年，英国颁布了《金本位制度法案》，开始实行金本位制，促使黄金转化为世界货币。随后，德国于 1871 年宣布实行金本位制，丹麦、瑞典、挪威等国于 1873 年也相继实行金本位制。到 19 世纪末，资本主义各国已经普遍实行这一货币制度。金本位制是指以黄金作为本位货币的货币制度，其主要形式有金币本位制、金块本位制和金汇兑本位制。金币本位制是以黄金为货币金属的一种典型的金本位制。金块本位制是指由中央银行发行、以金块为准备的纸币流通的货币制度。金汇兑本位制是指以银行券为流通货币，通过外汇间接兑换黄金的货币制度。

第一次世界大战期间以及 1929—1933 年资本主义经济危机期间，各主要资本主义国家为筹集资金以应付战争和刺激经济，大量发行纸币，导致纸币与黄金之间的固定比价无法维持，金汇兑本位制在几经反复后终于瓦解，各国普遍实行纸币本位制度。在与黄金脱钩的纸币本位制度下，纸币不再代表或代替金币流通；相应地，金平价（铸币平价和法定平价）也不再成为决定汇率的基础。由于这种纸币，不论对内或对外，皆不能要求政府兑换成金银，故又称为不兑换纸币制度。

从 20 世纪 30 年代到第二次世界大战前，国际贸易体系进入了长达十几年的混乱时期，其间形成了以英、美、法三大国为中心的三个货币集团（英镑集团、美元集团、法郎集团），三大集团以各自国家的货币作为储备货币和国际清偿力的主要来源，同时展开了世界范围内争夺国际货币金融主导权的斗争，这种局面一直持续到第二次世界大战结束。

第二次世界大战之后，美元成为唯一的国际货币，在美国的主导下，《国际货币基金协定》确立了美元与黄金挂钩、各国货币与美元挂钩并建立固定比价关系、以美元为中心的国际金汇兑本位制，也即布雷顿森林体系。布雷顿森林体系解决了国际储备短缺（黄金短缺）的困难，通过固定汇率稳定了世界金融市场，国际货币基金组织的成立及资金融通方案促进了国际金融合作。借助于此，美国最终确立了其世界金融霸权。60 年代之后，由于美国国际收支逆差严重，美元信用猛降，国际金融市场出现抛售美元的数次危机，最终导致第二次世界大战后以美元为中心的固定汇率制度崩溃。1973 年布雷顿森林体系瓦解，1976 年国际货币基金组织通过《牙买加协定》确认了布雷顿森林体系崩溃后浮动汇率的合法性，继续维持全球多边自由支付原则。

国际货币支付体系的演变，既来源于国际贸易发展的需求，也体现了世界大国实力的博弈。在以美元为核心的布雷顿森林体系早期，稳定的币值曾推动了第二次世界大战后欧美经济的迅速复苏，国际贸易大幅增长，但也形成了美元一家独大、滥用铸币税的风险。90 年代之后，欧元和其他币种兴起，削弱了美元霸权，但同时也造成了汇率波动，国际贸易的金融风险上升。金融危机之后，建立更有效的国际货币政策协调机制、提高国际支付体系的稳定性已成为国际金融治理改革的核心议题。

二、金融支付的风险与现代货币制度的建立

（一）金融支付的风险

在人类社会货币发展史中，每一种支付媒介都有自己的风险。贯穿金融支付制度发展的金融风险包括交易对手风险、币值波动风险和交易过程中的操作风险。

支付风险首先表现为交易对手风险。交易对手风险一方面表现为信用风险，即支付对手有意欺诈，或因经营不善，导致资不抵债、支付困难或面临破产，使购买商品的货款无法及时偿付。在原始社会的易货贸易中，或以天然材质形成的支付媒介交易中，如果不存在交易的时滞，交易对手的风险就较小。后期随着赊销等复杂商品交易形式的出现，交易对手的风险逐渐增大。

在以政府信用为基础的贵金属或纸币支付体系中，金融支付的风险还表现为发行货币方的政策失控，通货膨胀高企，作为社会支付媒介的货币大幅贬值。这种事例不仅在中国的宋朝出现过，在纸币出现前后的世界货币史中也比比皆是。在货币的发展史中，铸币税就是交易对手风险的集中体现。金属货币时代早期，货币以等值的黄金或白银铸造，其本身的价值与它所代表的价值是相等的，铸币者得不到额外的差价收入。到了金属货币时代的中后期，货币铸造权已归属各国统治者。统治者逐渐发现，货币本身的实际价值即使低于它的面值，也同样可以按照面值在市场上流通使用。于是，统治者为谋取造币的短期利润，开始降低货币的贵金属含量和成色，超值发行，即所谓的"硬币削边"。这时货币面值大于其实际价值，其差价就是铸币税。公元前4世纪，希腊叙拉古的暴君狄奥尼西奥斯就曾把每一德拉克马（希腊货币单位）的硬币回笼，再标记为两德拉克马，并用新硬币偿还所欠债务。欧洲的君主在后期也利用此方法逃废债务。英国在1551年使其货币的银含量降低了50%，瑞典在1572年使其货币的银含量降低了41%。为了战争融资，18世纪末俄国卢布减值57%。纸币出现后，通货膨胀的幅度和范围更加扩大。中国国民党政府时期，通货膨胀率高达1500%（1947年）；而在非洲，安哥拉1996年的通胀率超过4000%；到2007年止，津巴布韦的通胀率已升至 66000%。正如 Reinhart 和 Rogoff 在《这次是不同的》（*This Time Is Different*）中所说，从金属货币到纸币的转换说明，技术进步有时会使金融危机更加恶化，就像历史上技术进步持续提升战争的杀伤力一样。

在支付结算的过程中，操作风险所造成的损失仅次于交易对手风险。在古代，金融支付的操作风险表现为交易中出现假币和伪币，以及在货币运输过程中面临的巨大安全风险。在中国历史上，有了纸币，就有大量伪钞出现。南宋时一次查获伪钱引 30 万，盗印团伙达 50 人。面对如此猖獗的伪造钞票犯罪活动，历代采取了一些防伪的办法，大致有如下几种：一是控制印钞原料，选择一般人难以仿造的洁白、光厚、耐久的纸张来印钞。这类纸张禁止民间买卖，以防作伪。二是纸币上增加文字及印记。古代纸币上的字均由善书者手书，然后刻印，且文字较多，有的书刻《孝经》，有的书刻《先正格言》，有的书刻刑律。文字一多，则难以模仿；模仿不像，则容易辨别。为了减少长途运输的安全风险，清朝早期逐渐出现了镖局行业。镖局又称镖行，是受人钱财，凭借武功，专门为长途货运保护财物或人身安全的机构。镖局不但承接保送一般的私家财物，也承接保送地方官上缴的饷银。由于镖局同各地都有联系或设有分号，清朝一些汇款业务也由镖局承担。镖局的买卖叫做"出镖"或"走镖"。按脚程远近、货物价值取不同的"镖利"，商定后签订镖单，在镖单上注明起运地点、商号、货物名称、数量、镖利多寡等，双方各盖图书（印章，其章非状）。护送到指定地点、商号后，取得镖利。

在现代金融体系中，操作风险也有新的表现形式。随着商业银行支付系统日益复杂化，金融支付的复杂度提高，脆弱程度也不断上升。突发的外部事件，如地震、战争等都会危及支付系统的稳定运行。在无纸化支付过程中，如果部分支付口令设置过于简单，防火墙及入侵检测系统配备不完善，也会给黑客留下可乘之机。此外，社会银行卡诈骗、内部员工内外勾结，都会给支付结算过程造成巨大的操作风险。

（二）现代货币制度的建立

在金融支付的广义社会契约中，每一次制度创新都使金融交易的参与者受到更为严格的管束。例如，法定货币出现之后，政府被要求进行预算管理，货币当局必须执行严格审慎的货币政策。为了降低交易对手风险，各国建立了准入制度和社会信用评价体系。为应对操作风险，纸币防伪、银行灾备、风控制度相继建立。在 17 世纪产生了以阿姆斯特丹银行和英格兰银行为代表的中央银行。英格兰银行是最早在法律上具备货币特许发行权的股份制中央银行。中央银行以国家信用为基础，建立了准备金等风险管理制度，并为其他商业金融机构提供本票的清算业务。在此时期，西方创新了大量的支付结算管理制度以防范货币风险。19 世纪以来，国际贸易蓬勃发展，西方商业银行逐渐开始在海外设立分支机构，世界经济资源可以在全球范围内进行广泛交换。金融支付工具的发展推动实现了经济的全球化，与此同时，金融创新带来的全球汇率和利率风险也使区域性金融危机的影响扩大到全球范围。19 世纪晚期之后，全球性的金融危机不断爆发，在推动金融风险管理制度完善的同时也催生了货币制度安排。

货币制度是一国政府以法律形式确定的货币流通结构和组织形式。典型的货币制度包括货币材料与货币单位，通货的铸造、发行与流通，货币发行准备制度等内容。货币铸造、发行与流通程序主要分为金属货币的自由铸造与限制铸造、信用货币的分散发行与集中垄断发行。自由铸造指公民有权用国家规定的货币材料，按照国家规定的货币单位在国家造币厂铸造铸币，一般而言主币可以自由铸造；限制铸造指只能由国家铸造，辅币为限制铸造。信用货币分散发行指各商业银行可以自主发行信用货币，早期信用货币就采用分散发行的方式，各国信用货币的发行权都集中于中央银行或指定机构。货币发行准备制度分两种：一种是在金属货币与银行券同时流通的条件下，为了避免银行券过多发行，保证银行券信誉，发行机构按照银行券的实际规模保持一定数量的黄金和外汇资产；另一种是纸币流通条件下，发行纸币的金融机构（中央银行或者商业银行）维持一定规模的黄金和外汇资产。发行货币机构按照一定要求与规则持有黄金就是黄金储备制度，是货币制度的一项重要内容，也是一国货币稳定的基础。多数国家的黄金储备都集中由中央银行或国家财政部管理。

　　20 世纪后半期，随着信息科技的发展和电子计算机在银行业务中的运用，银行卡被广泛用于存取款和转账支付，自动取款机（ATM）的出现显著减少了人们携带现金的需求，借记卡和信用卡的普及使电子支付成为金融支付的重要形式。现代支付结算更多地是通过银行体系来完成的。借记卡、信用卡消费，以及银行转账成为大额消费的主要形式，商业银行成为支付中介机构。支付过程形成了三层次支付结算关系：第一层次是社会公众与银行之间的支付关系；第二层次是商业银行之间或商业银行与机构客户之间通过转账方式完成支付；第三层次是中央银行成为商业银行的支付中介，提供支付结算体系，利用中央银行货币为商业银行及其他清算系统完成整个经济活动的债权债务清算。这三层次支付结算体系极为庞杂，其稳定运行需要完善的制度设计和严格的操作规程。虽然从社会大众的日常生活来看，支付和交易变得更加简捷方便，但金融体系内部的规则和制度却日益复杂和严格。

（三）历史的启迪

人类的金融支付媒介从实物发展到纸币，进而发展为虚拟的电子数据。现代科技的进步使交易成本下降，商品交换的空间范围不断扩大，但交易的复杂度、交易对手风险、操作风险明显上升，对社会契约制度和风险管理安排的要求都比以前要复杂、严格得多。

国际金融史研究者一直有一个疑问：为什么历史上很多的金融创新出现在古代中国，但现代资本主义却兴起于西欧？在近代，似乎出现了东西方文明的"大分岔"。约瑟夫·尼达姆在《科学与文明》一书中详细描绘了中国历史上的科学进步，提出了著名的"尼达姆问题"。在12~13世纪，中国和西方都在进行大规模的战争，在意大利城邦国家抗击拜占庭皇帝的过程中，债券市场快速发展，欧洲国家找到了一条把国家利益与公众需求相结合的道路，不断改进债券发行。但是，中国在与蒙古的战争中，既把纸币当作货币政策工具，又当作战时融资工具。在中世纪后期，正是金融制度与金融技术的区别创造了不同的金融发展条件，并形成了两大文明之间的制度分离。

我们在分析金融的发展时倾向于强调金融发展的优化和改进，强调货币支付结算的发展使得交易成本降低，但往往会忽视为了实现这种转换而进行的一系列金融制度建设。正是由于缺乏配套制度建设，中国在历史上才丧失了引领金融创新的先机；也正是由于配套制度不断完善，西方某些国家在近500年才成为世界金融体系的霸主。

三、互联网支付的创新

（一）拓展到虚拟空间的商品交易：第三方在线支付

20世纪90年代，互联网的兴起把人类带入了网络时代，商品交换的范围从物理空间扩展到互联网构建的虚拟空间。90 年代中期，网络销售和消费业务渐渐萌芽，面临着巨大的在线支付困难。在虚拟的网络空间中，交易双方并不见面，交易支付时无法做到"一手交钱，一手交货"。在互联网发展早期，人们曾通过汇款和邮寄支票的方式进行支付，但面临巨大的交易对手风险。为了减少交易的时滞，后期信用卡交易方式渐渐兴起，人们在线进行网络消费时，输入银行的信用卡信息，确认身份后进行交易。虽然这种方式解决了交易的时滞问题，但在不同的网站交易，需要输入不同的信用卡信息，既不方便，也不安全。新的金融创新的需求自然出现，即能不能把所有网上支付都给统一起来，不论是在哪个网站购买商品，也不论使用哪家银行的信用卡，都可以在该统一支付系统中完成。在这个系统中，支付机构提供和各银行及商户企业的数据接口，而用户通过支付机构统一提供的在线账户在互联网上完成交易，这就是互联网第三方支付的雏形。

美国的 PayPal 是实行互联网支付较早的公司，创立于 1998 年 12 月。在早期，PayPal 允许在使用电子邮件来标识身份的用户之间转移资金，避免了传统的邮寄支票或者汇款的方法。PayPal 和一些电子商务网站合作，成为它们的货款支付方式之一，用这种支付方式转账时，PayPal 收取一定数额的手续费。2002 年 10 月，全球最大拍卖网站 eBay 以 15 亿美元收购 PayPal。现在，PayPal 已经支持超过 193 个国家和地区，注册用户数量超过 2.5 亿（2012 年），是目前全球分布区域最广的在线支付提供商。

中国互联网支付起步的时间并没有落后太多。1999 年是我国电子商务的初始发展期，国内成立了第一个 B2C 电子商务网站 8848 网和第一个 C2C 网站易趣网，阿里巴巴网和当当网也相继成立，同时，招商银行和建设银行率先开通网上银行。由于当时全国的互联网网民人数只有400万，而且快递业很不发达，再加上网上支付比较困难，支持网上支付的银行非常少，造成电子商务初期发展缓慢。在最近十年，快递业对民营机构开放，由于中国劳动力成本低廉，物流成本迅速下降，解决了电子商务"一手交货"的问题。2003年淘宝网（C2C）成立，为解决C2C买卖双方的信任问题，率先提出了"支付宝"解决方案，即由支付宝作为中间人，买家将货款打入淘宝网提供的第三方账户（支付宝账户），确认收到货物之后再将货款支付给卖家。这一做法大大降低了买卖双方的交易风险，解决了"一手交钱"的问题。快递和支付两大问题的解决，推动中国电子商务实现了比西方国家更为快速的发展。

（二）虚拟空间与现实空间的交互支付：移动支付和近场支付

在最初阶段，互联网支付是为了满足线上支付的需求，后来支付工具逐渐发展，实现线下更为便捷的支付成为可能。随着移动通讯工具和智能手机的发展，移动支付成为新兴的支付方式。在移动支付中，商户或个人通过移动设备、互联网或者近距离传感向银行业金融机构发送支付指令，产生货币支付与资金转移行为，从而实现移动支付功能。移动支付将终端设备、互联网、应用提供商以及金融机构相融合，为用户提供货币支付、缴费等金融业务。在手机APP应用日益丰富的情况下，移动支付的功能在不断推陈出新。第三方支付、银行等争相推出手机支付客户端，二维码支付、无线支付、语音支付、指纹支付等应用大大丰富了移动支付的市场应用环境。在近五年间，包括Square在内，Google-Wallet、PayPal以及其他近距离无线通讯（NFC）支付技术正带领人类社会走向一个移动支付时代。

目前，中国已成为世界上最大的移动支付市场。中国拥有10亿部手机，银联则拥有超过 20 亿张卡片，以及 1000 万家签约商家。截至 2012 年底，我国电子商务市场交易规模达 8.1 万亿元，同比增长 27.9%。据中国互联网络信息中心（CNNIC）《2012 年中国网络购物市场研究报告》，截至 2012 年底，我国网络购物用户规模达 2.42 亿人，占全国网民的 42.9%；网络购物市场交易金额达到 12594 亿元，较 2011 年增长 66.5%；当年网络零售市场交易总额占社会消费品零售总额的 6.1%。网络购物用户支付方式中最多的是网上银行支付和第三方支付账户余额支付。支付宝发布的数据显示，截至 2013 年底，支付宝实名制用户已近 3 亿，其中有 1 亿用户将主要支付场景转向支付宝钱包，移动支付总金额超 9000 亿元，已超过硅谷两大移动支付巨头 PayPal 和 Square 移动支付 3000 亿元的总和，成为全球最大的移动支付公司。

（三）无政府信用支持的虚拟货币：比特币

相较于传统货币体系的支付，互联网金融的支付应用了新的互联网技术，更加迅捷、便利，衍生出新的支付空间，利用新的交易平台完成了更具有社会效率的交易行为，但支付内容还是中央银行发行的货币，只是支付的形式和平台公司改变了。随着互联网金融的进一步发展，金融创新出现了新的趋向，即是否可以在互联网空间创造出一种全新的支付媒介，这种媒介不再建立在中央银行发行的货币基础上，而是根据一定的数量规则产生和分配，满足互联网支付的需求。

早在 21 世纪初，在一些国际流行的电子游戏世界已经出现了众多的游戏币。这些游戏币既可以通过在游戏中的战斗攻关获得，也可以通过现金购买，可以用于在游戏世界中的各种消费。但是，这种游戏币大多只限定于在某种特定的游戏空间内使用。2008 年爆发国际金融危机，当时有人用"中本聪"的化名发表了一篇论文，描述了比特币的模式。他设计了一种理论，通过缜密的数学运算产生一种虚拟网络的货币，即比特币。一系列数学问题的答案就像多元方程的特征解，总共有 2100 万个特征解，人们利用计算能力解出这些解，叫做"挖矿"。算出数据的答案之后，这些数据产生一个密码和密钥，由此确定比特币的产权，拥有比特币。但是，比特币在虚拟环境中没有意义，只有在交换中才能产生实际效用。和法定货币相比，比特币没有一个集中的发行方，而是由网络节点的计算生成，谁都有可能参与制造比特币，而且可以在全世界流通，可以在任意一台接入互联网的电脑上买卖。不管身处何方，任何人都可以挖掘、购买、出售或收取比特币，并且在交易过程中外人无法辨认用户身份信息。自 17 世纪"荷兰郁金香"泡沫以来，大多数投机市场都没能按照投机者的设想为其带来收入回报，而在当今的电子时代中，情况会变得更加糟糕。在 2013 年中，比特币的价格暴涨了 5500%。

比特币的出现具有一定的创新意义。首先，比特币可以在不同的国家和地区交易，从理论上讲，比特币的创造根据国际统一的规则，不存在汇率问题。如果比特币在未来广泛使用，则可以显著减少汇率风险。其次，比特币脱离各国中央银行的货币制度而独立存在，可以有效防止由于货币供给扩张而造成的铸币税风险。但是，比特币的推广也面临几个根本性缺陷。一是支付媒介的使用范围是由政府法律或社会公信的内在价值决定的。比特币不具有排他性，任何机构都可以设计出一套规则创造与比特币类似的产品，这种网络货币的进入门槛很低。由于比特币没有政府法律支持，也不具有内在实际价值，只能在很小的范围应用，就像游戏世界中赚取的游戏币，或单位内部食堂的餐券，大多数情况下只能在内部使用，很难成为社会的普遍货币。二是尽管比特币没有汇率的问题，但它的价值完全取决于参与交易者的主观判断。从这个意义上看，对比特币的投资其实和当年欧洲的"黑郁金香"投机类似。"黑郁金香"还有一定的使用价值，但是比特币一点现实价值都没有，所以比特币价值面临很大的投机风险。三是比特币的数量恒定，作为货币将造成通货紧缩的压力，如果设定货币供应量，又没有科学统一的规则。因此，从目前来讲，虚拟货币的创新并不成熟。

四、互联网支付的意义与风险

互联网的第三方支付从满足线上交易的需求衍生到满足线下交易的需求，并从实体经济蔓延到虚拟经济的发展。互联网支付的出现，使交易范围从物理空间拓展到互联网空间，极大降低了交易搜索和运输成本，从而可以在更广阔的空间更快捷地分配资源。

（一）金融支付普惠化

互联网支付的成本大幅降低，大大扩展了金融的普惠性。即使在最贫穷的非洲，手机覆盖率在 2012 年底已超过 70%。全球最常使用手机钱包的国家有 3/4 在非洲，最成功的则属肯尼亚手机银行系统 M-PESA。肯尼亚是非洲具有代表性的发展中国家，根据国际货币基金组织公布的2011 年《非洲次撒哈拉地区经济报告》，其人均收入为 475 美元，人口4000 万。M-PESA 推出（2006 年）之前，肯尼亚 38% 的人口从没用过任何金融服务，大部分国民都没有银行账户，更谈不上享受银行服务了。而 M－PESA 的目标客户正是这些没有享受到传统金融服务的肯尼亚人。肯尼亚金融服务普及率很低，而手机的普及率很高。2011 年，肯尼亚手机用户达到了 2500 万户，手机普及率超过 50%。随着经济的发展和人口流动的增加，国内区域间的个人汇款需求也逐步增加，但受制于金融服务状况，很多汇款是通过亲友和司机等人工递送完成的。这种方式既不安全也不及时，同时整体成本也较高。在这种背景下，肯尼亚第一大手机运营商 Safaricom 于 2007 年 3 月推出了手机银行系统 M-PESA，该系统将金融应用集成到客户的手机 SIM 卡中，实现汇款转账、账户查询等金融服务，其最初业务主要是个人汇款。M-PESA 主要由三部分组成：一是 Safaricom 提供的后台系统，保证在线处理和交易完成；二是手机客户端应用，为客户提供操作界面；三是代理商网点，客户在此完成注册、现金存取以及其他增值服务。M-PESA 手机银行系统是运营商主导的运营模式，采取了代理商合作的方式，扩展了整个营销网络，到 2012 年底用户数已达 1491 万。由于 M-PESA 采用短信转账方式，快捷、易用，不需银行账号，所以也不存在月费、最低账户余额等要求。这些都完全符合目标客户的需求。M-PESA 的事例表明，在互联网时代，通过手机银行和移动支付，最贫穷的国家也可以提供基本的金融支付服务。

（二）支付风险社会化

在提供普惠金融支付服务的同时，互联网支付的社会化倾向更为明显，与之相对的金融风险随之上升。从交易对手风险来看，互联网的开放性和虚拟性大大降低了各种金融服务、产品和整个金融产业的进入壁垒，第三方支付机构的准入门槛过低。在欧美等国家，涉及支付转账的互联网公司业务要按照金融业务接受监管，但在中国，《非金融机构支付服务管理办法》将第三方支付机构界定为非金融机构。但部分第三方支付机构业务包括收款、付款、电子资金账户等，这些业务均属于金融机构从事的业务。对于消费者来说，第三方互联网支付平台主要是提供资金结算和信用担保功能，当买方或者支付方向第三方互联网支付平台的虚拟账户充值后，资金从买方账户划至第三方互联网支付平台的虚拟账户，形成沉淀资金。沉淀资金的使用没有明确规则。互联网公司对资金、技术等安全备份的要求远远低于银行。目前，对第三方互联网支付安全的威胁主要有网络钓鱼、恶意欺诈和账户被盗三大类。在使用第三方互联网支付平台进行交易的过程中，消费者个人信息包括身份证号、联系方式、银行卡号等都会传送给支付机构，一旦被不法分子利用，损失非常严重。与此同时，第三方支付机构对用户的管理没有像银行那样有严格的身份审查制度，仅仅是根据用户所填的有限信息来确认相关情况，也存在匿名客户利用第三方互联网支付平台从事非法活动的风险。

金融支付从物理空间向虚拟空间拓展后，人类商品交换的范围拓展到了新的维度，商品交换的效率大大提高，海量小额的支付也可以瞬时实现。传统的三重支付体系在未来可能简化成两个层次，在信息科技发展的基础上，中央银行可以直接作为社会公众日常交易的结算机构，金融支付的后台体系出现集中的趋向。从理论上讲，未来如果得到政府的信用支持，一种全新的电子货币的出现也完全有可能，它的供给由一定的经济规则决定，并被广泛接受和使用。但是，所有这一切的实现都需要以坚实的契约和法律制度为基础，否则支付领域的超前创新更有可能引发更大范围的社会化金融危机。

第二节　间接融资和风险管理制度的发展

金融还可以在时间维度上分配资源。从经济理论上来讲，由于生产效率不同，生产效率低的资金富余方将资金融通给生产效率高的资金短缺方，从而分享后者的投资收益，整个社会的总体效用会提高。跨时间分配资源面临三个难题：第一，金融资源供需信息不对称，即资金富余方和资金短缺方相互不了解，资金匹配存在交易搜索成本；第二，出借方和借入方信用信息不对称，借入方的诚信需要识别，具有信用风险；第三，由于跨时间交易，投资收益存在不确定性，投资产生的风险需要具有损失分担的机制。

为了解决上述难题，出现了两种不同形式的融资：第一种是间接融资，即有中介融资；第二种是直接融资，即股票和债券投资。间接融资通过设立信贷中介，集中归集和使用资金来解决信息不对称问题；通过抵押担保等方式降低信用风险；通过资本和流动性管理来减少投资风险的冲击。直接融资则通过建立集中的交易场所来降低信息不对称，通过建立发行规则和信息披露制度减少信用风险，通过有限公司治理制度分担投资风险损失。

一、间接融资机构的演变

（一）减少金融供需信息不对称——银行的起源

在金融借贷行为发展的早期，由于信息不对称，资金富余方和资金短缺方难以匹配，信贷类金融中介应运而生。资金需求方和资金供给方可以通过信贷中介作为中间人进行交易，资金供给方将资金给中间人，而资金需求方从中间人那里获得资金。

在古希腊和古罗马时代，已有委托存款、汇款及兑换货币等活动，但这些只是货币兑换业性质，还没有办理放款业务。中世纪时期，商业逐渐发达，欧洲的国际贸易以意大利为中心。一些专门经营货币业务的机构得到很大发展，银行业务逐渐兴起。11世纪，意大利的威尼斯、热那亚已成为重要的国际贸易中心，往来的各国商人非常多，交易也非常频繁，因而市场上的货币种类也比较繁杂，流通手段、支付手段的多样化有碍于贸易的顺利进行。为适应这一复杂情况，一部分商人就分离出来，专门从事货币兑换和小额放贷业务。这些商人通常坐在集市中的板凳上进行交易，所以被称为"板凳商"，即现在银行家（Banker）的雏形。

银行解决信息不对称的方式分为两步：资金归集和放贷。银行向资金富余方提供收益保证，向资金短缺方要求贷款抵押并提供放贷。在现代银行模式出现以前，西方的板凳商和中国的票号、钱庄利用自有资金进行贷款或进行一些票据贴现业务，类似目前的"小贷公司"模式，实现了间接融资的第一步，即解决了信息不对称问题中的"谁缺钱"的问题。后期，随着金融信用的提升，金融机构逐渐具有吸收社会储蓄的功能，解决了信息不对称问题中的"谁有钱"的问题，成为真正的银行。早在 16 世纪，意大利就已出现了最早的银行业机构，如 1580 年成立的威尼斯银行、1593 年成立的米兰银行等。这些银行除了经营货币兑换、接受存款、划拨款项等业务之外，也发放贷款，但这时它们所经营的贷款业务仍带有高利贷性质，而且贷款对象主要是君主和拥有特权的企业，大多数工商业资本家仍不能得到信用的支持。17 世纪以后，世界商业中心由意大利移至荷兰及欧洲北部，1609 年荷兰成立阿姆斯特丹银行，1621 年德国成立纽伦堡银行，1629 年又成立汉堡银行。在解决资金供给与需求信息不对称的基础上，现代银行业逐步萌芽。

（二）降低借款人的信用风险——建立金融信用制度

间接融资机构如何解决借款人个人信用风险的问题呢？在现代信用体系诞生之前，不论在东方还是西方，放贷人的信用风险控制主要靠借款人提供的抵押物和第三方担保。工业革命之后，因为行业分工的细化和经济交易区域的扩大，经济交易主体之间的信息不对称现象越来越严重，原来建立在村社经济基础上的诚信约束机制失效了，商业诈骗行为盛行，经济主体的信用风险增加。这时，一些公司为了防止上当受骗，在交易之前派专人到对方所在地进行调查，了解对方的信用情况。在这种历史背景下，1830 年，世界上第一家信用服务公司在英国伦敦成立，主要从事信用调查服务，其成立的初衷是向贸易双方提供对方背景和信用信息服务，防止交易双方相互不信任和诈骗行为，减少交易摩擦，促进交易的顺利进行。信用行业从一诞生，便蓬勃发展。随着信用行业的发展，信用服务的供求双方也不再满足于仅仅提供信用调查信息，而是开始在信用调查信息的基础上，对调查对象发表更为专业的信用评估意见。1841 年，世界上第一家信用评估机构在纽约设立，信用行业也从单纯调查阶段进入了信用评估阶段。1849 年，John M. Bradstreet 在辛辛那提注册了首家信用报告管理公司，随后，通过多年的经营积累，逐步发展成为企业征信领域中规模最大、历史最悠久并最具影响力的领先企业——邓白氏集团（Dun & Bradstreet Corporation）。1860 年，美国第一家信用局在纽约的布鲁克林成立。目前的美国个人征信产业市场实际上形成了以 Experian、Trans Union 和 Equifax 三大信用局为核心的个人信用体系。数据库于 20 世纪 80 年代已覆盖全美所有消费者的全部信用活动记录。在现代金融体系中，完善的信用制度已经成为控制信贷风险的基石。

（三）提高损失吸收能力——强化风险管理制度和外部监管

商业银行的兴起和信用制度的建立虽然部分解决了信息不对称问题，并降低了借款人的信用风险，但是即使是最诚信的借款人也可能由于外部因素出现违约，而商业银行对储户存款的兑付是刚性的，因此，必须建立一套制度来吸收放贷的损失，以保证少量的违约不会影响商业银行的偿付能力。与此同时，储户存款的期限较短，而放贷期限可能很长，金融机构还必须有流动性安排来解决期限错配的风险。现代商业银行均建立了资本与流动性的制度性安排，增强吸收风险的能力，进而保证客户资金安全。资本监管是审慎银行监管的核心，资本监管制度规定了商业银行的最低资本要求，增强了商业银行抵御风险的能力，可以使商业银行及时冲销经营过程中各种不确定性造成的损失，从而保护存款人的利益，降低银行清算破产的概率，并且维持银行系统的稳定。除了资本监管制度之外，现代商业银行还建立了拨备风险准备金的制度，增强自身的损失吸收能力。在政府层面还建立了存款保险机制，保障存款人的利益。在 2008 年爆发的国际金融危机中，欧美金融机构的稳健性受到很大质疑，危机后全球银行业资本和流动性的监管标准进一步提高。

二、传统间接融资方式的金融风险

虽然间接融资的发展解决了社会经济发展的融资难题，显著提高了经济资源跨时间分配的效率，但是，历史的发展也深刻表明，金融体系本质是脆弱的，金融危机的爆发几乎不可避免。金融体系的外部性特征使得金融系统一旦出现问题，就会对全社会的经济增长和就业造成广泛的影响，所以必须对金融机构强化内部风险管理和进行外部监管。

间接金融的脆弱性体现在以下三个方面。

（一）道德风险和逆向选择

传统经济学的基本假设前提中，重要的一条就是经济人拥有完全信息。事实上，现实生活中市场主体不可能占有完全的市场信息，信息不对称必定导致信息拥有方为牟取自身更大的利益使另一方的利益受到损害，这种行为在理论上就称做道德风险和逆向选择。

詹姆斯·莫里斯开创了现在流行的委托—代理的模型化方法，建立了委托—代理的基本模型框架。莫里斯教授开创的分析框架后来又由霍姆斯特姆等人进一步发展，被称为莫里斯—霍姆斯特姆模型方法。从这个方法中可以推导最优激励合同的基本条件。这个条件证明在信息不对称条件下，如果能观察到当事人活动的结果，但不能观察到活动本身，那么，对当事人支付的报酬就必须以能够观察的结果为基础，即必须对当事人予以激励。1970年乔治·阿克洛夫在《柠檬市场：质量不确定性和市场机制》①这一经典论文中认为信息不对称问题可能导致整个市场崩溃，或者市场萎缩成只有劣等产品充斥于其中，即所谓的"柠檬产品"。斯蒂格利茨在关于信贷市场、金融市场效率的几篇经典学术论文之中，提出因为信息不完整和信息不对称，即使市场里有人想买、有人想卖，交易也不一定发生；即使交易发生，当市场机制不能发挥作用时，"非市场"的机制可能应运而生。不对称信息会产生逆向选择和道德困境。斯蒂格利茨和魏斯的研究证明这种困境同样存在于信贷市场。相对于贷款人，借款人对其借款用于投资的项目的风险性质拥有更多的信息，而最终的债权人——储蓄者对信贷用途更是缺乏了解，从而产生了信贷市场上的逆向选择和道德困境。如果不存在金融中介，由储蓄者和借款人进行直接的交易，逆向选择和道德困境就会变得相当严重，信贷市场就会萎缩乃至完全消失。换句话说，由于所交易的货物或服务的品质不确定，买主和卖方无法就价格达成一致。因此，金融中介机构的产生可以在一定程度上减少逆向选择和道德困境。当最终的贷款人（储蓄者）将他们的资金集中到某家金融中介机构手中时，他们事实上委托了一个

---

① George A. Ackerlof. The Market for "Lemons": Quality Uncertainty and the Market Mechanism Author (s). The Quarterly Journal of Economics, Vol. 84, No. 3 (Aug. , 1970).

代理人来对不同的借款人实行区别性的对待，根据他们的相对风险大小来对贷款进行定价，这样就可以减少逆向选择，而且相对于零散的储蓄者，金融中介机构也处于更有利的地位来监督和影响借款人在借款后的行为，从而可以限制产生道德困境。

委托—代理理论和信息不对称能够有效地解释导致银行资产质量恶化的制度性原因。银行管理者对于其在经营业绩上的奖励处罚的不对称性负有责任。银行管理者的某种风险性决策一旦成功，他将获得极大的奖励；而即使失败，最坏的结果不过是暂时性地失去工作而已。所以，银行管理者总是倾向于做一些风险较高（同时对银行和银行管理者即决策者而言都是高收益）的信贷决策。从银行本身来说，其资产选择有着很大的负的外部效应。这是因为银行的自有资金只占资产负债的很小一部分，而其净值越小，所有人从错误决策中招致的损失就越小，他们就越倾向于采用高风险的经营策略。尽管前面也指出金融中介机构的产生本身是对信息不对称的一种回应，是有助于解决逆向选择和道德困境的一种机制，但进一步的分析发现，这种机制存在着缺陷，储户的信心以及银行资产选择中的内在问题使得金融风险不断产生和积累，最终可能引发金融危机。密希肯（F. Mihskin）从这一角度对金融危机进行了定义："所谓金融危机就是一种因逆向选择和道德困境问题变得太严重以至于金融市场不能够有效地将资源导向那些拥有最高生产率的投资项目而导致的金融市场崩溃。"[①]

（二）借贷杠杆和期限错配

只要投资，借贷就有风险。金融风险不因投资方式和投资平台的改

---

① 弗雷德里克·S·米什金著，郑艳文、荆国勇译：《货币金融学》（第九版），北京，中国人民大学出版社，2011。

变而改变。罗伯特·希勒在《金融新秩序》中说，如果能够通过一种金融安排让世界上没有风险，收益都是确定的，那就是一个伟大的革命。但是，即使信息科技发展迅猛，仍然不能解决金融投资产品可能失败和违约的问题。信贷中介机构从事的杠杆业务和"短借长贷"的模式本身就蕴含着巨大的资本和流动性风险。理论上讲，只要资金运用存在杠杆，资本就不足以覆盖所有潜在的损失；只要存在"短借长贷"，就使银行面临集中挤兑甚至倒闭的风险。

Minsky 指出现代金融体系具有内在不稳定的特性[1]。银行的基本功能是用不稳定的负债（存款）为固定的资产业务融资（放贷）。Minsky 的分析建立在资本主义繁荣与萧条长波理论的基础之上，他指出正是经济的繁荣时期埋下了金融动荡的种子。在资本主义经济 50 年上升时期的头 20~30 年，贷款人的贷款条件越来越宽松，而借款人则积极地利用宽松有利的信贷资金环境增加借贷。生产部门、个人和家庭的债务对收入的比例都越来越高，股票和不动产的价格持续上涨，借款人的信用下降，投机风险上升。一旦经济进入衰退期开始下滑，任何打断信贷资金流入生产部门的事件都将引起违约和破产的浪潮，而这又进一步会反过来影响金融体系。金融机构的破产就像传染病一样迅速地传播，金融资产价格的泡沫也迅速地破灭，金融危机就爆发了。

（三）信心危机与银行挤兑

金融机构的持续经营建立在投资者和储户的信心基础上，而由于信息的不对称，很容易造成信心危机。一旦金融体系出现危机，会很快引发投资者和储户的恐慌，而银行挤兑的发生将导致健康的金融机构破产。

---

[1]　Minsky, Hyman P. The Financial Instability Hypothesis: Capitalist Processes and the Behaviour of the Economy, in Kindleberger and Laffargue, 1982, pp. 13 – 38.

Diamond 和 Dybvig 建立了银行挤兑模型，认为商业银行对挤兑的脆弱性源于其把对零散储户的流动性负债转化为对借款人的非流动性的债权①。如果发生了意外事件使存款的提现速度加快，那么对每一个储户而言，最明智的行为都是赶紧加入挤兑的行列。即使储户相信该银行的经营是健康的，所有储户都能够认识到如果他们不进行挤兑则更有利于整体的利益，挤兑行为仍然会发生。银行储户个体理性行为的结果是集体的非理性，这也正是博弈论中经典的"囚徒困境"。如果全体储户能够达成有约束力的共识，放慢提款的速度，将会提高共同的利益，因为银行将可以把流动性低的资产持有到其到期日变现从而实现更高的价值。但由于全体储户之间不可能达成共识，所以单个储户的理性行为就是趁着银行还有支付能力时抢先提款。为了减少银行挤兑的风险，必须建立外部的制度安排，打破储户信心丧失的恶性循环，这也正是现代存款保险机制建立的理论基础。

三、互联网间接融资的创新

（一）信息科技的发展

互联网在间接融资上有许多重要的创新。互联网的三大基本定律为互联网金融的快速发展奠定了技术基础。一是更强的计算搜寻能力（摩尔定律）：计算机 CPU 性能或者容量每 18 个月翻番，10 年就是 100 倍。适用范围是所有电子系统。二是更快的信息交换（超摩尔定律）：骨干网带宽每 9 个月翻番，10 年可达 10000 倍。带宽需求呈超高速增长的趋势。超高速度的带宽增长趋势不仅激发了需求增长，而且带来更多种类

---

① Diamond D. W. , Dybvig P. H. , Bank runs, deposit insurance and liquidity, Journal of Political Economy, 1983, 91(3)：401－419.

商业模式的适用。三是更广的社会化联结（迈特卡尔夫定律）：网络价值与用户数平方成正比。未联网设备增加 N 倍，效率增加 N 倍；联网设备增加 N 倍，效率增加 N^2 倍。互联网技术的创新带来了"大数据"的累计和形成。互联网、移动互联网、物联网、云计算及"大数据"等都带来了数据规模翻天覆地的增长。

互联网和移动互联网时代带来"大数据"的快速增长。据国际数据公司（IDC）统计，2011 年全球数据量达到 1.8ZB（相当于 18 亿个 TB），数据量以每两年翻一番的速度快速增长，预计 2020 年全球将拥有 35ZB 的数据量。数据的飞速增长使"大数据"名副其实，其所带来的技术创新与商业模式创新也是颠覆性的，随着科技进步加速，物联网普及、云计算覆盖，由此引发的技术创新和供应链管理也促进了"大数据"金融的发展，深刻改变着包括金融在内的商业模式。互联网技术创新带来商业模式创新，移动互联网更加速了互联网金融的发展。

（二）互联网间接融资方式出现

互联网兴起之后，最初的应用集中在信息传播和电子商务领域。互联网"点对点"的联结模式颠覆了传统商业通过固定平台（电视、广播）和实体网点（商店）进行信息传递和商品交易的旧有模式。传统银行业的间接模式也受到冲击，P2P（Peer to Peer）的网络平台撮合模式迅速兴起。P2P 网络借款起源于英国，随后发展到美国、德国和其他国家。其典型的模式为网络信贷公司提供平台，由借贷双方自由竞价，撮合成交。资金借出人获取利息收益，并承担风险；资金借入人到期偿还本金，网络信贷公司收取中介服务费。

目前，网贷平台运营模式主要有两类，即 P2P 撮合模式和债权转让模式。在 P2P 撮合模式中，网贷平台仅为借贷双方提供信息流通交互、信息价值认定和其他促成交易完成的服务,不实质参与到借贷利益链条之中,借贷双方直接发生债权债务关系,网贷平台则依靠向借贷双方收取一定的手续费维持运营。在债权转让模式中,借款人与网贷平台签订贷款协议后,贷款通过证券化或其他渠道被转让到最终投资人。

英国的 Zopa 公司成立于 2005 年,是传统 P2P 模式的代表。Zopa 平台内的贷款人可以提供 500 ~ 25000 英镑的贷款,以贷款利率竞标,利率低者胜出。Zopa 向借款人收取 100 英镑的手续费,向出借人收取出借总金额 1% 的服务费,借贷资金由银行托管。美国目前主要有两家平台,即 Prosper 和 Lending Club,最大的网络借贷公司 Lending Club 主要采取贷款证券化转让方式,贷款量已占美国 P2P 借贷服务市场的 80%,截至 2014 年 3 月,累计促成近 40 亿美元贷款。截至 2013 年 12 月 31 日,中国活跃的 P2P 网络借贷平台已超过 350 家,累计交易额超过 600 亿元。主要机构包括拍拍贷(2007 年 8 月)、人人贷(撮合,线上资信调查,收取服务费)、红岭创投、宜信等。

(三)减少资金供需信息的不对称,对实体金融中介的需求弱化

摩尔定律和超摩尔定律决定了现代信息成本大幅下降。在互联网时代,资金的富余方和需求方可以在虚拟平台快捷地实现信息匹配,而不需要物理空间的移动和实体的场所,投融资双方的需求可以及时配对,减少了信息不对称。资金的供给和需求在互联网借贷平台上一目了然,从而可以在互联网上实现点对点的借贷形式。Zopa 的全称是可达成协议的空间(Zone of Possible Agreement),已经完全脱离了传统银行和实体金融机构的意味。借款人和放贷人在整个信贷过程中不用见面,完全按照既有的规则进行匹配。

(四)通过"大数据"和新型信用分析体系减少借贷者的信用风险

随着信息储存成本的降低和"大数据"的出现,互联网的计算能力

大大增强，"大数据"已经能够非常快速且准确地判断每个人的财务状况。互联网借贷平台不仅可以利用传统的信用记录来控制风险，也发展出了自己独特的信用评级体系。

Zopa 对借款人进行风险评级，并以此确定借款利率水平，借款人的个人信用评级由 Zopa 平台参照该借款人在 Equifax 信用评级机构的信用评分确定。Zopa 平台将根据借款人的信用评级，安排进入相应等级的细分市场（例如，A* 级、A 级、B 级和 C 级细分市场），结合借款金额、借款利率，将借款请求列示在 Zopa 平台内的借款页面上。在 Zopa 的早期业务模式中，贷款人参考借款人的信用水平，结合借款人愿意支付的最高利率，以贷款利率竞标，利率低者胜出。

美国的 Lending Club 在成立初期并没有采用当时 P2P 网站通行的一对一竞标方式，而是通过网络平台审核借款客户的借款请求，并在得到用户授权后从 Experian、Trans Union 和 Equifax 三大征信局获取用户的信用分数，将高于某个分数线的借款人的借款请求放置于平台上进行证券化转让筹资。作为平台，Lending Club 实际上并不承担信用风险，其盈利模式是从借款人那里获得 1.11% ~ 5.0% 的佣金以及从投资人那里收取 1% 的管理费用，而 Lending Club 的开支大约相当于银行业的一半。

阿里巴巴将自身网络内的客户交易数据、信誉数据、货运数据、认证信息、竞争力数据等进行量化处理，同时引入第三方机构，例如海关、税务、电力、水力等数据与之匹配，从而形成了一套风险判别和控制标准。利用交易数据分析信用，坏账率很低。

迈特卡尔夫定律预示着未来信用评级甚至会出现新的方式，即不仅依据借款人的现实财务数据和历史信用记录进行客观评级，还有可能通过横向的客户打分和同行评议进行主观评级。纵向的客观评级和横向的主观评级将有利于对借款人的信用风险有更准确的判断。

（五）通过降低交易成市，实现借贷融资的小额化和普惠化

人们常批评银行是为富人服务的机构，只能做到锦上添花，无法雪中送炭。传统金融机构对小微企业服务面临两个巨大的机制性障碍：一是交易成本高。同样一个团队花费同样的时间可以对大企业放贷上百亿元，但是对小微企业只能放贷几百万元。二是信息不对称。小微企业客户一般没有完备的信用记录，也缺少合格的抵押物，因而信用风险巨大。这就像传统商业认为企业界80%的业绩来自20%的产品，在销售产品时，厂商关注的是少数几个所谓的"VIP"客户，无暇顾及在人数上居于大多数的普通消费者。

在互联网时代，商品销售的长尾理论逐渐引起人们的关注：只要产品的存储和流通的渠道足够大，需求不旺的产品的市场份额可以和少数热销产品的市场份额相匹敌甚至更大，即众多小市场汇聚成可与主流相匹敌的市场。"大数据"和云计算解决了小微企业交易成本高和信用风险大的问题，不再需要以人工为主参与审批，成本低廉，不仅可以针对小微企业金融服务，而且可以根据企业生产周期灵活决定贷款期限。建立在"大数据"基础上的新型的信用评级体系帮助获得了大量小微商户的信用信息，即使没有抵押物也可以进行信用放款。

互联网信贷平台的放贷额度一般较小，有利于控制风险和专注于满足小微企业和个人的融资需求。Zopa贷款人贷给某个特定借款人的资金最低可以达到10英镑（主要是出于分散风险的考虑，一笔500英镑的贷款将至少覆盖50个借款人，每个借款份额可以达到10英镑），最高不限；借款人可以借入1000~15000英镑的借款，借款资金均是按月偿还。截至2013年12月31日，阿里金融旗下三家小额贷款公司累计发放的贷

款已达 1500 亿元，累计客户数超过 65 万家，贷款余额超过 125 亿元。

四、互联网间接融资的金融风险

互联网金融虽然推动了意义深远的金融创新，但并没有改变金融借贷风险的本质，即跨时间资源分配的收益具有不确定性。因此，传统金融机构面临的脆弱性在互联网金融机构也同样存在，甚至风险程度更高。

（一）准入门槛过低，加剧了委托—代理和道德风险的问题

互联网信贷在中国还是一个新兴的金融业务形式，风险管理制度建设严重滞后。由于目前互联网平台按照非金融中介机构注册，进入门槛低，正处于鱼龙混杂的格局。和传统的金融中介机构相比，互联网平台并没有消除委托—代理的道德风险，由于没有准入和退出机制，逆向选择的"柠檬问题"更为严重。

根据《最高人民法院关于审理非法集资刑事案件具体应用法律若干问题的解释》第一条，非法集资应当同时满足四个条件：（1）未经有关部门依法批准或者借用合法经营的形式吸收资金；（2）通过媒体、推介会、传单、手机短信等途径向社会公开宣传；（3）承诺在一定期限内以货币、实物、股权等方式还本付息或者给付回报；（4）向社会公众即社会不特定对象吸收资金。从形式上看，互联网 P2P 公司的运营模式与非法集资的构成要件相吻合。

由于互联网公司门槛低，平台软件从几千元到几万元都可以买到，很多在民间借贷欠款很多的人，买了个平台虚拟借款人、虚拟抵押物品，以高利率吸引投资人投资。高利率一般都是年利息最少为 30%，个别平台达到了 50%～70%。很多投资人冲着高收益而去，而资金需求者则奔着套现而来，根本没有想过还款。不少互联网借贷平台没有采用独立的

第三方资金管理平台，可以动用投资人的资金用于企业经营，达到自借自用的目的，风险无人控制也无人承担。在网络 P2P 的借贷平台中，如果公司遵守政策红线审慎发展，发展的速度会减慢而逐渐丧失市场份额；如果公司不遵守相关政策，冒进扩张，则发展的速度会加快，形成典型的"柠檬问题"。

（二）缺乏提升损失吸收能力和流动性风险管理的制度

国外 P2P 信贷平台的发展依托完善的社会信用体系，平台虽然不承担资金风险，但依然要建立制度安排来防范风险。所谓信用违约风险，即互联网借贷项目能否实现其承诺的投资收益率。即使是国际上知名的互联网信贷公司，也需要建立损失吸收机制。例如，英国互联网金融公司 Zopa 的金融产品当前的收益率是 6.7%，但英格兰银行的基础利率仅为 0.5%。英国的公众对此有很多质疑：Zopa 最终投资的基础资产是什么？在全球经济增长低迷、英国经济刚刚复苏的背景下，如何实现 6.7%的高收益？高收益率的投资渠道背后的风险是否得到充分评估？尽管互联网在产品宣传时做了一定风险提示，但是互联网没有资本金，没有拨备要求，不能给客户提供资金保障。为了减少投资者的疑虑，与传统商业银行类似，Zopa 建立专门的"风险准备金"以应对违约风险。借款人支付的部分利息，被用于补充风险准备金，目前已积累 120 万英镑，超过预期损失（80 万英镑），但如果有数量空前的坏账，例如 2008 年国际金融危机期间，风险准备金依然不能覆盖违约损失。

和发达国家相比，我国社会信用体系发展相对滞后，人民银行的征信体系并不对互联网金融信贷平台公司开放，互联网金融信贷平台公司自行建立的信用模型很难被投资者认可，因此各家平台或多或少地融合了担保模式和债权转让模式。部分互联网金融信贷平台公司通过非标准化或标准化的金融产品来归集并使用资金，由于缺乏银行同业往来和中央银行最终贷款人的支持，不可避免地会出现资金借贷双方较为严重的期限错配。互联网理财产品投资资产期限较长，相比之下负债期限较短，一旦负债到期不能按时滚动，就可能发生流动性风险。部分互联网金融信贷平台公司甚至承诺赎回"T＋0"。这种随时可取，并且提供高利息的特点，容易产生流动性风险。一旦融资者违约，造成资金链条断裂，便会引发信用风险。近年来，P2P网贷案件频发，倒闭不断，给资金安全和社会稳定带来了较大的影响。

（三）消费者保护薄弱，潜在的金融负外部性成市巨大

互联网信贷平台在国际和国内都不乏失败的案例。1996年面世的NextCard作为通过互联网发放信用卡的服务公司，以在邮寄卡片前就通过网络立刻为申请者授予信用额度著称，在5年的时间内积累了近120万个信用卡账户。网络机制审查不严（信用资料较少的申请人只需在NextCard存有一定额度的存款，就可申请到信用卡）导致的坏账问题，直接导致了产品失败。目前中国倒闭的互联网信贷平台规模较小，系统重要性较低，单家的机构破产没有形成系统性金融风险。但是，随着互联网信贷业务的发展，越来越多的大型互联网公司开始涉足金融领域，系统性风险显著上升。如果不及时建立平稳有序的退出机制，将会造成巨大的系统性风险。

从2013年开始，P2P行业便频频发生跑路、倒闭等恶性事件，为整个行业的发展蒙上一层阴影，也令金融消费者的权益受到了侵害。目前，P2P网络平台并没有义务对公众进行互联网金融教育，信息披露方面也没有统一标准，消费者对于平台的实际运行情况无法了解，遇到争端时也没有地方能够投诉解决。为加强消费者保护，应该加强对网络借贷行

为的引导，加大网络借贷金融知识的宣传普及力度，提高公众的分辨能力和安全意识。应完善 P2P 行业金融消费者保护机构及相关办法，积极受理互联网金融领域相关投诉，并要求 P2P 网贷平台系统执行更加严格的信息披露制度，确保消费者了解相关风险和信息。

第三节　直接融资和资本市场的演变

直接融资也是为了解决跨时间分配资源问题而出现的。与间接融资相比，直接融资通过公开发行集中交易，资金的供给方和需求方集中在交易所进行交易，进而解决信息不对称问题。直接融资解决信用风险的方式和间接融资不太一样，主要依靠发行审核和信息的披露，筹资人主动披露项目内容、公司业务，要求非常详尽。解决风险分担问题主要靠有限责任公司的公司治理机制，大额投资者可以作为股东参与公司的经营管理，从而实行买者负责制。

一、直接融资的发展

西方工业革命前后的两大金融创新奠定了现代资本主义的基础：一是股份制有限责任公司的建立，二是资本证券市场的发展和投资银行类金融中介服务机构的出现。西方证券市场的发展，为企业融资提供了新的渠道，也为工业革命提供了充足的资本。

欧洲文艺复兴之后，荷兰海上贸易兴起，需要大量的资本投入，因而产生了股票发行与交易的需求。世界上第一个股份有限公司是荷兰的东印度公司。当时没有独立的股票交易所，股票交易也只能在阿姆斯特丹的综合交易所里与调味品、谷物等商品混合在一起交易。1602 年，世界上最早买卖股票的市场出现在荷兰。

17 世纪后半叶，经济中心转移到了英国。早期在伦敦最古老的交易所——皇家交易所之中，俄罗斯公司（1553 年创建）、东印度公司（1600 年创建）等公司的股票与商品交易混在一起进行买卖交易。后来，由于股票买卖交易活跃，在皇家交易所进行股票买卖的交易商独立出来，在市内的咖啡馆里进行买卖。1773 年，在伦敦柴思胡同的约那森咖啡馆中，股票经纪商正式组织了第一个证券交易所，即伦敦交易所的前身，这就是现代证券市场的雏形。1802 年伦敦交易所新大厦落成开业，当时在交易所内交易的证券主要是英格兰银行、南海公司和东印度公司的股票。18 世纪上半叶，随着英国工业革命的不断深入，股票市场开始逐渐活跃起来。进入 19 世纪，美国的铁道债券、印度和澳大利亚的证券等加入了交易对象，伦敦逐渐成为国际性的金融中心。到 1914 年，在伦敦交易所上市的证券中有 80% 是海外证券。

美国最早的证券市场是在宾夕法尼亚州的费城。当时费城不但是美国的政治中心，也是美国的金融中心。1653 年前后，证券交易在荷兰殖民者建立的曼哈顿岛南部城墙边华尔街逐渐兴起。伴随着美国的殖民地经济的发展，华尔街也开始逐渐繁荣，证券交易中介商人所汇集的咖啡馆也不断地增加。最初交易者聚集在露天街角一起进行买卖，随着经济发展以及投资者上升的热情所支撑着的证券交易量不断地增加，还特地追加了傍晚的交易时间，同时也出现了刊登交易价格波动状况的报纸。由于市场交易混乱与竞争无序，1792 年，当时交易量最大的 24 位经纪人经过秘密协商，制定出了停止不当竞争、只在 24 人之间进行证券买卖交易、最低手续费为交易额的 25%、在交易中互惠互利等正式协议，这就是著名的"梧桐树协议"。1817 年，这些经纪人通过一项正式章程，并将这种集中交易行为定名为"纽约证券交易会"。至此，一个集中的证券交易市场基本形成。1863 年，纽约证券交易会易名为"纽约证券交易所"。19 世纪后半期，美国证券市场伴随着运河开发、铁道建设等国内产业基础迅速发展起来。

二、传统直接融资方式的金融风险

（一）理性预期理论与行为金融学之辩

西方资本市场的发展是建立在理性预期假说和资产定价理论基础之上的，传统金融理论认为人们的决策是建立在理性预期、风险回避、效用最大化以及相机抉择等假设基础之上的。20 世纪 50 年代，冯·纽曼和摩根斯坦建立了不确定条件下对理性人选择进行分析的框架，即期望效用函数理论。阿罗和德布鲁后来发展并完善了一般均衡理论，成为经济学分析的基础。1952 年马柯威茨发表了著名的论文《证券选择》，建立了现代资产组合理论，标志着现代金融学的诞生。此后，莫迪利安尼和米勒建立了 MM 定理，开创了公司金融学，成为现代金融学的一个重要分支。20 世纪 60 年代，以马柯威茨的理论为基础，Sharpe（1964）、Lintner（1965）和 Mossin（1966）几乎同时发展出了资本资产定价模型（CAPM），从分析资产投资面临的风险和均衡预期收益之间的关系角度入手，解决了为资产定价的问题。20 世纪 70 年代罗斯基于无套利原理建立了更具一般性的套利定价理论（APT）。该模型假设资本市场是完全竞争的，理性的投资者会成为套利机会的寻找者，通过贵卖贱买以获利，直至这样的套利机会耗尽。20 世纪 70 年代法马对有效市场假说（EMH）进行了正式表述，布莱克、斯科尔斯和默顿（Black - Scholes - Merton）

建立了期权定价模型（OPM）。至此，现代金融学成为一门逻辑严密的、具有统一分析框架的学科。

但是，过去几百年资本市场的发展和学术界对金融市场的大量实证研究发现了许多现代金融学无法解释的异象。大量的心理学研究表明，人们的实际投资决策并非如此。比如，人们总是过分相信自己的判断，往往根据自己对决策结果的盈亏状况的主观判断进行决策，等等。尤其值得指出的是，研究表明，这种对理性决策的偏离是系统性的，并不能因为统计平均而消除。为了解释这些异象，一些金融学家将认知心理学的研究成果应用于对投资者的行为分析，至 20 世纪 90 年代这个领域涌现了大量高质量的理论和实证文献，形成最具活力的行为金融学派。1999 年克拉克奖得主马修（Matthew Rabin）和 2002 年诺贝尔奖得主丹尼尔·卡尼曼（Daniel Kahne – man）和弗农·史密斯（Vernon L. Smith），以及 2013 年经济学奖获得者罗伯特·希勒都是这个领域的代表人物。

行为金融学认为人们在进行决策时并不总是权衡整体损益，而是常常在心里无意识地划分了几个心理账户。人们往往高估自己的判断力和个人能力，形成过度自信，认为理想的结果是由他们的能力所导致的，而不理想的结果是由外部原因所导致的。人们经常先锚定某一初值，然后相对于此初值作出估计、调整，估计结果会被这个初值的暗示影响。投资活动中行为人必然会受到其他行为人和整个环境的影响，产生一种模仿、攀比、追随和互相传染的从众心理，文化与社会传播加速了人们相似想法的产生。投资者一旦发现如果采取不同的选择本来能够得到更好的结果时，会产生痛苦的感觉，即所谓的"遗憾之门"。人们在进行决策的时候会对不确定性感到厌恶，即模糊规避。人们在作出决策时会被常见的或经常报道的事情所影响；人们往往以为他们的行为能影响事情的结局，但事实上却做不到，此谓异想和类异想。

直接融资的资本市场里，由于机构和个人投资者并存，市场信心对资产价格波动的影响更为明显。自从股票市场诞生以来，资产价格的泡沫和资本市场的危机就如影随形。在《非理性繁荣》一书中，希勒描述了为什么所谓"理性的投资人"所认可的资产价格会长期偏离其实际价值，而行为金融学的实证文章也表明人的情绪可以相互传染，过度自信和"羊群效应"在金融投资中非常普遍。在世界证券发展史上，这样的事例屡见不鲜。

（二）约翰·劳的金融创新与股市泡沫

17 世纪末和 18 世纪初，西方金融创新飞速发展，英格兰银行成立。与此同时，诞生不久的欧洲资本市场上出现了两个著名的风险事件，即"密西西比泡沫"和"南海泡沫"。两个事件的始作俑者都与金融创新的理论家及实践者——约翰·劳密切相关。

"密西西比泡沫"和"南海泡沫"事件实际上源于金融工具创新，即通过债券兑换股票的方式化解债务危机。这种金融工具创新理论由约翰·劳首创。在《货币和贸易研究以及向国家供应货币的建议》中，约翰·劳认为货币在交换中和生产中都是最基本的要素，而金属货币是不可靠的，应该用纸币和股票取而代之。与同期的英国一样，法国政府在18 世纪 20 年代面临着严峻的财政困难：30 亿利弗尔的国债的兑付压力、货币与资本大量外流、连年歉收和税收减少。为了化解财政危机，约翰·劳建议允许用国债的票面值来购买一家贸易公司的股票。由于国债在市场上的价格还不及其面值的一半，所以绝大多数的债券持有人都迫切地想将手中的债券换成公司股票。相应地，法国公债骤然减少，政府兑付债券的压力减缓。

虽然后期由于纸币发行过多，社会流动性过剩引发了密西西比公司股票和法国皇家银行纸币的大幅贬值，但是约翰·劳的金融工具创新理论应用早期的成功经验，很快为面临同样债务危机的英国所借鉴。南海公司成立于 1711 年，其经营策略主要是通过与政府交易换取经营特权并以此谋取暴利。当时英国战争负债有 1 亿英镑，为了应付债券，南海公司与英国政府商议债券重组计划，由南海公司认购总价值近 1000 万英镑的政府债券。作为回报，英国政府对南海公司经营的酒、醋、烟草等商品实行永久性退税政策，并给予南海公司对南海（南美洲）的贸易垄断权。

1719 年，英国政府允许中奖债券与南海公司股票进行转换。南美贸易障碍的清除，加之公众对股价上扬的预期，促进了债券向股票的转换，进而又带动了股价的上升。次年，南海公司承诺接收全部国债，作为交易条件，政府逐年向公司偿还。为了刺激股票的发行，南海公司允许投资者以分期付款的方式购买新股票。当英国下议院通过接受南海公司交易的议案后，南海公司的股票立即从每股 129 英镑跳升到 160 英镑；而当上议院也通过议案时，股票价格又涨到每股 390 英镑。投资者趋之若鹜，其中包括半数以上的参议员，就连国王也禁不住诱惑，认购了 10 万英镑的股票。由于购买踊跃，股票供不应求，因而价格狂飙，到 7 月，每股又狂飙到 1000 英镑以上，半年涨幅高达 700%。在南海公司股价扶摇直上的示范效应下，全英 170 多家新成立的股份公司的股票以及所有的公司股票都成了投机对象。一时间，股票价格暴涨，平均涨幅超过 5 倍。然而，当时这些公司的真实业绩与人们期待的投资回报相去甚远，公司股票的市场价格与上市公司实际经营前景完全脱节。1720 年 6 月，为制止各类"泡沫公司"的膨胀，维护南海公司的特权，英国国会通过了《泡沫法案》（*The Bubble Act*），即《取缔投机行为和诈骗团体法》，自此许多公司被解散，公众开始清醒，对一些公司的怀疑逐渐扩展到南海公司。从 7 月起，南海公司股价一落千丈，12 月更是跌至每股 124 英镑，至此，"南海泡沫"破灭。

当金融创新公司股价出现暴跌后，英国的制度回应一改之前的宽容态度，转而变得苛刻、严厉。"南海泡沫"事件以及《泡沫法案》对英国证券市场发展造成了重大影响，之后上百年左右的时间股票发行都在受到这个法律的制约，使英国股票市场几乎停滞不前，发展极为迟缓。这种情况一直持续到英国的工业革命。在英国，《泡沫法案》不但未能有效减少南海公司事件带来的消极影响，而且在其后的修改中进一步限制了股份自由买卖行为，尽管其中有不少判例试图改变这些限制，但是陆续通过的法案仍然固化了这种限制股票交易的做法，由此形成的严苛机制竟然持续了一个多世纪，英国议会直到 1844 年才通过《公司法》，《有限责任法案》更是在 1855 年才被通过。作为后发国家的美国却在 19 世纪初就基本完成了适应当时经济发展潮流的公司制度构建。

（三）轮船招商局股灾

自 1873 年轮船招商局公开募股十多年后，中国上海开始兴起一股兴办工矿企业的热潮。上海机器织布局（1878 年）、上海电报局（1882 年）等一批民办企业也纷纷通过发行股票集资兴办起来。这些企业的股票很快成为了地主、商人、钱庄和外国金融机构的追逐对象。轮船招商局在同治十一年（1872 年）发起集资，"招股年余，无人过问"。光绪元年（1875 年），"入股者未见踊跃，盖其时商局股票市面价值仅合四五折也"。然而，到了 1881 年，投资股票逐渐被公众所接受并成为时尚，轮船招商局股票迅速募足，次年增发 100 万两股票也是供不应求。1882

年左右，工矿企业股票开始受追捧。据当时最主要的中文报纸《申报》描述，各类钱庄和商号看到轮船招商局、开平矿务局的股价涨至1倍以上时，"遂各怀立地致富之心，借资购股，趋之若鹜。一公司出，不问好歹，不察底蕴，股票早已满额，麾之不去，一年之中，聚成公司一二十处"。《申报》从1882年6月9日开始刊载中国新式工矿企业的股票价格，到1883年4月12日，《申报》报价的股票数目增加到29种，轮船招商局、开平煤矿、平泉铜矿等企业的股票价格开始成倍上涨。股票市场吸收的流动资金在1000万两左右，而当时上海市面上流通银两的总额只有约260万两。随着股市源源不断地吸引各路资金特别是钱庄资金的进入，一些钱庄的流动资金开始趋紧。1883年12月，红顶商人胡光墉的阜康钱庄因为投资生丝生意亏损倒闭，终于激起"多米诺骨牌效应"，上海股市价格大跌，钱庄和票号遭受挤兑。1883年初，上海共有钱庄78家，到了年底则只剩下10家继续营业，其他钱庄都已停业或倒闭。从有关轮船招商局历年的利润率统计来看，在其刚创办的前20年当中，股价飞涨的1882—1884年利润率是最低的，而在刚成立不久利润率较高的1873年，其股票却无人过问。如同南海公司的情形，轮船招商局的股价根本不反映企业本身的真实运营情形，股价的攀升往往在受到外界刺激的同时还伴随着民众渐次形成的非理性行为。

从现有文献来看，当时清政府对危机的反应措施是解救"官督商办"的轮船招商局。1883年底当中国工矿企业股票价格全面大跌发生后，尽管按轮船招商局章程，股本不能抽回，但是许多人仍然对轮船招商局中的股票投资进行了挤兑。对此，李鸿章迅速拨了36万两官款进行解救，随后清政府开始强化官权，将轮船招商局转为官办企业。直到1904年，清政府开始认识到规范公司注册与上市的重要性，当年《公司律》颁行，对股份有限公司等各类公司形式的注册、股票发行都做了严格规定，比如所有的公司都必须到商部注册；公司创办人如果发行股票，必须登报布告众人；如果创办人在招股过程中未遵照招股公告行事，众股东可以解散不认等。在中国，对轮船招商局的整顿则进一步深化了国家对企业发展进行行政干预的固有理念，并由此深刻地影响到整个近现代中国的企业治理模式。

（四）世纪之交的互联网泡沫

1994 年，Mosaic 浏览器及 World Wide Web 的出现，令互联网开始引起公众注意。仅仅数年之后，对大部分美国的上市公司而言，一个公开的网站已成为必需品。初期人们只看见互联网具有免费出版及即时发布世界性资讯等特性，但逐渐地，人们开始适应了网上的双向通讯，并开启了以互联网为媒介的电子商务时代。这种可以低价地在短时间接触世界各地数以百万计人士、向他们销售及通讯的技术，令传统商业信条包括广告业、邮购销售、顾客关系管理等因而改变。在泡沫形成的初期，3 个主要科技行业因此而得益，包括互联网网络基建（如 World Com）、互联网工具软件（如 Netscape，1995 年 12 月首次公开招股）及门户网站（如雅虎，1996 年 4 月首次公开招股）。这一时期的标志是通常被称为“.com”的互联网公司不断成立。公司可以简单地通过在它们的名字上添加“e－”前缀或是“.com”的后缀来使其股票价格增长。

根据互联网投资理论，互联网公司的生存依赖于尽快地扩展客户群，即便这样做会产生巨量年损。在那样的情形之下，公司的寿命是靠燃烧率来衡量的，即一个既不盈利又缺乏可行商业模式的公司消耗完资本的时间。一小部分公司在网络经济泡沫的初期上市获得了巨大的财富。这些早期的成功使得泡沫更加活跃，吸引了大量前所未有的个人投资，媒体报道了人们甚至辞掉工作专职炒股的现象。股价的飙升和买家炒作的结合，以及风险投资的广泛利用，创造了一个温床，使得这些企业摒弃了标准的商业模式，突破传统模式的底线，转而关注如何增加市场份额。

2000年3月，以技术股为主的NASDAQ（纳斯达克）综合指数攀升到5048.62，网络经济泡沫达到最高点。1999年至2000年早期，利率被美联储提高了6倍，出轨的经济开始失去了速度。网络经济泡沫于2000年3月10日开始破裂，该日NASDAQ综合指数到达了5048.62（当天曾达到过5132.52），比1999年的数翻了一番还多。网络经济泡沫的崩溃在2000年3月到2002年10月间抹去了技术公司约5万亿美元的市值。dot-Com公司一家接一家地耗尽资金，并被收购或清盘。只有少部分dot-Com公司，如Amazon-Com及eBay在最后生存下来。有人认为，网络经济泡沫的破裂促成了美国房地产泡沫的产生。耶鲁大学的经济学家罗伯特·希勒2005年说："一旦股市下跌，房地产就成为股市释放的投机热潮的主要出口。还有什么地方可以让冒险的投机者运用他们新吸收的商业奇才？大房子所展现的实利主义也已成为自尊心受挫的失望的股票投资者的奴隶。这些天来，整个国家在痴迷程度上唯一与对房地产的痴迷度相同的东西只有扑克。"

从历史上看，网络经济的繁荣可被视为类似于其他技术的繁荣，包括19世纪40年代的铁路、20世纪20年代的汽车和收音机、20世纪50年代的晶体管、20世纪60年代的分时共享计算机，以及20世纪80年代早期的家用电脑和生物技术。在每一次由新技术推动的股价上涨中，投资者都有一种幻觉，即"这次不一样"，认为这一轮新技术创新有别于以往的任何技术创新，不能再拿传统的金融投资理论来衡量当前的股价上涨，并期望股价飙升能够永远持续下去。但事实一次又一次地证明，所有的技术创新都不能脱离金融的本质而创造股价永恒上涨的神话。

三、互联网直接融资模式的创新

现代信息科技的发展使大量投资者进行小额分散投资的直接融资模式成为可能。互联网金融在直接融资领域的创新集中体现在以众筹（Crowd Funding）的方式为项目寻找资金和实物资源（空置房屋、私家车辆等）的支持。从投资的模式来看，可分为以资金方式投资的资金众筹和以实物资源方式投资的实物众筹。从收益的分享模式来看，既包括以资金、股权模式分享的股权分享众筹，也包括以项目成果实物分享的实物分享众筹。在投资模式方面，国际众筹业的发展出现了从资金众筹扩展到实物众筹的趋势，而在收益分享方面，随着法规制度的突破，则出现了从实物分享众筹到股权分享众筹的新变化。

（一）通过众筹等方式减少投融资需求的信息不对称

通过互联网众筹方式筹措资金的项目不再需要到固定的交易所挂牌上市。由于互联网平台信息交换的迅捷性和平等性，为特定项目融资时可以在众筹平台上发布筹资信息，有投资意愿的投资者可以方便快捷地进行投资。

众筹利用互联网和 SNS 传播的特性，让小企业、艺术家或个人向公众展示他们的创意，争取大家的关注和支持，进而获得所需要的资金援助。美国比较知名的众筹公司是 2007 年成立的 Indiegogo 和 2009 年成立的 KickStarter。KickStarter 是一个绕过了传统投资渠道的、面对公众募集小额资金的一个平台。KickStarter 可以为许多种创意项目募集资金，例如电影、音乐、舞台剧、漫画、新闻学、电视游戏以及与食物有关的项目。在该网站如果创建项目，需选择最后期限和最低资金为目标。如果目标在截止日期前没有被实现，则该网站会有一个退还募集资金的保证契约。捐赠者的钱通过亚马逊支付来实现。该平台对全世界各地的捐助者开放以及对美国和英国的创设者开放，KickStarter 收取募集资金 5% 的佣金，亚马逊收取额外的 3% ~ 5%。

（二）通过大量分散投资和控制投资金额吸收风险损失

在过去 20 年里，NASDAQ 和众多 OTC 交易的兴起已经实现了从实体证券交易所到网络证券交易的转变。众筹模式的创新意义在于，众筹参与的投资者数量巨大，非传统上市融资投资者参与数量可比。以前一只股票至多吸收上万个股东投资，而在互联网时代的众筹平台可以吸收数十万甚至更多股东，直接融资的平台门槛低且平台无限广阔。传统金融筹资限定的是投资者数量，不限制投资金额；众筹融资与之相反，限定的是单个投资者的投资额度，而不限制投资者数量。

众筹融资在数与量的层面予以创新。众筹可以为一些高风险的项目进行融资。当前，众多电影、科幻项目等难以在正规金融市场上实现融资活动安排，可以用众筹的方式募得资金，开展项目。此时吸引投资者的可能是兴趣与好奇，且由于投资额度有限，即使项目失败也不会对投资者资产造成重大损失，因此众筹公司并不需要具备较强的损失吸收能力。同时，由于投资的期限和项目汇报的期限吻合，进行直接融资的众筹公司流动性风险较小。

在初始阶段，众筹公司的回报仅限于产品或服务，没有涉及股权投资。KickStarter 规定只能返还实物奖励或者独一无二的经验给资助者，像一本感谢性质的笔记、定制的 T 恤、与作家共进晚餐，或者一个新产品的最初体验。2012 年 4 月，美国通过《JOBS 法案》，允许小企业通过众筹融资获得股权资本，使得众筹融资替代部分传统证券业务成为可能。

2012 年 7 月，Seedrs Ltd. 获得英国金融监管局（FSA）批准，成为第一家合法的、可以买卖股权方式来融资的众筹平台。

（三）通过自有资源参与项目运营实现共享经济

最近，在国际租车和酒店业出现了一种新的投资运营方式，即投资者用自己的车辆和不使用的房屋加入租车公司和网上房屋共享计划。例如，打车应用 Uber 是一家建立在旧金山的初创公司，成立于 2009 年。Uber 是一个按需服务的 O2O 网站，即线上到线下（Online to Offline）的资源结合。拥有汽车的个人可以和 Uber 签订租车协议，加入 Uber 的分享计划。每一个有需求的用户通过手机向 Uber 发送租车请求，而此请求将会发送给附近运行的、加入分享计划的司机，从而提供私家车搭乘服务。提供车辆的个人获得大部分车费，而 Uber 公司抽取少量的定金。目前，这种共享租车服务已经进入中国并且发展迅速，它可以大幅提高私家车的使用效率。理论上讲，今后大部分乘客不需要自己买车，通过这种共享租车服务可以选择各种喜欢的车型搭乘。

四、互联网直接融资模式的风险

众筹类投资通过扩大投资者数量、降低投资额度创新了直接投资的方式。但是，这种投资方式比较类似于社会上的彩票销售，蕴含巨大风险。一方面，投资项目的风险程度显著上升，任何异想天开、成功率很低的创意项目在众筹平台上都可能会吸引到投资者，因此必须对平台和项目的准入设定一定的标准。另一方面，投资者群体显著扩大，不再限于专业投资者和富裕阶层，低收入阶层也完全可能会参与投资，投资者教育和投资者保护非常重要。

（一）制度规范发展滞后，法律风险巨大

目前，中国有数十家众筹融资平台。以"天使汇"为例，已累计有

8000 个创业项目在网站注册，通过审核得以挂牌的企业达到 1000 家，创业会员超过 2000 人，认证投资人达到 840 人，融资总额超过 2.5 亿元。众筹平台在目前属于普通的互联网线上平台，其注册为普通工商企业，但在实际操作中，出资者将出资拨付到众筹平台的账户，再将资金打到成功募集的项目上，众筹平台实质上在其中担当了支付中介的角色。整个资金流转过程很多没有资金托管部门，也未受到监管机构的监督，道德风险和"柠檬问题"同样存在。遵守相关法规的众筹平台受到约束，发展平稳缓慢，而不遵守相关法规的众筹公司可以进行监管套利，发展迅速。

众筹平台的股权结构法律风险也不容忽视。凭证式和会籍式众筹的出资者一般都在数百人乃至数千人，但《公司法》第二十四条规定："有限责任公司由五十个以下股东出资设立。"在现实情况中，许多众筹项目发起者为了能够募集足够资金成立有限责任公司，普遍采取建议出资者代持股的方式来规避《公司法》关于股东人数的限制。当显名股东与隐名股东之间发生股东利益认定相关的争端时，由于显名股东是记录在股东名册上的股东，因此除非有充足的证据证明隐名股东的主张，一般会倾向于对显名股东的权益保护，所以这种代持股的方式可能会导致广大众筹项目出资者的权益受到侵害。与此同时，以 Uber 为代表的 O2O 共享模式在线上发展迅速，但要和线下的资源结合则面临很多法律掣肘。

美国国会于 2012 年通过了《JOBS 法案》以促进中小企业发展。其中第三章又称为"众筹法"，为众筹创建了法律框架，其定义的"众筹"与美国证券交易委员会（SEC）制定的 D 条例 504 条款所允许的募集方式非常相似。美国立法机构推动众筹的目标就是要鼓励创业，使一个低成本的、尚处在初创期的企业家或小企业筹集少量资金的方式合法化并接受监管。众筹中介可以注册成经纪自营商或者更低要求的专项中介牌照"集资门户"（Funding Portal）。众筹法授予 SEC 对集资门户网站的检查权、执法权和其他规则制定权，以及对发行人和中介机构的各种法定监管权力。众筹法要求证券发行人每年众筹融资额不得超过 100 万美元。众筹交易必须通过在 SEC 注册的金融中介机构进行，不能直接在发行人和投资者之间完成。如果一个投资者的净资产或年收入在 10 万美元以下，他可以在众筹证券上投资 2000 美元或年收入的 5%；如果一个投资者的净资产或年收入在 10 万美元以上，他将被允许投资其年薪的 10%，但最高不超过 10 万美元。

（二）项目信用风险依然存在

众筹平台还面临项目募集的信用风险。项目发起者的信用风险主要包括众筹平台对项目发起者的资格审核不够严格引起的风险以及项目发起者在募集资金成功后不能兑现其承诺的风险。大多数众筹平台可以接受任何自然人、法人、其他组织在其上线网站加以注册、发布项目，对项目发起者的资质并无过多要求和硬性审核。对于成功募集资金的众筹项目，众筹平台通常会将款项一次性拨付到众筹项目发起者的账户。在这之后，将不再负有对众筹项目进行监督的义务，后期的监督缺乏会导致资金的滥用。对于此类风险，众筹平台均声明不承担任何责任。美国的 KickStarter 也无法保证项目发布者筹得的款项将全部用于实现这个项目，赞助者们也没有办法直接确认该项目的情况。KickStarter 建议赞助者们用自己的判断来支持一个项目。

（三）投资者教育亟须加强

众筹融资涉及的股东人数众多，公司治理应该加强，信息披露、市场约束应该有制度安排。美国颁布的众筹法的监管重点在于投资者保护。

在职业操守上，众筹法要求中介机构不能持有投资者的资金或者证券，不能提供投资建议，不能劝诱或通过他人劝诱投资者购买所提供众筹证券等。在注册和披露方面，众筹法规定中介机构必须在 SEC 注册为经纪自营商或集资门户。除了注册以外，中介机构还必须提供风险披露、投资者教育等 SEC 要求的其他材料。在投资者教育方面，根据众筹法，中介机构有教育众筹投资者的责任。该责任分为三个组成部分：首先，确保每个投资者阅读了按照 SEC 标准制作的投资者教育资料；其次，确保每个投资者正面肯定他理解自己可能损失所有投资；最后，确保每个投资者回答各种问题以表明他理解投资企业的风险和众筹证券的低流动性。在减少欺诈风险方面，根据众筹法，中介机构有责任采取 SEC 规定的各项措施以降低欺诈风险，包括对发行人高管、超过 20% 的股东进行背景调查和相关证券监管执法历史记录的核查。

第四节　第三方金融服务

除了直接进行经济资源的跨空间和跨时间分配之外，部分金融机构还通过提供金融咨询服务、投资保险、代理销售金融产品等形式，提高经济资源分配的效率。这种类型的金融活动我们称之为第三方金融服务。标准的第三方金融服务不进行直接的投资，也不进行收益的承诺，因此不需要考虑损失吸收能力机制。在一般情况下，第三方金融服务需要解决的风险主要体现为委托—代理的道德风险，并为此建立了一整套的制度安排。

一、互联网第三方金融服务创新

互联网金融服务的成本更低，对象扩大，客户对象更为广泛。互联网技术在第三方金融服务的应用体现在"大数据"挖掘和网络平台的信息撮合上，金融理论中的大数法则（law of large numbers）可以更为充分地实现，推动金融业的创新。信息交易成本降低，使得金融服务的成本降低，并且金融服务的受众对象范围较之传统金融服务更加广泛，使社会民众受益。以投资顾问为例，传统的投资顾问采取在门店接待或者上门服务等方式对客户对象进行一对一当面咨询，交易成本较高；而互联网第三方金融通过虚拟的网络平台进行沟通与咨询，并借助强大的数据分析功能为客户量身定做理财方案。在金融产品销售方面，互联网的创新体现在产品销售范围更大，信息传播时间更短，且投资者可以以较低的价格购买适当份额的理财产品。

（一）"大数据"近似实现大数法则，对金融风险的精算和保险更为准确充分

大数法则又称大数定理，是一种描述当试验次数很多时所呈现的概率性质的定律。人们在长期的实践中发现，在随机现象的大量重复中往往出现几乎必然的规律，即大数法则。概率论的大数法则是保险业经营的基础。风险单位数量越多，实际损失的结果会越接近从无限单位数量得出的预期损失可能的结果。据此，保险人就可以比较精确地预测危险，合理地厘定保险费率，使在保险期限内收取的保险费和损失赔偿及其他费用开支相平衡。

保险公司正是利用在个别情形下存在的不确定性将在大数法则中消失的这种规则性，来分析承保标的发生损失的相对稳定性。按照大数法

则，保险公司承保的每类标的数目必须足够大；否则，缺少一定的数量基础，就不能产生所需要的数量规律。但是，任何一家保险公司都有它的局限性，即承保的具有同一风险性质的单位是有限的，这就需要通过再保险来扩大风险单位及风险分散面。

在互联网时代，保险公司担保的客户数量迅速增加，"大数据"搜集和处理能力的提升有助于更为充分地分析各类风险数据，保险精算的准确性会不断上升。如果保险公司能够及时把握这些新趋势，未来保险业的盈利水平和风险控制能力都会显著改善。

（二）在网络平台上延伸传统银行和证券金融服务，实现金融服务便利化

金融服务便利化的机构在互联网上延伸传统金融机构的功能，具有服务成本低、对象广的优势。安全第一网络银行（Security First Network Bank，SFNB）于1995年10月在网络上开业，是得到美国联邦银行管理机构批准、在网上提供银行金融服务的第一家银行，也是全球第一家无任何分支机构的纯网络银行。其前台业务在网上进行，后台处理集中在一个地点进行，可以保证安全可靠地开办网络银行业务，业务创新性强，覆盖面多元化。

E * trade 于1992年创立，采用金融证券垂直门户网站定位，为客户提供丰富的信息和研究报告，涉及银行、证券、保险及税务等多个方面。E * trade 佣金费率属于同服务水平券商中最低的。E * trade 依靠网络经纪商低成本、低佣金、先进的信息技术等优势，吸引了大量客户，客户的忠诚度也最高。

（三）利用互联网平台销售金融产品，客户规模巨大

InsWeb 曾是全球最大的保险电子商务站点，成立于1995年2月，

总部位于加州红杉城。InsWeb 的主要盈利模式是通过与世界上 50 多家著名的保险公司签订业务协议，以及与其他 180 家公司网站的信息互联，为消费者提供多家保险公司的产品报价以及对比服务。如果成交，则向消费者收取中介费用，同时为保险代理人提供消费者的个人信息和投保意向，向保险商收取代理费用。InsWeb 初期利用互联网接触面广的优势发展较快，也积累了一定的保险公司及客户资源，但由于互联网所限，InsWeb 销售的主要还是车险和意外险，规模效应难以形成。同时，仅提供中介业务难以对保险产业链上下游进行扩展，发展受到限制。该公司（保险和市场营销部门）最终于 2011 年 10 月被 Bankrate 以 6500 万美元的价格收购，业务转型为对创新专利的注册。

在美国，早就出现了通过互联网支付平台销售货币市场基金产品的模式。全球知名的网上支付公司 PayPal 成立于 1998 年，而在次年就开始探索将客户支付账户中的滞留货款投资于第三方货币市场基金。该基金由 PayPal 自己的资产管理公司通过联接基金的方式交给巴克莱（之后是贝莱德）的母账户管理，只需要 1 美分就可以申购。用户只需简单地进行设置，存放在 PayPal 支付账户中、不计利息的余额就将自动转入货币市场基金，从而获得收益。该基金在 2000 年创下 5.56% 的年收益率，2007 年基金规模一度达到 10 亿美元，但国际金融危机后，美国货币市场基金平均收益水平大幅降至 0.04%，PayPal 的货币市场基金规模不断缩水，最终于 2011 年 7 月关闭。

（四）提供个人财务统计分析服务，财富管理实现大众化

理财规划将是互联网金融服务发展的重要领域。理财规划网站将原本只能人工面对面进行的理财咨询服务变成了依靠自动模型为用户提供的个性化服务，大幅降低了理财规划门槛，实现了财富管理的大众化。

Mint 是美国著名的个人理财网站，于 2007 年 9 月上线。Mint 可利用数据统计功能，帮助用户分析各项开支的比重，制定个性化的省钱方案和理财计划。Mint 网站备受青睐，它在成立后的两年内获得三轮融资，并最终以 1.7 亿美元的价格被 Intuit 收购。目前，它是美国最负盛名的免费个人理财网站，注册用户超过 1000 万。与侧重于日常财务管理的 Mint 不同，正式上线于 2012 年 5 月 1 日的 SigFig 更专注于用户的投资行为。同样，它可以自动统计用户分散在各个投资账号上的数据，在网站上予以集中展示。通过对这些投资数据进行分析，SigFig 每周都会自动诊断用户的投资组合，给出个性化的建议，帮助用户节省成本、提高收益。例如，定位收益不佳的投资，发现并削减隐藏的经纪费用，检测理财顾问是否多收了用户的费用，推荐收益更高的股票（基金），等等。另外，SigFig 还提供简洁、易读的图表帮助用户评估风险、比较收益。SigFig 网站所做的，就是一般投资顾问要做的事情，但是它完全依靠算法，而且对个人用户完全免费。它的收入主要源于授权财经媒体使用其投资工具，以及推荐券商或投资顾问的推介费。SigFig 平台上的用户资产达 750 亿美元。

二、第三方金融服务的风险管理重点

（一）加强公司治理

第三方金融服务机构提供金融代理和资产管理服务，也同样面临由信息不对称所造成的代理问题和道德风险，这些机构中最具代表性的是各类投资顾问公司和投资基金。根据委托投资的关系，各国设计了两种投资基金形式及相应的组织架构来减少这些风险，即契约型基金和公司型基金。契约型基金也称信托型基金，它是根据一定的信托契约原理，由基金发起人和基金管理人、基金托管人订立基金契约而组建的基金。基金管理人依据法律法规和基金契约负责基金的经营和管理；基金托管人负责保管基金资产，执行基金管理人的有关指令，办理有关基金的各种资金往来，投资者通过购买基金单位享有基金的投资收益。公司型基金是按照公司法的规定而设立的，通过发行股票的方式募集资金，组成具有法人资格的股份制投资公司。基金持有人既是基金投资者又是公司股东，按照公司章程的规定享有权利，履行义务。公司型基金成立后，一般委托特定的基金管理公司管理基金资产，委托托管机构保管资产。两种组织结构的组建和运作都遵循"管理和保管分开"的原则，在投资者、管理人和保管人之间形成明确的权利、义务关系和相应的制衡约束机制，可以较好地防止信息的垄断和内部人控制，从而抑制由于信息不对称导致的道德风险。

（二）进行信息披露和监督检查

信息披露制度对于基金的运作、保护投资者的利益起着举足轻重的作用。一般来说，基金信息披露主要包括招股说明书、定期报告（年报和中期报告）、公开说明书、净资产价值报告、临时报告等内容。除了信息披露之外，对基金业的外部监督也必不可少。从西方的经验看，投资基金的大规模发展始于投资基金制度和监管体系的相对完善。

20世纪初期，随着普通股成为美国社会公众的重要投资工具，投资顾问开始在美国证券市场成为一种独立业态。20世纪30年代，SEC在研究投资信托活动中，发现了很多滥用投资顾问名义、欺诈投资者的问题。为防范投资顾问活动中的证券欺诈等问题，1940年美国颁布了《投资顾问法》，该法与《投资公司法》一同出台。随着资本市场的发展，美国投资顾问服务的内涵和主体又有所拓展：自20世纪六七十年代起，为适应美国居民财富增长后产生的跨领域投资需求，投资建议服务延伸到理财规划服务范畴；2000 年以来，对冲基金等私募性集合投资基金的管理人纳入投资顾问监管。总体上，目前美国证券监管部门将资产管理、投资咨询（投资建议）、理财规划服务的提供方，作为投资顾问进行监管。按照《投资顾问法》及相关规则，美国证券监管部门对投资顾问实施注册管理，并且实行联邦监管和各州监管的二元结构。

三、第三方金融服务的意义与风险

互联网对第三方金融服务的创新体现在互联网技术促进了金融服务社会成本的下降，金融产品服务的对象进一步扩大，由原本的重点服务富裕阶层衍生至造福社会大众，体现了互联网以人为本的民主精神。这些特征源于互联网技术与理念在理财规划（咨询）事务上的深入应用，体现出鲜明的互联网精神（普惠、平等和选择自由），而不仅仅是理财规划（咨询）行业的网上渠道拓展，因而它们既是对传统理财规划（咨询）行业的革新，也可将市场扩展至传统理财规划（咨询）行业无法覆盖的人群。

但是，我们应该清醒地认识到，互联网第三方金融服务机构并没有消除委托—代理问题和道德风险，在未来应仿效传统的第三方金融服务机构，加强公司治理，改善信息披露制度和强化外部监管。利用互联网社会化的大平台，互联网第三方金融服务机构吸纳资金的能力很强。大量资金汇集于互联网第三方金融服务机构，必须建立严格的第三方资金托管制度，确保互联网金融机构不能随意动用客户的资金。第三方金融服务的主业是受人之托，代客理财，应当保证不涉及资金的主动使用，绝不能承诺收益保证，否则就会变成直接参与投融资的金融机构，接受更加严格的监管。互联网金融服务平台不但要明晰资金权责，解决托管问题，还要尽可能保护客户信息安全，设立规则避免隐私泄露对客户造成损失。在信息安全方面，人民银行规定，商业银行只有在办理个人贷款申请及管理、信用卡申请以及审核个人作为担保人时才可以查询个人信用报告。目前，大部分互联网金融服务平台尚缺乏对客户个人信用信息管理和保护的清晰制度。在互联网平台管理不善或陷入危机时，客户信息的安全很难得到保证。

第五节　金融监管和宏观经济管理的启示

在金融发展史上，重大的金融创新常常会引发大规模的金融危机。现代支付体系的创新曾多次导致通货膨胀和币制转换，银行的发展过程中也曾多次出现挤兑事件和大量机构倒闭，资本市场和资产价格的泡沫更是在直接投资发展历史中比比皆是。上述这些危机的影响范围极为广泛，已经远远超出了金融体系本身。20 世纪的"大萧条"对欧美经济的负面影响曾持续近 20 年，而 2008 年国际金融危机的冲击到目前仍在持续，这都充分说明了金融危机的社会化成本。和历史上的金融创新一样，互联网金融的兴起也会引发新的风险，了解金融危机的社会化影响以及金融监管的政策措施，对于防范互联网金融风险有很好的借鉴意义。

一、金融危机和金融机构的外部化成本

（一）金融机构的风险传染

相比较于其他基础产业，金融机构之间存在密切而复杂的财务联系，

金融风险具有很强的传染性，单个的或局部的金融困难很快便演变成了全局性的金融动荡。金融机构破产的影响和扩散与普通企业是不同的。普通企业的破产也会通过产业链条扩展，但每一轮的次级效应都是递减的；而金融体系内的各个金融机构之间在很大程度上是相互联系的，其影响效应是递增的。如果一家金融机构破产，就会影响到它的存款人，影响到同破产机构有业务联系的其他金融机构，还会影响到它的借款人（使借款人不得不提前偿还贷款或者得不到预料之中的追加贷款）。银行同业支付清算系统把所有的银行联系在一起，从而造成了相互交织的债权债务网络，基于营业日结束时的多边清算差额的支付清算系统使得任何微小的支付困难都可能酿成全面的流动性危机。

在危机过程中，信息的不对称使债权人不能像对其他产业那样根据公开信息来判断某个金融机构的清偿能力，因此债权人便会将某一个金融机构的困难视为其他所有有着表面相似业务的机构发生困难的信号，从而引发对其他金融机构的挤兑行为。金融创新和金融国际化的发展加重了金融风险的传染性，金融创新在金融机构之间创造出远比过去复杂的债权债务链条，而达到天文数字的金融交易规模使支付清算体系的脆弱性更加严重；金融国际化的发展则使得单个国家或某个地区的金融风险迅速、剧烈地传播到全世界，金融体系风险的积累具有了全球性。

（二）金融机构破产的外部性成本

金融外部性是金融行为中的私人成本向第三方溢出的外部经济效应。金融负外部性意味着金融行为的私人成本向社会的溢出，造成公共财富和社会福利的损失。金融机构由于内在的风险性和脆弱性，在金融动荡或危机中失去支付能力甚至破产倒闭，股东损失其股本，机构债权人损失部分债权，其余大部分经营性损失、资产贬值损失由并购注资或公共注资承担，形成直接的外部经济损失。更为严重的是金融信用中断，造成实物经济部门支付、结算、投资、消费和对经济预期的不良连锁反应，失业、资产闲置会导致经济产出远低于潜在产出水平。

Kareken 和 Neil 指出，银行一旦出现问题，倒闭的社会成本远远大于企业本身的成本[①]。普通企业倒闭，受到冲击的主要是股东和职工，而金融机构倒闭，所有的储户和交易关联方都会受到损失。此外，由于金融体系的相互关联，一家机构出现问题会造成市场信心波动，导致对整个行业类似的机构都丧失信心。资产抛售、银行挤兑倘若大规模出现，全社会的金融体系都会受到冲击。在 2008 年国际金融危机中，以美国为代表的西方政府不得已动用纳税人的钱救助了很多金融机构。这种救助行为和西方政府所宣扬的自由资本主义价值相悖，但面对系统性风险，政府别无选择。雷曼倒下已经重创资本市场，如果放任另外的金融机构破产，经济危机将会进一步蔓延，已然脆弱的经济将会不堪一击。英美政府不得不救助一些大型金融机构，形成了"大而不能倒"的道德风险。

二、金融监管制度安排

金融危机带来的教训是：金融的负外部性不可承受。但是，金融崩溃的脆弱性又是客观存在的。这个问题无法从内部解决，就只能通过外部监管来实现。吉本斯（1992）在《博弈论入门》中指出，挤兑只是纳什均衡之一。如果提供外部信心支持，不挤兑也是均衡解。由于金融市场上信息不对称问题的普遍存在，消费者行为之间也具有相互模仿和影

---

① Kareken, John H., Wallace, Neil. Deposit Insurance and Bank Regulation: A Partial Equilibrium Exposition. Journal of Business, 1978, 51: 413 – 438.

响的外部效应，金融市场的有效运作在相当程度上还取决于市场参与者对市场的信心。因此，出于对消费者整体利益的考虑，监管者还应当提供市场公信这样一种公共产品，要通过审慎有效的监管，及时预警、控制和处置风险，有效防范金融系统性风险；通过增加信息供给，加强信息披露，提高银行业经营的透明度，进而增进公众对银行体系的信心，防止出现因集中性的恐慌而引起金融市场的混乱，维护金融业稳健运营。

外部金融监管制度建立以来，通过制定风险管理标准（Regulation）和加强日常监管（Supervision），从多个角度降低金融体系的脆弱性，增强市场信心。

（一）减少逆向选择：准入审查

Stiglitz 和 Weiss 指出金融交易容易出现"柠檬问题"[1]。金融市场中存在逆向选择问题，越希望借到贷款、承诺借款利率越高的筹资人，违约的可能性就越大。同理，营销力度越大的金融中介机构就越有非法集资、虚假宣传的嫌疑。由于逆向选择的存在，当银行业全面开放时，真正积极地开银行、办银行的机构很有可能是不合格的市场参与者。这就是准入制度存在的合理性和必要性。银行机构的市场准入包括三个方面：一是机构准入，二是业务准入，三是高级管理人员准入。

（二）降低委托—代理风险：加强监督与检查和风险评级

金融投融资活动中存在道德风险（中介机构和借款人不当使用资金）。Stigler（1961）在《信息经济学》中指出，由于交易的时滞和搜索成本的存在，完全信息基础上的理性市场不存在。金融监管要求强制性信息披露可以减少信息不对称。在间接融资过程如何保证代理人将资金

---

[1]　Joseph E. Stiglitz, Andrew Weiss. Credit Rationing in Markets with Imperfect Information, The American Economic Review, Vol. 71, No. 3. (Jun., 1981).

用到其承诺用的地方？相关机构可以通过现场检查、非现场检查、风险评级来保证银行能够认真地做贷款，通过营造监管环境来解决代理人的道德风险问题。如果没有监管，任何人都会有道德风险，而这与道德品行无关。一个好的制度可以将坏人变成好人，一个坏的制度可以将好人变为坏人。在直接融资方面，可以通过建立良好的公司治理架构、健全信息披露机制、加强市场监督等方式来解决道德风险问题。

监管部门通过非现场监管和现场检查等监督检查手段，实现对风险的及时预警、识别和评估，并针对不同风险程度的银行机构，建立风险纠正和处置安排，确保银行风险得以有效控制、处置。非现场监管人员通过风险为本的非现场系统监测被监管机构各类风险水平的变化，并及时跟进预警信号，跟进被监管机构的内控缺陷，纠正其违规行为，改善其公司治理。现场检查是指监管当局及其分支机构派出监管人员到被监管的金融机构进行实地检查，通过查阅金融机构的账表、文件等各种资料和座谈询问等方法，对金融机构经营管理情况进行分析、检查、评价和处理，督促金融机构合法、稳健经营，提高经营管理水平，维护金融机构及金融体系安全的一种检查方式。

世界银行监管机构大多采用骆驼（CAMELS）评级体系对商业银行日常风险进行监管。骆驼评级的风险要素包括资本充足率、资产质量、管理能力、盈利能力、流动性、市场风险敏感度。综合评级是在汇总CAMELS六大要素评级结果的基础上得出的，评级结果以 1～5 级表示，数字越大表明级别越低和监管关注程度越高。

（三）增强吸收损失能力：建立资市和流动性监管规则

资本和拨备是商业银行加强损失吸收能力最主要的形式。但是，在商业银行诞生以来的数百年历史中，并没有对资本充足水平统一的监管标准。20 世纪七八十年代，金融创新和跨境银行业务日益活跃，特别是拉美债务危机相关的国际风险不断增长，主要国际银行的资本充足率却呈现下降趋势。为强化国际银行体系的稳定性，消除因各国资本要求不同而产生的不公平竞争，巴塞尔委员会于 1988 年 7 月发布了第一版巴塞尔协议，即巴塞尔协议Ⅰ，资本、风险资产和资本充足率成为银行监管的核心三要素。尽管在理念上确立了正确的范畴和基本要素，但巴塞尔协议Ⅰ在技术上过于简单、缺乏风险敏感性等缺陷逐步显现。随着金融市场环境的迅速变化，巴塞尔协议Ⅰ所存在的缺陷导致资本监管与银行实际风险承担和风险管理能力越来越脱节，从而给银行留下了巨大的资本套利空间：一方面，通过所谓的资本工具创新，在虚增资本数量的同时削弱了资本吸收损失的能力；另一方面，通过将表内风险资产以证券化等形式转移到表外甚至本行外，低估了银行实际承担的风险。资本套利带来的危害不仅在 20 世纪 90 年代的多次银行危机中多有体现，一定程度上也是本次国际金融危机的诱因之一。针对巴塞尔协议Ⅰ的缺陷，在巴塞尔协议Ⅰ的基础上，巴塞尔委员会于 2004 年推出了新资本协议（即巴塞尔协议Ⅱ）。巴塞尔协议Ⅱ在巴塞尔协议Ⅰ的基础上保持了一定的连续性，但内容更加广泛、更加复杂，其创新之处主要体现在以下几个方面：一是构建了以三大支柱为支撑的完整的资本监管框架。第一支柱为统一的 8% 的资本充足率要求；第二支柱为内外部监督检查，包括商业银行内部的资本充足率评估程序和监管当局监督检查；第三支柱为细化的商业银行信息披露要求，强调通过市场力量约束银行的经营行为。二是提高资本框架的风险敏感性，建立了以商业银行内部评级模型为基础的信用风险、市场风险和操作风险的高级计量方法。

2004 年以后，随着主要国际银行陆续实施巴塞尔协议Ⅱ，巴塞尔协

议 Ⅱ 的一些缺陷也逐步暴露：一是资本定义基本停留在巴塞尔协议 Ⅰ 的标准下，总体资本定义仍比较宽松。欧美的商业银行表面上资本充足率很高，但实际吸收损失的能力有限。二是风险覆盖面不够，市场风险和资产证券化等复杂业务的资本要求明显偏低，个别资产也存在低估风险的情况。三是资本要求总体水平过低，无法有效覆盖周期性波动和系统性危机的损失。四是资本计量方法总体过于复杂，个别领域监管套利空间实际加大。

2008 年的国际金融危机充分暴露了巴塞尔协议 Ⅱ 框架的缺陷，也因此推动了金融监管制度的进一步迅速变革。针对资本和流动性不足、杠杆率过高的问题，2010 年底的二十国集团领导人首尔峰会出台了巴塞尔协议 Ⅲ，规定了新的资本、杠杆率和流动性监管标准，作为国际监管改革的重要阶段性成果，为国际银行监管树立了新标杆。截至目前，巴塞尔委员会 27 个成员经济体中有绝大部分成员已经发布了最终的资本监管规则，其中包括中国在内的 11 个经济体已按照巴塞尔委员会既定时间表于 2013 年初开始实施。在流动性监管方面，为了减少期限错配，增强商业银行应对流动性危机的能力，巴塞尔协议 Ⅲ 制定了流动性覆盖率（LCR）和净稳定融资比率（NSFR）两个指标。目前，流动性覆盖率的规则已经明确，将从 2015 年 1 月 1 日起实施。巴塞尔委员会正在就净稳定融资比率进行研究校准，计划随后推出。

（四）减少负外部性社会成本：建立存款保险机制和恢复与处置计划

金融机构倒闭将造成巨大的、负外部性的社会成本，因此保证金融机构实现有序退出、最大限度地减少社会成本非常必要。存款保险制度已经在国外运行多年，目前中国也在积极推进存款保险制度的落地。通过这次国际金融危机，国际监管界认识到，存款保险只能解决单个机构、小机构的问题，而当系统性风险爆发时，存款保险远远无法解决整个金融系统的流动性问题。现在国际监管提出的市场退出安排是一个更加广义的概念，即"恢复与处置计划"，在美国俗称"生前遗嘱"。金融稳定理事会将危机管理划分为恢复和处置两个阶段。恢复计划由商业银行制订（需经监管当局批准）并实施，目的是在银行面临巨大压力的情况下，通过有效采取事前规划的各项措施，及时恢复财务实力和生存能力，实现持续经营。恢复计划一般包括应对市场压力情景的方案、应对资本缺口和流动性压力的计划和确保压力情景下及时实施恢复方案的程序等。处置计划由监管当局制订并实施，商业银行需协助并提供必要的信息，一般包括确保关键金融和经济功能得以持续、以有序方式关闭机构、合理处理债权债务关系、保证储户迅速得到资金返还等措施。

（五）对互联网金融监管的启示

虽然当前的金融监管制度安排主要针对传统的金融业务来设计，但是其中的基本理念依然适用于互联网金融等新兴业态。从本质上讲，互联网金融机构是在创新的网络平台上发挥着传统的金融功能，形式有很大改变，但金融的核心功能和基本风险没有改变。由于互联网金融平台的社会化程度更高，其可能造成的金融负面外部成本也更大。及时完善监管制度，防范金融风险，是促进互联网金融创新平稳发展的前提。

三、互联网金融创新对货币政策的挑战

互联网金融创新不仅会产生新的金融风险，对金融监管提出新挑战，还具有相当丰富的宏观经济学含义，对宏观经济上的风险和治理具有重要影响。

一是互联网支付工具的创新对于基础货币的统计和定义带来新挑战。

最近涌现的余额宝、微信支付、京东"打白条"等新方式已经部分具有了基础货币的特征,如果各类比特币和游戏币的流动范围从虚拟空间扩展到实体空间,将会进一步扩大基础货币的范围,中央银行对基础货币的管理能力将会受到削弱。

二是互联网间接融资方式创新改变了广义货币存量和货币流通速度。目前,互联网信贷并没有列入 M_2 的统计口径,互联网信贷平台的存款准备金和资本充足率要求并不完善,中央银行的流动性管理政策没有覆盖 P2P 模式,网络信贷的杠杆率更高。与此同时,由于网络信贷平台撮合审批程序简单,信贷资金的周转速度加快,货币乘数上升,因此,在金融监管政策没有完善的时期,互联网间接融资将造成非银行信贷量上升,广义货币存量和货币乘数的统计偏低。货币供应量等传统的数量型货币政策中介指标的有效性将会下降。

三是以众筹为代表的互联网直接融资方式创新拓展了金融市场的层次和范围。相对于经常探讨的主板、三板等传统金融市场,众筹融资已经改变了证券融资的模式。在可以预见的将来,以众筹类型融资的项目将会大幅增长,其规模潜力不容小觑。传统的资本市场体系将会增加新的板块和新的风险。

总之,互联网金融的发展将会显著增强社会的金融化程度,基础货币、广义货币的社会融资总量都会有所上升,金融市场的结构也会发生重要变化。在社会融资成本下降的同时,如果缺少科学的监管制度安排,金融体系的杠杆率也会显著上升。传统的货币政策和监管工具的有效性正在快速下降,宏观经济政策部门和监管机构都必须有所应对。从这个意义上讲,互联网金融创新就像新型汽车的出现,速度显著加快,但事故的损失也会上升,因此急切呼唤新型刹车系统和安全气囊等风险管理制度的配套创新。

本章小结

金融的核心功能是对经济风险进行定价和交易，从而有效分配经济要素资源，实现社会效用的最大化。金融活动既可以表现为从空间维度、时间维度来直接分配经济资源的交易和投融资活动，也可以体现为通过咨询和代理销售等第三方服务来促进社会资源更优化的分配。

金融活动在空间维度分配资源上的功能集中表现为商品交易支付媒介的不断发展。从社会发展史的角度看，支付媒介的产生使商品交换成为可能，导致了商业分工的出现和远距离交易的实现，从而在一定的空间范围内更有效地组合使用生产要素。随着科技的发展以及支付和结算手段的发展，商品交换的空间范围不断扩大，可以在更大的范围内实现生产要素的最优分配，金融活动成为商品经济的重要推动力。在支付方式演变的过程中，金融创新和制度创新并行发展、互为因果。人类的金融支付媒介从实物发展到纸币，进而发展为虚拟的电子数据。现代科技进步使交易成本下降，商品交换的空间范围不断扩大，但交易的复杂度、交易对手风险、操作风险明显上升，对社会契约制度和风险管理安排的要求都比以前要复杂、严格得多。我们在分析金融的发展时倾向于强调金融发展的优化和改进，强调货币支付结算的发展使得交易成本降低，但往往会忽视为了实现这种转换而进行的一系列金融制度建设。正是由于缺乏配套制度建设，中国在历史上才丧失了引领金融创新的先机，也正是由于配套制度不断完善，西方在近 500 年才成为世界金融体系的霸主。

金融的第二个维度是在时间维度上分配资源。从经济理论上来讲，由于生产效率不同，生产效率低的资金富余方将资金融通给生产效率高的资金短缺方，从而分享后者的投资收益，整个社会的总体效用会提高。跨时间分配资源面临三个难题：第一，金融资源供需信息不对称，即资金富余方和资金短缺方相互不了解，资金匹配存在交易搜索成本；第二，出借方和借入方信用信息不对称，借入方的诚信需要识别，具有信用风险；第三，由于跨时间交易，投资收益存在不确定性，投资产生的风险需要具有损失分担的机制。为了解决上述难题，出现了两种不同形式的融资。一种是间接融资，即有中介融资；另外一种是直接融资，即股票和债券投资。间接融资通过设立信贷中介，集中归集和使用资金来解决信息不对称问题；通过抵押担保等方式降低信用风险；通过实行资本和流动性管理来减少投资风险的冲击。直接融资则通过建立集中的交易场所来降低信息不对称，通过建立发行规则和信息披露制度来减少信用风险，通过有限公司治理制度来分担投资风险损失。虽然间接融资的发展解决了社会经济发展的融资难题，显著改善了经济资源跨时间分配的效率，但是，历史经验也深刻表明，金融体系本质上是脆弱的，金融危机的爆发几乎不可避免。金融体系的外部性特征使得金融系统一旦出现问题，就会对全社会的经济增长和就业造成广泛的影响，所以必须对金融机构强化内部风险管理和进行外部监管。

除了直接进行经济资源的跨空间和跨时间的分配之外，部分金融机构还通过提供金融咨询服务、投资保险、代理销售金融产品等形式，提高经济资源分配的效率。这种类型的金融活动我们称之为第三方金融服务。标准的第三方金融服务不进行直接的投资，也不进行收益的承诺，因此不需要考虑损失吸收能力机制。在一般情况下，第三方金融服务需要解决的风险主要体现为委托—代理的道德风险，并为此建立了一整套的制度安排。

20 世纪 90 年代以来，互联网科技的兴起已经深刻改变了人类社会的形态。近年来，互联网金融业务在空间和时间等多个维度创新发展了传统金融的功能。

互联网支付从满足线上交易的需求衍生到满足线下交易的需求，并从实体经济蔓延到虚拟经济的发展。互联网支付的出现，使交易范围从物理空间拓展到互联网空间，极大降低了交易搜索和运输成本，从而可以在更广阔的空间更快捷地分配资源。金融支付从物理空间向虚拟空间拓展后，人类商品交换的范围拓展到了新的维度。商品交换的效率大大提高，海量小额的支付也可以瞬时实现。从理论上讲，未来如果得到政府的信用支持，一种全新的电子货币的出现也完全有可能，它的供给由一定的经济规则决定，并被广泛接受和使用。但是，所有这一切的实现都需要以坚实的契约和法律制度为基础，否则支付领域的超前创新更有可能引发更大范围的社会化金融危机。

在跨时间维度分配资源方面，互联网金融推动了意义深远的金融创新，以 P2P 为代表的互联网间接融资和以众筹为代表的互联网直接融资模式快速兴起。现代信息科技的发展使点对点的直接借贷和大量投资者进行小额分散投资的模式成为可能，交易成本显著下降，信息不对称降低，对小微企业的融资服务得到改进。

与此同时，互联网第三方金融服务的成本更低，对象扩大，客户对象更为广泛。互联网技术在第三方金融服务的应用体现在"大数据"挖掘和网络平台的信息撮合上，'金融理论中的大数法则可以更为充分地实现，推动保险业的创新。信息交易成本降低，使得金融服务的成本降低，并且金融服务的受众对象范围较之传统金融服务更加广泛，使社会民众受益。

但是，我们应该清醒地认识到，互联网新融资方式并没有改变金融投资风险的本质，即跨时间资源分配的收益具有不确定性。因此，传统金融机构面临的脆弱性在互联网金融机构也同样存在，甚至风险程度更高。互联网第三方金融服务机构并没有消除委托—代理问题和道德风险，在未来应仿效传统的第三方金融服务机构，必须加强公司治理，改善信息披露制度和强化外部监管。

在金融发展史上，重大的金融创新常常会引发大规模的金融危机。现代支付体系的创新曾多次导致通货膨胀和币制转换，银行的发展过程中也曾多次出现挤兑事件和大量机构倒闭，资本市场和资产价格的泡沫更是在直接投资发展历史中比比皆是。上述这些危机的影响范围极为广泛，已经远远超出了金融体系本身。20 世纪的"大萧条"对欧美经济的负面影响曾持续近 20 年，而本次国际金融危机的冲击到目前仍在持续，这都充分说明了金融危机的社会化成本。和历史上的金融创新一样，互联网金融的兴起也会引发新的风险，了解金融危机的社会化影响以及金融监管的政策措施，对于防范互联网金融风险有很好的借鉴意义。

互联网金融的发展将会显著增强社会的金融化程度，基础货币、广义货币的社会融资总量都会有所上升，金融市场的结构也会发生重要变化。在社会融资成本下降的同时，如果缺少科学的监管制度安排，金融体系的杠杆率也会显著上升。传统的货币政策和监管工具的有效性正在快速下降，宏观经济政策部门和监管机构都必须有所应对。从这个意义上讲，互联网金融创新就像新型汽车的出现，速度显著加快，但事故的损失也会上升，因此急切呼唤新型刹车系统和安全气囊等风险管理制度的配套创新。

虽然当前的金融监管制度安排主要针对传统的金融业务来设计，但是其中的基本理念依然适用于互联网金融等新兴业态。从本质上讲，互联网金融机构是在创新的网络平台上发挥着传统的金融功能，形式有很大改变，但金融的核心功能和基本风险没有改变。由于互联网金融平台的社会化程度更高，其可能造成的金融负面外部成本也更大。及时完善监管制度，防范金融风险，是促进互联网金融创新平稳发展的前提。

第二章
国际互联网金融行业发展现状

互联网金融虽然是一种新兴的金融业态，但也可以按照金融在空间维度、时间维度的功能作用大致划分为互联网支付、间接融资（P2P 借贷）、直接融资（众筹融资）以及第三方金融服务等几个类别。国际上，互联网支付早于 20 世纪 90 年代伴随着电子商务在全球范围内的繁荣兴起而发展壮大。2005 年以来，以 Zopa、Lending Club 和 KickStarter 等为代表的互联网投融资公司开始在欧美等国流行起来，这主要得益于 Web 2.0 技术的成熟和 2008 年的国际金融危机，前者为互联网投融资在技术上提供了可行性，后者则是其成长的有力助推器。此外，以美国 Mint、Motif 等为代表的互联网第三方金融服务公司也在近年来凭借"大数据"、低成本等优势而蓬勃发展。

第一节　互联网支付

20 世纪 90 年代，互联网技术的迅速发展促进了电子商务的兴起，这在大大提高人们消费便捷性的同时也带来了巨大的交易对手风险。为解决上述问题，互联网支付这一新的支付结算方式应运而生。互联网支付的出现，使得交易范围突破了空间和地域的限制，极大降低了交易搜索和运输成本，从而可以在更广阔的空间更快捷地分配资源。

一、美国

互联网支付技术起源于美国，其中全球支付行业巨头 PayPal 以及近年来兴起的 Square、Google Wallet 等公司均已成为行业的领军企业，这些公司的发展历程与技术革新之路基本展示了全球互联网支付行业的发展脉络与未来走向。

（一）PayPal 的兴起与发展

PayPal 成立于 1998 年 12 月，总部设在美国加利福尼亚州。20 世纪末，互联网交易在美国刚刚兴起不久，当时的互联网商家大多无法承受信用卡接单的高额手续费，互联网交易还主要依靠支票邮寄等传统支付手段，而支票支付往往具有较大的交易风险，不但清算时间长，而且很容易跳票。PayPal 的创始人皮特·泰尔（Peter Thiel）和迈克斯·莱文（Max Levchin）敏锐地发现了互联网用户间存在支付需求这一空白领域，于是他们创立了 Confinity 公司（PayPal 的前身），允许人们通过 PDA（掌上电脑）互转小笔费用。2000 年 3 月，埃隆·穆斯克（Elon Musk）创立的电子支付公司 X. Com 与 Confinity 合并，并在 2001 年 6 月正式更名为 PayPal。

PayPal 的出现，使得互联网用户可以通过电子邮件地址互转费用，为大量互联网用户提供了价格低廉且相对安全的支付结算服务。PayPal 在成立之后不久，便选择和 eBay 等电子商务网站合作，并逐渐成为这些电商交易的主要支付方式，在短期内得到了飞速发展，用户人数迅速攀升到2000万。这主要是因为PayPal填补了电子商务市场长期以来的一项需求空白。此外，PayPal基于银行卡等传统金融基础设施而建立起来的支付网络也为其省却了大量的投资成本。

2002年10月，eBay以15亿美元的价格收购PayPal，将其支付业务带入了一个全新的发展阶段。截至2014年3月，PayPal在全球193个国家和地区拥有超过1.4亿的活跃用户，仅在2013年就处理了1800亿美元的网络交易，平均每天交易笔数超过900万笔，交易币种已经达到26个。[①] 2014年第一季度，PayPal的全球收入已占eBay的43%，在利润贡献及市值等方面现也均占到eBay的半壁江山。在移动支付迅速发展的趋势下，未来出现PayPal营收超过eBay传统业务的局面几乎可以预见。PayPal的发展历程如图2-1所示。

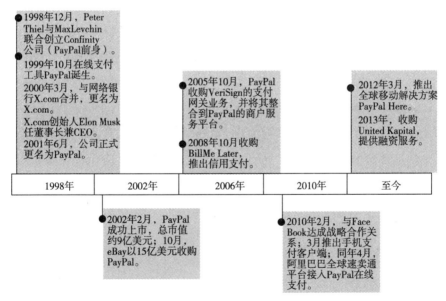

图2-1 PayPal的发展历程

---

① 资料来源：PayPal网站。

（二）PayPal 的业务模式

PayPal 基本确立了互联网支付的行业标准，为在线支付领域开创了全新的运营模式和业务体系。近年来，随着 PayPal 的不断壮大以及公司一系列技术创新、产业整合等举措的实施，PayPal 基本形成了一套以支付业务为核心，以金融增值服务、广告营销、咨询服务、电商化服务等为辅助的业务体系。值得一提的是，PayPal 在 1999 年底与货币市场基金结合，用户存放在 PayPal 账户中原本没有利息的闲置资金可以转入 PayPal 关联的货币市场基金而获得收益，这也是中国余额宝的原型。

支付业务是 PayPal 的基础和核心，主要包括网络支付、移动支付及其他线下支付等。PayPal 的网络支付平台将消费者与商户的资金账户进行了无缝对接，大大简化了交易流程。用户只需要在网页上开通 PayPal 账户，使用对方的电子邮件地址就可付费，而收款方则可以用支票或电子转账的方式进行提款。

PayPal 的支付业务收入主要来自交易手续费，一是向卖家收取的服务费用，这是收入的主要来源。一般来说，消费者在购物时通过 PayPal 进行支付不需要付费。二是用户在汇款过程中产生的手续费用。此外，用户存放在 PayPal 账户上的资金由 PayPal 作为代理人存入银行的集合账户中，这部分利息收入属于 PayPal。但是，用户可以选择将其闲置资金投入到 PayPal 货币市场基金（已于 2011 年清盘）来赚取收益。

PayPal 最主要的运营成本为交易处理成本。由于 PayPal 的支付系统要依靠传统的支付基础设施，尤其是在用户通过 PayPal 使用信用卡、借记卡进行转账时，PayPal 需要向银行机构支付相关的交易手续费用（见表 2-1）。为此，PayPal 也采取了多种措施，鼓励用户使用 PayPal 账户的余额进行付款，从而降低客户交易成本。①

表 2 – 1　　　　　　　　　　PayPal 支付服务收费费率

类别		费率
销售方服务费用	美国境内销售	每笔交易 2.9% + 0.30 美元固定费用
	公益类组织及符合条件机构的优惠费率	每笔交易 2.2%
	国际销售	每笔交易 3.9% + 固定费率（取决于交易货币种类）
汇款手续费用	美国境内的 PayPal 账户转账	免费
	借记卡、信用卡转账	每笔汇款 2.9% + 0.30 美元固定费用（汇款方决定谁支付费用）
	美国境外转账	通过 PayPal 或银行账户资金汇款：0.5% ~2% 通过借记卡或信用卡资金汇款：3.4% ~3.9%

资料来源：PayPal 网站。

　　近年来，以电子钱包为代表的移动支付服务成为互联网和移动平台最具潜力的发展领域，PayPal 在这个市场拥有得天独厚的条件。2014 年 3 月，PayPal 在欧洲、澳大利亚等地推出使用手机在餐馆下单及付费的服务，这是 PayPal 从其传统的线上付费服务拓展到线下付费服务的重要战略举措。

　　此外，数据服务等将成为 PayPal 业务模式发展的必然趋势，通过对平台积累的庞大客户交易信息进行"大数据"挖掘和分析，为客户提供顾问咨询以及金融增值服务等将成为 PayPal 的重要业务。2008 年 10 月，PayPal 与在线消费者信贷公司 Bill Me Later 合并，为 eBay 和 PayPal 客户提供延期支付等信用融资服务。2013 年 4 月，PayPal 与英国金融服务公

---

　　① 王瑾：《美国互联网支付业务的特点及启示——以 PayPal 为例》，载《浙江金融》，2012（10）。

司 United Kapital 合作，为 eBay 平台上的商户提供最多 2.5 万英镑的融资服务。

（三）Square 及 Google Wallet 等移动支付的发展

互联网支付早期是为了满足互联网用户线上交易的需求，但随着支付工具的逐渐发展，实现线下更为便捷的支付已成为可能。目前，移动通讯工具和智能手机的应用已经十分普及，移动支付正成为新兴的支付方式。根据调查机构 Juniper Research 发布的调查数据，2014 年全球移动支付总金额将上涨 40%，达到 5070 亿美元，而这一数字到 2017 年将有可能突破 1 万亿美元。

Square 是 2009 年 12 月在美国加利福尼亚州成立的一家移动支付公司。Square 把类似于 PayPal 的支付功能由线上带到了线下，利用移动互联网的优势，将支付变得更加容易与快捷。总的来说，Square 通过与移动设备相连，结合移动设备中的应用程序，将移动通信设备转化成了一个无线 POS 机。Square 用户（消费者或商家）利用 Square 提供的移动读卡器，配合智能手机的使用，可以在任何 3G 或 WiFi 网络状态下，通过应用程序匹配刷卡消费。它使得消费者、商家可以在任何地方进行付款和收款，并保存相应的消费信息，从而大大降低了刷卡消费支付的技术门槛和硬件需求。Square 支付产业链如图 2－2 所示。

Square 主要解决个人和中小企业的移动端支付问题，即如何低成本、高效率地满足中小商户开展刷卡支付的需求。2011 年，美国有近 2700 万中小商户不支持信用卡刷卡支付①，Square 推出的产品很好地满足了中小商户群体的需求。

---

① 《Square CEO 多尔西：商家客户群将会有显著增长》，http：//it. gmw. cn/2012－08/20/content_ 4843485. htm。

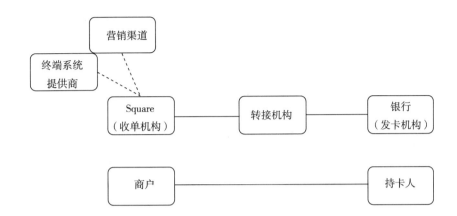

图 2 - 2 Square 支付产业链

因为处于创业初期，Square 的产品模式一直在进行探索革新。目前，公司主要产品如表 2 - 2 所示。

表 2 - 2   Square 产品列表

	产品名称	产品介绍
硬件设备	Square Reader	Square 公司的第一代产品，商户将 Square Reader 插入手机的耳机接口，即可将手机变成一个移动的无线 POS 机
	Square Stand	Square 于 2013 年推出的新一代移动刷卡设备，可以将 iPad 打造成一个完整的销售系统
软件系统	Square Register	通过 Square Register，消费者只需要向商户提供姓名即可实现支付
	Square Market	网络购物软件，商户和消费者可以进行网上交易及支付
	Square Cash	转账软件，用户通过发送邮件，在邮件主题中注明转账金额，并抄送 Square 就可以向其他人进行转账
	Square Order	主要应用在餐厅预订服务上，用户可以通过 Square Order 进行餐厅预订，并且预先进行餐费支付

Square 公司的收益主要来源于每笔交易的服务费用，根据支付方式的不同，每笔交易的费率为 2.75% 或 3.5% + 0.15 美元。Square 新推出的 Square Order 服务则向商家收取每笔交易 8% 的服务费，比传统信用卡公司 2.5% 的服务费还要高。商家之所以选择这项服务，主要是希望通

过 Square 庞大的用户平台吸引更多的客户。成本方面，Square 需要向 Visa、万事达等卡组织及发卡机构支付一定的交易处理费、品牌费及交换费等，即将其收取的服务费用与信用卡组织和发卡机构按一定比例进行分成，公司自身利润空间十分有限。目前，Square 公司面向中小商户提供小额支付的业务模式还面临着较大挑战，这一模式能否为公司带来盈利还有待市场考验。

Google Wallet 采取的是基于 NFC[①] 技术的近场支付模式，利用 NFC 技术将用户账户及其银行卡（包括信用卡、借记卡等）进行绑定。用户可以在支持 Google Wallet 的商店用手机像刷公交卡一样进行支付。Google Wallet 力图通过智能手机打造从团购折扣、移动支付到购物积分的一站式零售服务，从而让用户彻底放弃满是信用卡、优惠券以及购物卡的钱包。

2012 年 8 月，Google Wallet 宣布，从仅支持花旗银行万事达信用卡进行支付扩展到支持 Visa、American Express、Discover 等几家公司发行的信用卡或借记卡。然而，总体来看，近年来 Google Wallet 的推广并不如预期那么顺利，美国用户的接受程度并不很高，这与美国人的信用卡等传统支付习惯还较为根深蒂固有一定关系。

二、欧洲

（一）英国

英国是电子商务较为发达的国家之一。2011 年，英国互联网消费支

---

① NFC 是 Near Field Communication 的缩写，即近距离无线通信技术。由飞利浦公司和索尼公司共同开发的 NFC 是一种非接触式识别和互联技术，可以在移动设备、消费类电子产品、PC 和智能控件工具间进行近距离无线通信。NFC 提供了一种简单、触控式的解决方案，可以让消费者简单直观地交换信息、访问内容与服务。

出达到了 680 亿英镑，比 2010 年增长了 16%。[1] 在所有互联网支付中，信用卡支付还是最主要的支付方式，占到网络支付总额的 40%；其次是借记卡与 PayPal，分别占到网络支付总额的 35% 与 21%。

除 PayPal 之外，创建于英国的 WorldPay 也是一家全球领先的独立支付业务运营商。WorldPay 的前身（Streamline）成立于 1989 年，是一家电子支付服务提供商，并早在 1994 年就开始提供互联网支付服务，它也是最早提供此项业务的公司之一。2002 年，WorldPay 被苏格兰皇家银行收购，在进行了一系列收购整合后，成为一家全球领先的支付公司。2010 年，苏格兰皇家银行以 20 亿英镑的价格出售了 WorldPay 20% 的股份。

在线支付仅仅是 WorldPay 提供的各项服务之一。公司的业务体系几乎涵盖了支付链的全部要素，包括国际收单、综合网关、当地支付、风险管理、外汇资金流管理和移动支付等一系列服务。根据公司 2012 年年报，WorldPay 当年共处理了 80 亿笔收单交易，交易量为 2790 亿英镑，净收入达到 5.3 亿英镑。目前，WorldPay 在 148 个国家的收单商户已达到 25.2 万家。

（二）德国

近年来，德国电子商务的发展也较为迅速。2011 年，德国网上支付金额已达 217 亿欧元，占全国商品零售额的 7%，其中 31% 的交易通过第三方支付完成。PayPal 在德国的第三方支付市场占据主导地位，市场份额达到 87%。此外，Giropay 以及 SOFORT 也是德国本土的两家主要支付服务机构，基本瓜分了剩余的市场份额。[2]

---

[1]　IMRG：《2012 年英国网络零售规模达 770 亿英镑》，http：//www.199it.com/archives/23712.html。

[2]　李俊：《德国互联网金融的经验及其对中国的启示》，载《清华金融评论》，2014（9）。

SOFORT 提供在线支付、在线验证等多项服务，是德国境内领先的直接支付（direct payment）提供商，公司服务于 25000 多家电子商务公司，每月处理近 300 万宗网络交易，服务地域涵盖了包括德国、英国、法国、奥地利在内的十多个欧洲国家。

不同于 PayPal，SOFORT 提供的是直接支付服务，用户资金不通过 SOFORT 进行中转，也不需要在公司网站上注册账户即可完成转账。一般来说，用户在选择 SOFORT 作为支付方式后，将直接进入到 SOFORT 网站的安全界面，客户只需要在网站上输入其开户银行的账户和密码等信息（这些信息不会被网站保存或提供给商家），网站将立即以加密的形式将这些信息提交到银行进行处理。同时，商家也将同时收到网站发送的付款确认通知。

（三）法国

在法国，PayPal 是当地最大的第三方支付网站，共有 700 万账户，占据法国 48% 的市场份额。此外，Google Wallet 也占据了约 8% 的市场份额。[①] 为与 PayPal 争夺在线支付市场，法国三家商业银行（巴黎银行、兴业银行和邮政银行）于 2013 年 9 月共同研发推出了新型的支付方式，即 Paylib。Paylib 是一个全新开放的系统，不断有更多的法国银行加入其中。与 PayPal 相比，简便和安全是 Paylib 的两个重要概念。用户通过 Paylib 网站进行支付时不需要输入一长串的银行卡卡号等常规信息，只需要提供其银行网上账户的用户名和密码就可以完成转账。出于安全考虑，Paylib 还设置了双重密码验证，第二个密码由用户智能手机上的应用程序随机产生。目前，Paylib 还局限在法国本地市场，对于法国商户来说，其相对低廉的手续费使之具有较大的吸引力。

---

① 温信祥、叶晓璐：《法国互联网金融及启示》，载《中国金融》，2014（4）。

三、亚洲

（一）日本

亚洲的电子商务发展比欧美要晚，发展网络经济的基础与环境也大不相同，但从整体来看，亚洲网络经济的成长势头非常明显。日本、韩国等亚洲发达国家已经拥有成熟的电子商务市场与支付手段，其中移动支付业务更是在日本、韩国得到了极为迅速的发展，如移动钱包、移动信用卡的正式商用都最早出现在那里。[①]

根据日本政府发布的一份报告[②]，2011 年日本 B2C 电子商务市场规模为 84590 亿日元，信用卡、货到付款及银行转账等是日本网络交易的主要支付方式，而 PayPal 等第三方支付工具在日本则基本没有市场。但另一方面，日本在移动支付业务方面却已成为全球最为成功的国家之一。

日本的移动支付产业主要由移动通信运营商主导，NTT DoCoMo 等日本三大移动运营商早在 2004—2005 年就已推出移动支付业务。

NTT DoCoMo 是日本最大的通信运营商，拥有超过 6000 万的用户。2004 年，NTT DoCoMo 与索尼公司合作推出手机钱包业务。其推出的"钱包手机"内嵌索尼的 Felica 芯片，支持各种零售、电子票务、娱乐消费等非接触式支付。NTT DoCoMo 用户通过向运营商申请一个手机钱包账号并预存部分金额就可以开始使用。使用时，只需在特殊的读卡器前晃动手机就能完成支付，无须输入密码。该项支付业务一经推出，便迅速风靡日本。

2005—2006 年，NTT DoCoMo 先后采用注资方式，获得了日本两家

---

① 曾建：《韩国电子支付发展曲线图 成功经验和对中国启示》，载《中国计算机报》，2006 - 11 - 20。

② 《2011 年日本经济信息社会基础建设（电子商务市场调查）》。

信用卡公司的部分股份，将移动支付业务渗透到消费信贷领域。通过与上述机构合作，NTT DoCoMo 又推出 ID 借记卡和 DCMX 信用卡的延伸移动支付业务。2006 年，NTT DoCoMo 和三井住友银行合作推出 ID 借记卡业务。用户的借记卡信息已储存在其手机中，并和银行的普通信用卡进行了关联，可以随时用信用卡进行转账。一般情况下，使用 ID 借记卡业务无须输入密码，但如果用户购买商品的金额超过 ID 借记卡中的余额，则需输入密码。NTT DoCoMo 的 DCMX 信用卡业务则真正将移动支付渗透到消费信贷领域，用户使用该项业务时可以透支消费，并拥有不同的透支额度。

（二）中国香港

香港的八达通卡（Octopus Card）是全世界最早也是最为成功的电子货币系统之一，成为全球众多国家（地区）发展电子货币系统的重要案例。

八达通是香港通用的电子收费系统，早在 1997 年 9 月 1 日就开始使用，最初只应用在巴士、铁路等公共交通工具上，后来陆续扩展至其他行业，包括商店、停车场等。2000 年，八达通卡通过香港金融管理局审批，成为"接受存款公司"，这也是迄今为止香港境内唯一一家获得香港金融管理局颁发的此项牌照的非金融企业。八达通卡的充值方法也由最初的充值机扩展至信用卡、银行账户自动转账等方式。

目前，香港地区有 6000 多家来自不同行业的服务供应商接受八达通卡付款，共配置了超过 67000 部读写器。① 截至 2014 年 2 月，香港当地流通逾 2400 万张八达通卡，相当于每位香港人平均持有 3 张，每日交易宗数逾 1300 万次，交易金额超过 1.4 亿港元。

---

① 数据来源于八达通网站（http：//www.octopus.com.hk）。

第二节 互联网投融资——P2P 借贷

依靠互联网技术的发展，投资人和借款人脱离了传统的资金媒介，通过网络借贷平台实现了直接借贷。P2P 借贷主要是指通过第三方互联网平台直接进行资金借贷的资金融通行为，是一种个人对个人（或企业）的直接融资模式。具体操作是借款人在平台上发布借款信息，招标一个或多个投资者提供固定利率贷款。这种债务债权关系的形成脱离了银行等传统的融资媒介，资金出借方可以明确地获知借款者的信息和资金流向。

2005 年以来，以 Zopa、Lending Club、Prosper 为代表的 P2P 借贷服务机构在世界范围内蓬勃发展，这主要得益于 Web 2.0 的兴起和 2008 年的国际金融危机。前者解决了 P2P 借贷技术层面的障碍，后者则为 P2P 借贷行业蓬勃发展创造了有利环境——国际金融危机后，大型金融机构开始收缩信贷，很多消费者转向 P2P 公司进行借款和投资。

国际上，P2P 借贷主要在美国、英国等地发展较为迅速。欧洲、亚洲等其他国家和地区的互联网借贷行业仍处于起步阶段，如法国的 Prêt – d'Union、德国的 Auxmoney、日本的 Aqush、韩国的 Popfunding 以及巴西的 Fairplace 等。业务模式方面，P2P 借贷网站也从发展初期的拍卖模式、风险定价模式等差异化经营转为逐渐趋同，形成了现在较为固定的、根据借款人信用风险进行定价的信息中介平台模式。

一、美国

美国的互联网借贷平台主要有两家，即 Prosper 和 Lending Club。这两家公司在上线初期都得到了较快发展，但由于监管原因也经历了一段波折。美国证券监管机构于 2008 年前后认定这两家网站的业务活动属于证券发行范畴，需要向监管机构注册。两家公司被迫先后关闭了大部分业务，进入长达数月的等待期。经历了这一段时间的动荡，美国的 P2P 借贷行业也逐渐步入正轨，迎来了高速发展阶段。此外，美国一些非营利性质的 P2P 借贷平台，如 Kiva 等近年来也得到了快速发展。

（一）Prosper

Prosper 成立于 2006 年 2 月，是美国第一家营利性 P2P 借贷平台。截至 2014 年第一季度，公司共拥有超过 200 万用户，放贷资金超过 10 亿美元。

Prosper 的业务模式最早可以追溯到北美华人社区的"标会"或"台会"，即借款人与亲戚、朋友及社会团体之间通过小额信贷来解决对资金的燃眉之急。区别于传统金融机构，Prosper 并不会单纯地对借款人过往借款历史建立严格的审查标准，还会根据借款人的个人经历、朋友评价和社会机构的从属关系综合进行信用评级。目前，Prosper 对借款人的信用评级共分为七个等级，信用等级越高，所能获得借款的利率越低（如图 2 - 3 所示）。此外，网站上的借款利率还取决于借款人的借款期限、宏观经济环境和同业竞争环境等多个因素。

Prosper 的收入主要来自借贷双方：一是来自于从借款人每笔借款中收取的 1% ~3% 的中介费用，二是投资人年持有贷款金额 1% 的服务管理费。

（二）Prosper 的早期拍卖模式及后期转变

成立初期，Prosper 尝试了一套贷款拍卖系统，通过让投资人出价竞拍的形式来决定贷款利率。Prosper 采用了"双盲"（Double - Blind）拍卖体系，即荷兰式拍卖，其本意是希望为借款人提供一种最为经济的借

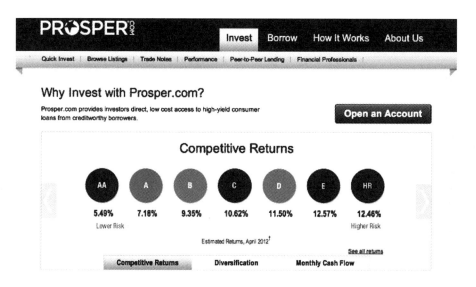

图 2 - 3　**Prosper 借款利率与借款人信用等级的关系**

款方式。借款人需要在网站登记相关信用信息，设定借款金额（最高
2.5 万美元）、借款目的以及能承受的最高利率。出借人则采取荷兰式拍
卖方式，通过逐步降低利息的方式进行竞拍。最后，当集资总额达到借
款目标后，则以当时最高的借款利率为准，放款给借款方。Prosper 设定
这样的拍卖形式原意是效仿 eBay，根据借贷双方的风险和投资偏好，为
借款人提供最优的利息设定方案，但是这个拍卖系统操作过于复杂，借
款人往往需要很长的时间才可以筹措到相应的金额。

2009 年 6 月，Prosper 改为给借款人提供两个选择：继续使用现有的
拍卖系统，或接受网站根据借款人贷款风险评级预设的利率。后者是
Lending Club 一直采用的做法。2010 年，Prosper 彻底改变了原有的拍卖
模式，完全改为根据借款人的违约风险预先设定好贷款利率。

（三）Lending Club

2007 年 7 月，Lending Club 的创始人 Laplanche 正式创立了 Lending
Club 这家 P2P 借贷网站。Laplanche 早期创业时遇到了资金周转问题，尽

管他的信誉良好，但是信用卡透支利率也要高达18%，由此他萌生了创建 Lending Club 的想法。

Lending Club 把所有借款人的信用情况分成七个等级（A~G），每一个等级又分成五个小的等级（如表2-3所示）。这种分级方法既参考了 FICO 的信用评分①，也基于网站自己的进一步分析进行了修订，以便于对贷款利率进行精确的定价。对于借款人来说，根据信用等级和贷款期限的不同，贷款利率为6.03%~8.69%的区间（2014年6月数据）。

表2-3 Lending Club 贷款利率与贷款期限、借款人信用评级的关系

信用评级	贷款利率	3 年利率	5 年利率	信用评级	贷款利率	3 年利率	5 年利率
A1	6.03%	6.78%	7.30%	E1	18.99%	22.75%	21.44%
A2	6.49%	7.86%	7.77%	E2	19.52%	23.29%	21.98%
A3	7.12%	8.49%	8.41%	E3	20.20%	23.99%	22.68%
A4	7.69%	9.77%	8.98%	E4	20.99%	24.80%	23.49%
A5	8.39%	10.48%	9.69%	E5	22.15%	25.98%	24.68%
B1	9.17%	11.99%	11.39%	F1	23.43%	27.29%	25.99%
B2	10.15%	12.98%	12.39%	F2	24.08%	27.96%	26.66%
B3	10.99%	13.84%	13.25%	F3	24.50%	28.39%	27.09%
B4	11.67%	14.53%	13.95%	F4	24.99%	28.89%	27.59%
B5	12.49%	15.36%	14.78%	F5	25.57%	29.49%	28.19%
C1	12.99%	16.62%	15.30%	G1	25.80%	29.72%	28.42%
C2	13.35%	16.98%	15.66%	G2	25.83%	29.75%	28.45%
C3	13.98%	17.63%	16.31%	G3	25.89%	29.81%	28.52%
C4	14.49%	18.15%	16.83%	G4	25.99%	29.92%	28.62%
C5	14.99%	18.66%	17.34%	G5	26.06%	29.99%	28.69%
D1	15.61%	19.29%	17.98%				
D2	16.29%	19.99%	18.67%				
D3	16.99%	20.71%	19.39%				
D4	17.57%	21.30%	19.98%				
D5	18.24%	21.98%	20.67%				

数据来源：Lending Club 网站。

① FICO 的信用评分是由美国个人消费信用评估公司开发出的一种个人信用评级法，已经被社会广泛接受。

此外，Lending Club 对借款人的资质有一定的要求，主要包括：（1）拥有美国国籍或为美国永久居民；（2）年龄在 18 周岁以上，有美国社会保障号、金融机构账号及有效的邮箱地址；（3）FICO 信用评分在 660 分以上，债务收入比小于 35%（按揭贷款不计入债务），信用历史长达 3 年，过去 6 个月在 Lending Club 的贷款少于 6 次。[①]

另一方面，Lending Club 对于投资人的收入和财富情况，以及投资额度等也有一定要求。

（四）Lending Club 与 Prosper 早期经营中的主要区别

Lending Club 成立时，Prosper 已运行近一年半时间并具备了相当规模，但经过了多年的发展，截至 2014 年 4 月，Lending Club 已促成了超过 40 亿美元的贷款，成交量是 Prosper 的近 4 倍，成为美国乃至全球最大的 P2P 借贷平台。与 Prosper 相比，Lending Club 在经营模式及发展策略上有几点不同。

一是客户定位上的区别。Prosper 对客户要求的信用额度是 FICO 最低 520 分，Lending Club 则把重点放在高信用度的客户上，只有 FICO 评分在 660 分以上的客户才可以通过 Lending Club 借款。Lending Club 的借款者整体属于中上阶层，平台贷款的整体违约率较低，对投资者也更有吸引力。截至 2014 年 3 月底，Lending Club 上借款人的 FICO 平均分数是 700 分，年均收入 7.2 万美元，在美国人口中居于前 10%。

二是贷款定价模式上的区别。Prosper 早期采取的是拍卖模式，但 Lending Club 认为投资者通常缺乏足够的消费信贷知识来作出准确的判断，让市场决定利率并不是最好的办法，于是选择采用信用风险定价模式，利率高低由网站决定，投资者只负责选择合适的标的，这种贷款模

---

① 谢平等：《互联网金融手册》，北京，中国人民大学出版社，2014。

式对于借贷双方也更为高效简便。

三是监管合规上的区别。Lending Club、Prosper 创立初期，P2P 借贷的业务模式对于监管机构来说还比较陌生，如何对其进行监管也并无成熟的框架。因此，Lending Club 一直与美国证券交易委员会（SEC）主动沟通。2008 年 3 月，SEC 认定 Lending Club 发行票据的业务模式属于证券范畴，于是公司在同年 4 月主动向 SEC 提交注册登记，并进入长达 6 个月的静默期。尽管对公司业务造成一定影响，但适时有效的监管为公司之后业务的开展解决了法律监管层面的障碍。

SEC 审查完 Lending Club 后又对 Prosper 进行检查，并于 2008 年 10 月认定其相关模式也属于证券发行范畴，因此要求 Prosper 暂停相关业务并进行注册登记。Prosper 在度过了登记静默期后，花了一年多时间才重新回到之前每月贷款的同等水平，而此时 Lending Club 的市场份额已完全领先。

（五）Lending Club 的贷款模式转变

根据国内学者的研究①，Lending Club 的业务模式发展可以大致分为三个阶段，即初始模式、转贷模式以及证券模式（如图 2 - 4 所示），这基本代表了美国 P2P 借贷机构为了适应或规避监管要求而主动寻求业务模式转变的过程。

1. 初始模式。Lending Club 创立初期，网站上贷款交易的参与方只有借款人、投资人以及 Lending Club 等三方。当贷款被投资者成功认购后，借款人向 Lending Club 签发贷款本票，而 Lending Club 再将本票转让给投资者，并向借款人发放贷款。在这一过程中，对借款人的债权首先由 Lending Club 获得，并随后转让给投资人。因此，Lending Club 在极短

---

① 廖理：《从 Lending Club 业务模式转变看 P2P 监管》，载《清华金融评论》，2014（2）。

初始模式（2007年6~12月）	转贷模式（2008年1~3月）	证券模式（2008年3月至今）
（1）投资人认购贷款 （2）借款人向Lending Club签发贷款本票 （3）Lending Club发放贷款 （4）转让贷款本票给投资人	（1）投资人认购贷款 （2）借款人向WebBank签发贷款本票 （3）WebBank发放贷款，同时转让贷款本票给Lending Clud收回资金 （4）Lending Club转让本票给投资人	（1）投资人认购贷款 （2）借款人向WebBank签发贷款本票 （3）WebBank发放贷款，同时转让贷款本票给Lending Clud收回资金 （4）Lending Club向投资人发行基于贷款本票的债券
■ Lending Club需要先向借款人发放贷款，意味着要向美国各州申请借款执照，借款利率要符合各州利率上限	■ Lending Club租用WebBank银行牌照。 WebBank作为在犹他州注册并由美国联邦存款保险公司（FDIC）承保的银行，利率不受限制	

图 2－4　Lending Club 的业务模式

时间内扮演了贷款提供方的角色。

　　根据美国法规，在各州从事放贷业务需要向当地监管机构申请相关牌照，并接受各州监管。这一业务模式将给网站造成极高的合规成本，因此仅仅维持了 6 个月左右的时间便宣告结束。

　　2. 转贷模式。2008 年 1 月，Lending Club 与注册在犹他州的 WebBank 合作，将贷款发放的职责交由这家银行完成。WebBank 在向借款人发放贷款的同时会将贷款本票转卖给 Lending Club，再通过 Lending Club 转卖给投资人。Lending Club 选择与 WebBank 合作，一方面是可以租用 WebBank 的银行牌照，从而避免向各州监管机构注册；另一方面，与这家银行合作还可以根据美国贷款利率输出的有关规定，不受各州的借贷利率上限限制[①]。

---

　　① 美国《1980 年存款机构解除管制与货币控制法案》规定，由 FDIC 提供存款保险的银行可以将贷款最高利率选定为贷款发生州的最高利率或该银行所在州的最高利率，即可以向其他州输出利率。由于犹他州并未对借款利率设定上限，WebBank 作为一家在犹他州注册并由 FDIC 承保的州立银行，可以向全国各州进行利率无上限的贷款。

3. 证券模式。2008 年 10 月，Lending Club 成功完成 SEC 注册，并再次对业务流程进行了调整。在新的模式下，Lending Club 将平台上的贷款以"会员偿付支持票据"（payment dependent notes）的形式出售给投资人。在这一模式下，对借款人法律意义上的债权并没有进行转移。投资人购买的是 Lending Club 发行的证券，与借款人不存在直接的债权债务关系。但是，如果借款人违约，对应票据持有人也不会收到 Lending Club 的支付，并且这也不构成 Lending Club 自身的违约。所以，与借贷交易有关的信用风险仍由借贷双方承担。

（六）Lending Club 旗下服务机构投资者的 LC Advisors

为了吸引机构投资者，Lending Club 设立了全资子公司 LC Advisors。LC Advisors 主要是面向机构投资者开放的，其旗下的两只基金都是通过信托持有，本身是一个破产隔离的实体，这意味着即使 Lending Club 破产，投资者的资金依然可以得到保护。最初基金的最低投资额度是 10 万美元，并且只对经过认可的个人投资者和机构投资者开放购买。2012 年，公司将最低投资额度调整到 50 万美元。

LC Advisors 的两只基金分别是 The Broad Based Consumer Credit Fund（BBF）和 The Conservative Consumer Credit Fund（CCF）。其中，BBF 主要投资于 Lending Club 网站上期限为 36～60 个月、所有信用等级的贷款，重点投资于等级为 B、C、D 的贷款，类似于指数基金，模仿 Lending Club 平台上贷款的总体表现。CCF 则只投资于 36 个月期限、等级为 A 和 B 的贷款，重点投资于 A 级贷款。

（七）Kiva

Kiva 成立于 2006 年，是世界上第一个提供 P2P 小额贷款服务的非营利机构。Kiva 运营的主要资金来源是社会捐款，基于"慈善互助"的理念，Kiva 努力实现让人们可以向世界各地的贫困人口给予小额贷款支持。其业务流程主要如下：

（1）贷款者向当地与 Kiva 建立合作关系的小额贷款机构申请贷款，提供相关信用证明并说明贷款用途；

（2）小额贷款公司对信用信息进行审核，通过后转交给 Kiva；

（3）Kiva 将所有贷款申请信息都公布在网站上，借款人可以自主选择贷款，贷款金额最低可至 25 美元；

（4）借款人提供资金，经 Kiva 及其合作机构后最终到达贷款人手中。

作为非营利性平台，Kiva 维持了较低的运营成本。Kiva 不负责借款人的信用审核及资金支付等流程，而全部交由小额贷款机构处理。此外，Google、Facebook 等网站也对其提供了免费的关键词搜索和链接等服务。

Kiva 的业务模式如图 2 - 5 所示。

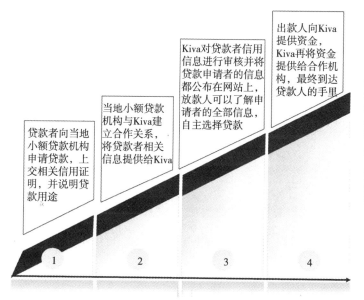

图 2 - 5　Kiva 的业务模式

二、英国

商业意义上的网络借贷起源于英国，首个提供 P2P 借贷服务的互联网金融公司 Zopa 于 2005 年 2 月成立于伦敦。近些年，英国互联网投融资行业发展迅速，网络借贷（P2P）、众筹融资等取得了跨越式增长，目前已成为英国当地小微企业及个人融资的重要渠道之一。英国 Nesta 研究机构发布的一份调查报告[①]指出，2013 年英国互联网融资市场的规模已达到 9.4 亿英镑，其中 P2P 借贷的规模为 4.8 亿英镑（见表 2 - 4）。

表 2 - 4　　　　　　　　2013 年英国互联网融资市场规模　　　　单位：亿英镑

互联网融资的主要类别	2013 年融资金额
公益性众筹融资	3.1
P2P 借贷（个人借款）	2.87
P2P 借贷（企业借款）	1.93
票据融资	0.97
股权类众筹融资	0.28
实物类众筹	0.21
其他（债券类众筹、利润型众筹、小微融资等）	0.05

资料来源：英国 Nesta 报告。

Nesta 的报告对互联网投融资行业进行了较为详细的划分，其中 P2P 借贷主要包括个人借款（Peer to Peer）、企业借款（Peer to Business）以及票据融资（Invoice Trading）等。

与美国相比，英国 P2P 借贷的行业集中度没有那么高，借贷平台有十几家，其中 Zopa、Funding Circle 以及 Market Invoice 等几家公司占据了主要的市场份额。

----

① Liam Collins, Richard Swart & Bryan Zhang (2013): The rise of future Finance – The UK Alternative Finance Benchmarking Report.

（一）Zopa

Zopa 是全球最早提供 P2P 借贷服务的商业公司，迄今已有近十年的运营经验。Zopa 主要提供个人之间（Peer – to – Peer）的社区贷款服务。截至 2014 年 4 月，Zopa 已累计促成贷款近 5 亿英镑，其中仅 2013 年就实现超过 1.9 亿英镑贷款。目前，网站上的活跃投资人及借款人分别达到 50000 名和 80000 名。Zopa 的相关信息如表 2 – 5 所示。

在 Zopa 的业务模式下，网站在整个交易中代替银行成为中间人，承担双方交易中所有事务、法律文件、信用认证、追讨欠账等责任。为减少信用风险，Zopa 还设置了投资人保护计划，每笔借款成交时，均提取一定比例的金额放入计划，用于在借款人无法偿还贷款时向投资人垫付本息，目前基金规模已达到 300 万英镑左右。

Zopa 网站上的借款人一般可以申请的贷款额度为 1000～25000 英镑，贷款期限为 2～5 年。Zopa 对借款人的资质也有一定要求，主要包括年龄在 20 周岁以上的英国居民（居住 3 年以上）、年收入不低于 12000 英镑（可以是工资或养老金）以及具有可查且良好的信用记录。

借款人在平台上申请贷款时，Zopa 通常会对其进行两轮信用检查，主要通过征信机构 Equifax 实施。一般来说，当借款人提交初步贷款意向时，Zopa 会对其进行第一轮信用检查，以决定是否向其提供贷款和确定相应的贷款利率。这一类信用检查不会影响借款人的信用状况，对银行等其他金融机构也是不可见的。当借款人正式提交贷款申请时，Zopa 会对其进行第二轮信用检查，详细评估借款人是否有足够能力偿还贷款。本轮信用检查会在借款人的信用报告中显示，如果借款人不能按时偿还贷款，对其信用记录也会产生不良影响。

表 2 - 5　　　　　　　　　　　　　　　Zopa 简介

关于 Zopa 的一些介绍（截至 2014 年 4 月）	
融资情况	累计促成贷款近 5 亿英镑，2013 年融资超过 1.9 亿英镑
用户情况	活跃投资人达到 50000 人，借款人达到 80000 人
平均每笔贷款数额	5500 英镑
投资人平均收益率	5.0% 左右
2010 年以来贷款的历史坏账率	0.19%
贷款主要用途	购车、信用卡还款、家庭改善费用
投资人保护基金规模	超过 300 万英镑

（二）Funding Circle

Funding Circle 成立于 2010 年，是英国第一家致力于为中小企业提供网络借贷服务（Peer - to - Business）的互联网平台。截至 2014 年 4 月，Funding Circle 已累计帮助英国中小企业融资近 3.5 亿英镑，市场规模仅次于 Zopa。任何信用良好且满足相关条件的企业均可以在 Funding Circle 网站上申请贷款，其中包括合伙制企业、有限责任公司以及个体商人（Sole Traders）等。这些企业至少要有 2 年以上的正式会计报表，年营业额要在 10 万英镑以上。此外，企业不得有 250 英镑以上的未偿付法院判决款项。

Funding Circle 网站上的企业一般可以申请最高不超过 100 万英镑的借款，贷款期限为 6 个月到 5 年不等，网站通常会对借款企业一次性收取 2% ~ 5% 的中介费用。一般情况下，Funding Circle 的贷款从申请到发放需要 3 ~ 14 天的时间。Funding Circle 的借款企业中，77% 在第一次借款时即选择了 P2P 借款渠道，而不是传统的银行机构，可见 P2P 借贷在英国中小企业中有较高的推广成效。

对于投资人来说，Funding Circle 网站上的投资人平均投资额度为 6000 英镑，平均收益率为 6.5%，网站上贷款的坏账率目前控制在 1.5%

左右。为了降低投资风险，网站也鼓励投资者进行分散投资，比如投资至少100家不同的企业，每笔投资不超过总金额的1%。Funding Circle每年会对投资者收取投资金额1%的服务费用，以及贷款转让中0.5%的中介费。为保证投资人的资金安全，目前所有客户的资金均存放在Funding Circle设立在巴克莱银行的托管账户上。

（三）Market Invoice

Market Invoice成立于2011年，是一家面向全球投资者的在线企业票据融资平台，撮合持有票据（如销售发票）并有融资需求的中小企业和投资者等。截至2014年4月，平台累计成交金额已达到1.5亿英镑。2013年9月，作为支持中小企业融资的举措之一，英国政府宣布通过Market Invoice平台持续投入500万英镑资金支持中小企业融资。

Market Invoice的业务模式与票据保理或票据贴现类似。网站开发了一个面向全球投资者的交易平台，通过网站审核的企业可以选择一张或数张来自"蓝筹"客户（大型公司或上市公司）的应收款票据放在平台上出售，投资者则按一定比例对票据进行预付（见表2－6）。票据到期时，借款企业收到应收款后需要返还投资者预付的资金及相应的费用。由于Market Invoice面向的企业对资金的流动性需求较强，网站在处理贷款时保持了较高的效率，借款企业一般在24小时内即可完成票据交易并收到资金。

表2－6　　　　　　　　　　Market Invoice 主要指标　　　　　　　单位:%

年份	预付比例	贴现费率	年化净收益率	违约率
2011	85.34	1.51	18.80	0.00
2012	85.15	1.20	14.51	2.61
2013	82.93	1.02	12.70	1.43
2014（当期）	79.90	0.98	12.56	0.24

在 Market Invoice 平台上进行融资的企业每年营业额在 25 万英镑到 5000 万英镑之间，融资票据对应的终端客户必须为"蓝筹"企业（年收入应超过 5000 万英镑，且中小企业除外）。融资方暂时还不包含个体经营者和总部在英国之外的企业。从交易记录来看，融资发票额度一般在 5000 英镑到 150 万英镑之间。[①]

由于业务的特殊性，相比其他 P2P 企业，Market Invoice 对投资人具有相对更为严格的要求。投资人必须满足以下三个条件中的一个：（1）机构投资者；（2）经验丰富的投资者，如从事过票据贴现及相似业务，或有金融行业从业经验的投资者、持有 FCA 证书或其他同类证书的投资人、票据行业专业人士、活跃的天使投资人和私募股权投资人等；（3）过去一年收入超过 10 万英镑或净资产超过 25 万英镑的高净值投资者。

（四）其他公司

2011 年，一家创立于 2010 年的英国 P2P 借贷公司 Quakle 宣布倒闭，平台倒闭时贷款坏账率接近 100%。这家公司通过建立类似于 eBay 的客户反馈评价体系（Feedback Score）来衡量借款人的信用状况，这一模式最终被证实并不适用于借贷行业，借款人在此模式下并没有偿还贷款的动力。

三、法国

相对于在美国、英国等国的快速发展，P2P 信贷在法国仍处于起步阶段，相关立法仍未建立完善。

（一）Prêt – d'Union

Prêt – d'Union 成立于 2009 年，是法国最早的 P2P 借贷公司。法国国

---

① 奚玉莉：《英国另类 P2P：应收票据在线交易平台 MarketInvoice》，零壹财经网，2014 – 05 – 01。

民互助信贷银行（Credit Mutuel）于 2011 年入股 Prêt - d'Union，由于公司股东的银行背景，这家公司也是法国唯一一家获得监管机构颁发的信贷牌照（金融机构子牌照）和经纪牌照的网络信贷平台。

Prêt - d'Union 主要向以消费为目的的借款人提供融资，融资金额平均为 9000 欧元。贷款者通过该平台购买特定贷款的份额或借据，以期获得本金和利息，每个贷款人的贷款金额为 3000 至 3 万欧元不等，期限限定为 2～5 年。截至 2013 年 11 月底，该公司累计放贷 4700 万欧元，其中仅 2013 年新增贷款就达到 3500 万欧元，月均贷款增长率达 10%。

（二）Babyloan

Babyloan 成立于 2008 年，是法国一家为发展中国家个人或小企业提供小额信贷的非营利网络借贷平台，借款金额从几百欧元到几千欧元不等。网站用户选择感兴趣的项目或个人进行公益投资，最低可出借 20 欧元，由 Babyloan 筹集资金后发放给发展中国家当地的小微金融合作机构（MFIs），并通过这些机构将贷款发放给借款人。MFIs 对借款人及借款用途的真实性进行审核，负责贷后管理、跟进借款人的资金使用情况等。此类项目都是公益性质，贷款人的资金都为无息资金，不收取利息。但是，借款人需要支付很少的利息，以维持当地 MFIs 的正常运营。截至目前，Babyloan 已累计筹集超过 800 万欧元慈善资金。

四、德国

P2P 信贷在德国也处于起步阶段。德国 P2P 借贷市场主要被 Auxmoney 等公司垄断。

Auxmoney 早在 2007 年即已成立，但直到近年来才得到了快速发展。截至 2014 年 5 月，网站已累计促成贷款 2 万笔，合计金额超过 1 亿欧元，这其中超过一半是在过去 12 个月内完成的。

Auxmoney 主要为具有较高信誉的借款人提供贷款服务。公司创始人曾表示，80% 的借款申请人无法通过网站风险管理系统的审核。[①] 通过信用审核的借款人将会根据其信用等级分为五个级别，并适用相应的贷款利率。Auxmoney 信用评级模型主要对借款人就业记录、银行账户及征信状况等进行审核。此外，借款人申请贷款时在网上的行为表现也会被纳入考核范围。比如，Auxmoney 会关注借款人在网上申请贷款时是否花费足够时间阅读页面上关于贷款的偿付说明、提示信息等，主要是借此评估借款人对贷款及偿付是否足够认真和严肃。

与 Prosper 类似，Auxmoney 早期也采取了"荷兰式拍卖"的模式对网站贷款进行定价。[②] Auxmoney 规定每笔拍卖可持续 14 天。在这段时间内，贷款人可认购贷款金额并提出利率报价。拍卖结束前，贷款人可自由更改原有报价。拍卖一经结束，网站将按报价优劣对贷款人进行排序，直至筹足所有资金。2013 年 2 月，Auxmoney 改革了拍卖方式，不仅将拍卖期限延长至 20 天，还规定一旦认购金额等于借款额，拍卖将自动结束。

第三节 互联网投融资——众筹融资

直接融资得益于股份制责任公司的建立和资本、证券市场的发展以及投资银行类金融中介服务的出现，以股票和债券为主要形式。互联网

---

① Auxmoney Pulls In ＄16M To Take Its P2P Money – Lending Platform Beyond Germany，http：//techcrunch. com/2014/05/13/auxmoney – series – b/.

② 李俊：《德国互联网金融的经验及其对中国的启示》，载《清华金融评论》，2014（9）。

时代的直接融资通过众筹等方式减少投融资需求的信息不对称，通过大量分散投资和控制投资金额吸收风险损失，并通过自有资源参与项目运营实现共享经济。

众筹，英文为"crowdfunding"一词，即大众筹资或群众筹资，香港译为"群众集资"，台湾译为"群众募资"。现代众筹指通过互联网方式发布筹款项目并募集资金。相对于传统的融资方式，众筹更为开放，能否获得资金也不再是由项目的商业价值作为唯一标准。只要是网友喜欢的项目，都可以通过众筹方式获得项目启动的第一笔资金，为更多小本经营或搞创作的人提供了无限可能。

ArtistShare 是世界上最早的众筹网站[①]，于 2001 年开始运营，并从 2003 年 10 月开始发布众筹项目，被誉为"众筹金融的先锋"。Artist-Share 的创建源于唱片行业的模式创新，公司支持粉丝们资助唱片生产过程，粉丝们获得特别授权的唱片或者附加机会与艺术家接近；艺术家则可以获得更加合意的合同条款。这一商业模式资助了众多富有创造力的艺术家，并促使美国流行音乐界寻找出更多优秀艺术家。

随着互联网技术的进一步发展，以及互联网思维的深入普及，过去 10 多年间，世界范围内涌现出了大量的众筹网站。据统计，目前全球众筹网站总数为 500～800 家，2013 年的交易规模已达到 50 亿美元左右，其中以美国的商品众筹和英国的股权众筹最具代表性。

一、美国

随着 ArtistShare 的成功运营，众筹平台这一模式在美国犹如雨后春笋般出现，2006—2009 年先后涌现出 Sellaband、SliceThePie、IndieGoGo、

---

① 零壹财经、零壹数据著：《众筹服务行业白皮书（2014）》，北京，中国经济出版社，2014。

Spot. Us、Pledge Mesic 和 KickStarter 等一批众筹网站。目前，KickStarter 已成为世界上影响力最大的众筹网站之一。截至 2013 年 11 月，美国共有众筹平台 344 家，占全球平台总数的一半左右，筹资额遥遥领先。美国众筹平台涵盖了创意、商业、慈善、教育、人权等广泛领域。

（一）KickStarter

KickStarter 成立于美国纽约，是目前世界上影响力最大的众筹网站。创立之初，KickStarter 只接受来自美国本土的创业人员提交的项目，随后服务范围扩展至英国、加拿大、澳大利亚和新西兰。目前，KickStarter 向全球投资者和融资方开放，唯一限制在于投资者只能以美元或者英镑进行支付。

作为一个面对公众募集小额资金的平台，融资方如果在该网站创建项目，需选择截止期限和最低融资目标。如果目标在截止日期前没有实现，则网站会退还所募集的资金给投资人。KickStarter 收取募集资金的 5% 作为佣金。由于 KickStarter 网站的支付平台为亚马逊，亚马逊还会收取额外的 3% ~ 5% 的费用。此外，KickStarter 并不索取项目和作品的所有权。在该网站上推出的项目都将被永久存档和向公众开放。资金募集完成后，项目和上传的媒体资料均不能被编辑或从网站上删除。

KickStarter 建议投资者用自己的判断来支持一个项目。它还警告项目的融资方，如果未能兑现承诺，将可能会被要求对赞助者进行赔偿。

众筹平台上最负盛名的一次成功案例是 Peddle 智能手表项目，在互联网领域和金融领域均引起了广泛的讨论，该项目即发起于 KickStarter 平台。Peddle 智能手表项目发起于 2012 年 4 月，创业团队的目标筹资金额是 10 万美元。到项目筹资截止日时，一共有近 6.9 万名投资者为项目筹集了超过 1000 万美元的资金，成为 KickStarter 历史上募资最多的项目。这一次众筹的成功不但促使 Peddle 的发展进入新的成长阶段，也使 KickStarter 在众筹界一战成名。2012 年 2 月，KickStarter 出现多起项目上线首日即募资超过 100 万美元的情况。电脑游戏开发商 Double Fine Productions 开发的冒险游戏在推出后不到 24 小时的时间里就筹集了超过 300 万美元的资金。

截至 2013 年 9 月底，KickStarter 上已结束且成功完成筹资的项目为 49138 个，平均每天 30 个；累计筹资总额约为 6.9 亿美元，平均每月 1300 万美元。从筹资金额的角度来看，游戏和影像类的份额最大，分别达到 22% 和 20%，其次为设计、音乐和科技类项目。从项目数量来看，音乐类项目以 27% 的比重居于首位，其次是影像和艺术类，分别占到 23% 和 10%。所有融资项目共得到超过 880 万人次的资金支持，项目筹款期限在 1～92 天不等，其中以期限在 16～45 天的项目为主，占 16.1%。上线以来，KickStarter 共收取服务费约 3440 万美元。

（二）Indiegogo

Indiegogo 于 2008 年 1 月上线运营，总部位于旧金山。Indiegogo 起步于电影类垂直项目，后来逐步发展为完全开放的综合性众筹平台，来自世界各地的人们都可以在这里展示自己的奇思妙想或对项目进行支持。项目发起人无须申请，注册后即可开始筹资，还可以利用平台提供的免费工具和 24 小时客服获取更加便捷的服务。目前，Indiegogo 上的项目包括电影、科技、艺术、喜剧、舞蹈、设计、游戏、音乐、影视等 24 个类别。其中，电影类项目无论在筹款总额还是项目数量上都位居前列，科技类项目的筹款总额也已达到 3000 万美元以上，其后是社区、音乐、健康和教育类项目。

Indiegogo 的筹资方式比较灵活，分为固定期限型和灵活期限型两种，发起人的筹资期限可以短到一天，也可以长达数年。项目结束后，对于固定筹资且未达到目标金额的，所筹资金将全部返还给支持者，平台不收取任何费用；如果项目募资成功，Indiegogo 会收取所筹资金的 4% ~ 9% 作为服务费。如果项目发起人是通过美国国税局认证的非营利性机构，则还可以享受服务费 25% 的优惠减免。

截至 2013 年 9 月 30 日，Indiegogo 共完成来自 191 个国家和地区的 44049 个项目，募资币种涉及美元、欧元、英镑和加拿大元等，共为发起人筹集到 1.9 亿美元左右的有效资金。其中，灵活期限型筹资项目占到 95%，接近 1/3 的项目筹资进度达到 99% 以上。2013 年 3 月以来，Indiegogo 的筹资规模再创新高，每月的有效筹款金额达到千万美元级别，初步估计其上线以来的服务费收入超过 1100 万美元。

（三）KickStarter 和 Indiegogo 的分析比较

KickStarter 和 Indiegogo 作为美国众筹市场上最重要的两个平台，在商业理念上有所不同，主要体现在项目要求、筹款设置和平台收费方式等几个方面（见表 2 - 7）。总体来说，KickStarter 平台相对较为封闭严格，而 Indiegogo 平台则比较开放多元。

表 2 - 7　　　　　　　　　KickStarter 和 Indiegogo 的不同

	KickStarter	Indiegogo
项目类型	有明确的项目品种分类，支持类型有限。如果发起项目不在已有分类中，项目就不允许启动	几乎可以为任何事情进行募资。相同的项目类型，申请流程也简单很多
融资范围	成立后很长一段时间只允许在美国境内发起项目，随后才逐渐扩展到英国、澳大利亚等国家	设立之初就面向全球，不限定地区，支持的付款货币类型也比 KickStarter 多

	KickStarter	Indiegogo
融资模式	发起人只有在项目达到其筹资目标金额时才能收到款项	即使筹款额度不够，发起人也可以接受资金
收费模式	达到筹资金额的项目统一收取筹资额度5%的费用	根据是否达到筹资额度收取4%～9%的费用

　　虽然 Indiegogo 比 KickStarter 成立的时间要早，但是 KickStarter 的影响力已经远远超过 Indiegogo。截至 2013 年 8 月，KickStarter 平台上的项目总数已经达到了 11 万个，成功筹集资金 6.12 亿美元；而 Indiegogo 则有 4.4 万个项目，募集资金仅有 0.99 亿美元，不到 KickStarter 的 1/6。筹资额度方面，KickStarter 网站上规模超过 100 万美元的项目有 40 个，而 Indiegogo 只有 4 个。此外，KickStarter 发起项目的成功率约为 44%，而 Indiegogo 只有 34% 甚至更低，说明双方在募资效率上也存在一定差距。因此，Indiegogo 相对开放的运作模式并未给其带来业绩上的优势，曾被用来争夺长尾市场的开放模式在众筹行业商业价值被证明远远低于预期，这主要与众筹项目较高的项目风险导致数目众多的失败项目有关。

二、英国

（一）Crowdcube

Crowdcube 于 2011 年 1 月在埃克塞特大学创新中心成立，是英国也是全球最早的股权众筹平台，主要为初创型、早期阶段和成长期的公司募集资金。2013 年 1 月，Crowdcube 成为继 Seedrs 之后另一家获得监管机构认证的众筹平台。

　　在筹资流程上，Crowdcube 上的发起人首先要对公司概况、行业背景、市场需求、商业模式、自身优势、退出渠道、风险提示等相关情况予以说明，提供必要文件供投资者下载浏览，同时设置出让股份（包括A、B 两类，前者有投票权）、目标金额、筹款期限和项目回报等信息。当投资总额达到目标金额时，网站的法律咨询合作方（Ashfords LLP，英国著名律师事务所）将会同发起人完善公司章程等法律文件，签署股权证明。最后，相关程序履行完毕后所筹资金才会转到融资公司的银行账户。与此同时，投资者会收到一封包含公司章程的电子邮件，并在 7 个工作日内可以决定取消投资。完成这些流程后的 6 周内，投资者将取得相应份额的股票，具体以出资额确定。①

在筹资期限上，平台上筹款的标准时间一般是 60 天，如果到期筹资未成功，项目发起人可以与平台协商是否延期。若规定时间内的筹款总额未达到目标金额，项目会被撤销，同时将资金返还给投资者。只要项目未达到筹资目标，投资人就可以随时无条件撤回投资。达到目标金额后，若期限未到，发起人还可增加目标金额，继续筹款。Crowdcube 对每次筹资的最低目标设为 1 万英镑，最高不限，而投资人的最低投资金额为 10 英镑（但只有超过某个投资额度后才有资格获取 A 类股份）。

在收费模式上，目前 Crowdcube 免收会员费、项目发起费以及第三方支付费，但会对每个项目收取 1750 英镑的咨询、管理费（不包括税费），其中 1250 英镑支付给 Ashfords LLP，500 英镑为平台收取。此外，针对投资人收取的代理费也是平台的主要利润来源，费率为 5%。

截至 2013 年底，Crowdcube 共有 85 个项目成功完成融资，筹资总额超过 1600 万英镑，参与的投资者达到 50146 人。完成融资项目的企业中，处于早期阶段的企业数量占比达到 43%，共筹资 300 万英镑；成长

---

① 未央研究：《Growdcube：股权型众筹平台——你想成为天使投资人吗?》，未央网，2014 - 01 - 28。

期企业数量为 21%，共筹资 110 万英镑，其余则为初创型企业。

此外，投资项目涉及零售、食品、互联网、科技、制造、健康、媒体等 15 个行业。在获得投资的行业中，零售业、食品业以及互联网业占了半壁江山，远远高于其他行业。这些项目主要集中在经济金融发达的英国东南部（英国首都伦敦就位于此区）。

（二）Seedrs

Seedrs 是 2012 年 7 月上线的一家英国股权众筹平台。创业者把自己的融资项目公布在 Seedrs 网站上，通过审核的合格投资者选择合适的项目进行投资，并得到一定的股权。Seedrs 同时以代理人的名义帮助投资者进行融后项目的管理并获得现金收益。这种"管家式"的服务模式开创了股权众筹的先河。

Seedrs 于 2009 年 3 月初创（未开展实质业务），2011 年 4 月向英国金融服务管理局（Financial Service Authority，FSA）提交注册申请，并在 2012 年 5 月获得批准，是英国第一家得到 FSA 认证的股权众筹平台，也是世界范围内第一批获得当地金融监管机构批准的股权众筹平台。因此，Seedrs 获批对于股权众筹的监管具有里程碑式的意义。

2012 年 7 月，Seedrs 正式上线，同年 12 月公司加入英国天使联合会。成立 6 个月之后，Seedrs 便帮助 12 家公司融资近 50 万英镑。[①] Seedrs 成立之后迅速发展，融资规模成倍增长。截至 2013 年 7 月，平台上有 193 个项目上线，项目成功率约为 14%，行业涉及电商、IT、食品、高科技、艺术、时尚、社交等 14 个领域。其中，平均每个项目融资 5 万英镑，规模最大的项目融资金额为 15 万英镑，筹资期限最短的项目仅用 15 个小时就完成目标。

---

① 未央研究：《Seedrs："管家式"股权众筹平台》，未央网，2014 - 02 - 28。

收费方面，Seedrs 分别向融资企业和投资者收取 7.5% 的服务费用。一方面，投资者需将投资收益的 7.5% 支付给平台，作为 Seedrs 的项目管理费用；另一方面，融资企业也要支付募集资金的 7.5%，以获取网站提供的融资中介、市场调查、信息反馈以及战略咨询等服务。

（三）Seedrs 和 Crowdcube 的分析比较

Seedrs 和 Crowdcube 是英国股权众筹平台中影响较为广泛的两家网站。Seedrs 最先获得 FSA 审批，却比 Crowdcube 晚一年上线，在募集资金规模、平均融资额度、会员数量等方面也远远落后于对方。此外，双方在业务模式上也不尽相同。

服务对象方面，Seedrs 对投资者的分类及审核更加严格，比较符合英国金融行为监管局（FCA）的最新监管规定[①]，对融资企业也限定在种子阶段，市场定位较为明确。相比之下，Crowdcube 对投资者规定的门槛则较低，融资者的范围也比较宽泛（见表 2-8）。

表 2-8　　　　　　Crowdcube 和 Seedrs 在服务对象方面的区别

	Seedrs	Crowdcube
对融资者的要求	处于种子时期（创业启动期）的公司，必须在英国注册	创业启动期（startup）、项目初始期（early stage）和项目成长期（growth）三个时期的英国公司
对投资者的要求	（1）18 周岁以上的欧洲居民 （2）自我认定的高级投资者、自我认定的高净值个人或公司、非公司组织或通过问卷测试的专业投资者（可能进行个人资产净值调查）	（1）18 周岁以上的英国居民 （2）通过问卷测试的投资者

项目融资流程及要求方面，两家公司差异不大，主要在融资额度、

---

① FCA：The FCA's Regulatory Approach to Crowdfunding and Similar Activities.

投资额度及收费模式等方面有一定差异（见表2-9）。

表2-9 Crowdcube 和 Seedrs 在项目融资流程及要求方面的不同

	Seedrs	Crowdcube
融资额度	最高15万英镑，可与平台协商，视情况调高额度	最低融资额度为1万英镑，没有最高限制，但如果融资额度高于15万英镑则需要向网站进行书面申请并通过审核
投资额度	单次投资最低10英镑；没有最高限制，不过不能高于投资者在网站上投资组合价值的20%	最低10英镑，无最高限制
收费模式	筹资成功后，向融资者收取7.5%的费用；对于投资者则在投资取得收益后，收取7.5%的费用	筹资成功后，向融资者收取500英镑外加5%的中介费用，对投资者则免费

在项目的融后管理方面，两家公司存在较大的差异。Crowdcube 仅作为连接投资者与融资者的中介平台，而 Seedrs 还要代理投资者行使股东权利（见表2-10），承担了融后管理的职责，这也是 Seedrs 比较有特色的业务优势。

表2-10 Crowdcube 和 Seedrs 在项目融后管理方面的不同

	Seedrs	Crowdcube
持股方式	代理人制度	投资者直接持股
股东权利的行使	一般由 Seedrs 代为持股，代为行使投票权与表决权	股东权利由投资者直接行使
收益取得	在所投资公司进行分红，或被其他公司收购等情况发生时，投资收益将由 Seedrs 负责支付给投资者	投资者直接从公司获得收益

三、其他国家和地区

（一）荷兰

Gambitious，游戏类众筹平台。游戏开发者可以公开募资，以游戏本身或者游戏发行的利润分成作为平台。

（二）新加坡

ToGather. Asia，新加坡第一个众筹网站，旨在创造一个没有任何资金限制的投资环境，让创意成为现实，经营范围集中在新加坡及周边东南亚国家。

（三）中国香港

ZAOZAO，香港本土时尚设计众筹网站，平台上所有的内容都是时装、手袋、配件设计师的产品，时尚爱好者是他们主要的筹资对象。

（四）拉丁美洲

Idea. me，拉丁美洲最大的众筹平台，覆盖巴西、智利、墨西哥、哥伦比亚、乌拉圭、阿根廷等国家。目前，网站有 25000 个用户、5000 个实际支持者。收购了巴西的竞争对手 Movare，巩固了在拉美市场的领先地位。

第四节　第三方金融服务

金融在空间维度和时间维度之外的其他功能可以归纳为第三方金融服务。在互联网时代，第三方金融服务的创新主要体现在三个方面：一是在网络平台上延伸了传统金融服务，实现了金融服务的便利化；二是利用互联网平台销售保险、基金等金融产品，服务客户规模巨大；三是财富管理实现大众化。第三方金融服务在互联网的发展使得金融产品服务的对象由富裕阶层扩大至社会大众，也体现了互联网以人为本的民主精神。

一、金融服务便利化

（一）美国安全第一网络银行

美国安全第一网络银行（Security First Network Bank，SFNB）是美国第一家互联网银行，银行本身不设置任何物理网点或分支机构，客户只能通过互联网办理业务。其前台业务在互联网上进行，后台业务则集中在一个地点。SFNB是第一家获得美国联邦监管机构认证的可以在互联网上运营的银行，也是在互联网上提供大范围和多种银行服务的第一家银行。

1995年10月，SFNB上线运营。开业之初，SFNB只雇用了15名员工，就为12000个用户提供了几乎全部的传统金融服务。开业后短短几个月，银行网站就有了近千万人次的浏览记录，给金融界带来极大震撼。在完成对Nework银行和费城FirstFidelity银行的兼并后，SFNB成为美国第六大银行，资产达到1260亿美元。[1] 1998年10月，随着电子商务低谷的到来，在成功经营了5年之后SFNB因巨额亏损被加拿大皇家银行收购。

（二）E * TRADE Financial Corporation

E * TRADE是美国一家知名的网络券商，总部设在纽约，在全美有30余家分支机构。公司前身成立于1982年，1991年正式更名为

---

① 巴曙松、吉猛：《从互联网金融模式看直销银行发展》，载《中国外汇》，2014（2）。

E＊TRADE。E＊TRADE 主要通过互联网为投资者提供价格低廉的证券经纪服务，交易品种包含股票、债券、期权及共有基金等各类金融产品。凭借互联网经营的低成本优势，E＊TRADE 在 20 世纪 90 年代竞争激烈的证券经纪市场中获得了较快的发展，迅速获得极高的点击率，在经纪业务中占据一席之地，并于 1996 年成功上市。目前，E＊TRADE 仍是美国佣金费率最低的券商之一，运营情况也一直居于美国互联网券商前列。截至 2013 年底，公司总资产为 462.8 亿美元，实现的营业收入和净利润分别为 17.2 亿美元和 8600 万美元。

国际金融危机期间，E＊TRADE 也受到了较大的波及。2007 年 11月，公司宣布与 Citadel LLC 公司达成协议，Citadel 以 8000 万美元的价格购买了 E＊TRADE 价值 30 亿美元的资产支持证券组合。尽管在资产负债表上损失了近 22 亿美元的资产，但 E＊TRADE 也得以摆脱次债风险而轻装前进。目前，E＊TRADE 已成为一家控股公司，旗下包括E＊TRADE银行、E＊TRADE 证券以及 E＊TRADE 清算等多家下属公司。

美国互联网券商的业务模式差异不大，竞争一直都比较激烈，主要围绕交易佣金和费率、投资产品开发、投资者咨询服务等几个方面进行差别化经营。在技术方面，各家公司基本上大同小异。E＊TRADE 之所以能在众多互联网券商中脱颖而出，主要有如下几个原因。

一是重视营销推广。成立初期，E＊TRADE 极为注重网站推广，公司 1999 年的网站推广费用约占全年总收入的 49%，到了 2000 年这一比例则更高。这在提供互联网经纪业务还属于新鲜事物的初期起到了很好的作用。此外，E＊TRADE 采取金融证券业垂直门户网站的定位，为客户提供了丰富的投资信息，内容涵盖银行、证券、保险及税务等多个方面。

二是不断加强服务的广度和深度。E＊TRADE 为客户提供了丰富的信息和研究报告，并与四大会计师事务所之一 Ernst & Young 合作提供财经资讯服务，确保咨询服务质量。通过收购 Telebankt，E＊TRADE 进一步强化了其金融垂直网络的服务策略。除证券信息外，E＊TRADE 还提供房屋贷款、保险产品、退休规划、税务及网上金融顾问等多种服务。

三是推动全球范围内的业务拓展。1996 年上市之后，E＊TRADE 开始大举扩张。通过与 America Online 及 Bank One 等公司合作，E＊TRADE开始在北美逐步向欧洲、亚洲等国家和地区进军，业务市场遍布加拿大、英国、德国、日本、韩国及中国香港等国家和地区。

总体来看，E＊TRADE 依靠互联网券商拥有的低成本、低佣金以及先进的 IT 技术等优势而发展迅速，但是缺乏产品开发能力以及渠道单一的劣势也导致其不具备强大的投资咨询能力以及成型的投资产品，因此难以取代美林、嘉信等传统券商。

二、第三方理财：销售金融产品

InsWeb 公司 1995 年 2 月成立于美国加利福尼亚州，曾是全球最大的保险电子商务网站。InsWeb 网站本身并不直接提供保险服务，主要通过与多家保险公司合作，为消费者提供一个包含各类保险产品及其价格的比较平台，通过互联网把保险公司和客户连接到一起。InsWeb 的业务模式较大程度地减轻了信息不对称，降低了撮合成本，把专业保险知识、技术特长、保险公司和客户精妙结合起来，迅速创造了 InsWeb 本身的商业价值，也为保险公司和客户带来了显著的利益。

InsWeb 在业界声誉很高，曾经被 Forbes 称为"最优秀的网站之一"。网站与世界上 50 多家著名的保险公司有业务协议，并且与 180 多个著名站点进行链接合作，如若成交，源站点也将获得一定比例的收入分成。最初，InsWeb 主要提供汽车保险的互联网销售服务，随后逐步拓展到寿险、住宅险、健康险等多种保险产品，网站的营业收入主要是通过销售中介而实现的。

但是，由于许多保险产品性质较为复杂，比如寿险中的传统险、分红险、变额年金、健康险，以及财险中的责任险、船舶险、农险等，消费者往往需要通过面对面的沟通才能了解产品性质及相关风险，这也导致了 InsWeb 难以通过互联网销售进一步做大。2011 年，公司最终被出售给 Bankrate。

三、第三方理财：财富管理

从国际上来看，互联网金融的财富管理业态主要有以下几个特点：一是以互联网为服务渠道，以自动、智能的算法为用户提供服务，显著降低了服务成本；二是注重个性化和定制化，面向长尾市场；三是理财方案清晰、透明，用户享有完全的知情权和选择权；四是资金门槛低，门槛普遍在数百美元，与动辄十万、百万量级资产要求的传统理财咨询业大相径庭；五是操作简单，无须过多的金融知识便可独立进行理财，并且用户大多拥有移动应用，可充分利用碎片化的时间与碎片化的资金进行理财。近年来，美国也涌现出一批优秀的理财网站。

（一）Mint

Mint 是一个老牌的个人理财网站，通过利用数据统计功能，免费帮助用户分析银行账户、信用卡、投资及贷款等各类交易，并为其制订个性化的理财计划。首先，Mint 可以通过授权把用户的多个账户信息，如支票、储蓄、投资和退休金等全部与其在网站上的个人账户进行关联，自动更新用户的财务信息。其次，网站能够自动把用户的各类收支信息划归不同的类别，使用户对自己的财务状况与日常收支一目了然。

Mint 网站于 2007 年 9 月上线，并在 2009 年 9 月以 1.7 亿美元的价格被美国著名会计软件公司 Intuit 收购。目前，它是美国最负盛名的免费个人理财网站。截至 2013 年 11 月，网站注册用户已超过 1000 万，并与美国及加拿大超过 1.6 万家的金融机构进行关联合作。

（二）SigFig

与侧重于日常财务管理的 Mint 不同，2012 年 5 月 1 日正式上线的 SigFig 更专注于用户的投资行为。通过对用户关联账户的投资数据进行分析，SigFig 依靠计算机算法对用户的投资组合提出个性化建议，帮助其节省成本并提高收益，比如指出用户收益不佳的投资，帮助发现用户被多收的投资经纪及咨询费用。SigFig 对个人用户完全免费，它的收入主要源于授权财经媒体使用其投资工具，以及推荐券商或投资顾问的推介费。目前，SigFig 平台上的用户资产已达 750 亿美元。[1]

（三）Motif Investing

Motif Investing 是一家基于社交机制建立的选股投资网站，其本质也是一个证券投资组合服务提供商。网站上的每一个"Motif"都是按照某个主题挑选出来的最多不超过 30 只股票的投资组合，主题内容比较多样化，如云计算、移动互联网、3D 打印等。网站用户可以直接购买并持仓一整个已有的 Motif，也可调整各只股票的投资比例，或是自建一个新的 Motif。Motif 的社交网络与 Facebook 或 Google Circle 类似，用户可以与好友分享或讨论相关主题的投资组合并进行修改完善，非好友也无法看到用户创建的 Motif。可以说，这一举措对传统基金管理进行了社交化的

---

① 《互联网理财规划：美国值得借鉴的四个平台样板》，同花顺网站，2013 - 08 - 22。

创新。

Motif 平台的创新之处主要包括两点：一是提供了强大的自助式投资组合设计工具，用户可非常方便、直观地修改、创建、评估 Motif，只需要几分钟便可拥有个性化的投资组合；二是引入社交机制，用户可以把自己的 Motif 分享给好友或者选定的圈子，大家共同对 Motif 进行讨论和优化。[1]

和传统基金服务商不同，Motif 并不向用户收取基金管理费，无论用户在某个 Motif 上的总体投资额是多少（但不能低于 250 美元），也无论该 Motif 由平台提供还是由用户定制，用户每按照该 Motif 购买或出售一次股票/基金组合，平台都会收取 9.95 美元的佣金。如果只是交易其中的一只证券，则每次收取 4.95 美元。

本章小结

总体来看，互联网金融的各种业态主要还是起源于欧美等国，并逐渐在世界范围内被其他国家引入而兴起。

互联网支付方面，20 世纪 90 年代末电子商务在美国的繁荣催生了 PayPal 公司。PayPal 公司基本确立了互联网支付的行业标准，为在线支付领域开创了全新的运营模式和业务体系。截至 2014 年 3 月，PayPal 在全球 193 个国家和地区拥有超过 1.4 亿的活跃用户，仅在 2013 年就处理了 1800 亿美元的网络交易，平均每天交易笔数超过 900 万笔，交易币种已达到 26 个。另一方面，欧洲紧跟美国，在电子商务的发展上也十分成

---

[1] 《互联网理财规划：美国值得借鉴的四个平台样板》，同花顺网站，2013 – 08 – 22。

熟，互联网支付已成为欧洲各国网络交易中极为重要的支付方式之一。尽管 PayPal 凭借先发优势，在欧洲占领了较大的市场份额，但欧洲各国也都纷纷建立了自己国内的互联网支付机构，尝试与 PayPal 形成竞争，如英国的 WorldPay、德国的 SOFORT 和法国的 Paylib 等。此外，一些国家和地区由于法规的严格限制，互联网支付行业停滞不前，如中国台湾。

近年来，随着移动通讯工具和支付技术的逐渐发展，移动支付成为一种新兴的支付方式。Square、GoogleWallet 以及其他 NFC 技术的出现和迅猛发展给原有的网络支付格局造成了巨大的冲击。但是，另一方面，移动支付在金融服务发达国家的发展也并非一帆风顺，如何改变这些地区消费者的传统支付习惯（如信用卡等）也是移动支付公司面临的主要问题。长远来看，人类社会正走向一个移动支付的时代。

互联网间接融资方面，商业意义上的互联网借贷起源于美英等国。美国的 P2P 借贷市场行业集中度较高，基本由 Prosper 和 Lending Club 两家公司垄断，这主要是因为美国 P2P 借贷行业较为复杂的证券化业务模式导致了 P2P 公司较高的监管合规成本，整个行业的进入门槛相对较高。Prosper 是美国第一家营利性 P2P 借贷平台，而随后成立的 Lending Club 则是美国乃至全球最大的 P2P 借贷平台，截至 2014 年 4 月已促成了超过 40 亿美元的贷款，成交量是 Prosper 的近 4 倍。与美国相比，英国 P2P 借贷行业发展迅速，市场化程度高，全球最早提供 P2P 借贷服务的公司 Zopa 即成立于伦敦。目前，英国主要几家 P2P 借贷公司都有各自专门针对的细分市场。例如，Zopa 主要专注个人贷款，已累计促成贷款近 5 亿英镑；Funding Circle 专注中小企业贷款，已累计帮助英国中小企业融资近 2.5 亿英镑，市场规模仅次于 Zopa。Market Invoice 专注于企业的票据融资（Invoice Trading），由于风险程度较高，网站对投资者的资质提出了更高的要求，主要面向机构投资者及高净值客户。此外，欧洲、亚洲等其他国家的互联网借贷行业还处于起步阶段，如法国的 Prêt-d'Union、德国的 Auxmoney 等纷纷在当地开始发展。

互联网直接融资方面，众筹模式利用互联网和 SNS 传播的特性，让小企业、艺术家或个人通过众筹平台向公众展示创意，争取大家的关注和支持，进而获得所需要的资金援助。有研究报告指出，2012 年全球众筹融资规模为 27 亿美元（52%通过捐赠模式，44%通过借贷模式，4%通过股权模式）。到 2013 年 6 月，全球已有超过 670 个融资平台，成功为 100 多万个项目募资。其中，北美和欧洲众筹融资额占全球众筹融资总额的 95%。美国比较知名的众筹公司是 2008 年成立的 Indiegogo 和 2009 年成立的 KickStarter。在世界其他各国，众筹融资也都纷纷兴起，比如英国的 Crowdcube 就是世界第一家上线的股权众筹平台，截至 2013 年底，Crowdcube 共有 85 个项目成功完成融资，筹资总额超过 1600 万英镑，参与的投资者达到 50146 人。此外，荷兰的游戏类众筹平台 Gambitious、新加坡的第一个众筹网站 ToGather. Asia、中国香港的本土时尚设计众筹网站 ZAOZAO 等也都有自己的发展特色。

互联网第三方金融服务方面，美国在互联网第三方金融服务方面的发展较为领先，其中利用互联网平台销售金融产品以及理财规划等都是互联网第三方金融服务发展的重要领域。比如，通过余额宝购买基金产品的模式在国内看起来很新颖，但实际上美国在十几年前就已经出现了类似的产品，PayPal 公司就是其中的代表。PayPal 创立不久即开始探索与第三方公司成立 PayPal 货币市场基金，该基金在 2000 年创下 5.56%的年收益率，2007 年该基金规模一度达到 10 亿美元。但国际金融危机后，美国货币市场基金平均收益水平大幅降至 0.04%，PayPal 货币市场基金规模不断缩水，最终于 2011 年 7 月关闭。另一方面，理财规划网站将原本只能人工面对面进行的理财咨询服务变成了依靠自动模型为用户提供的个性化服务，大幅降低了理财规划门槛，实现了财富管理的大众化。凭借"大数据"、低成本优势，美国也涌现出一批理财公司，服务对象从普通大众到精英客户，如 Mint、SigFig 及 Motif Investing 等。

总体来看，互联网金融行业在国际上的发展主要有以下几个特点。

一是互联网金融还只能作为传统金融的有益补充存在。欧美等发达国家的传统金融行业已然极为发达，金融服务效率较高，因此互联网金融企业虽然在技术上具有成本低、效率高等优势，但目前还只是在传统金融机构涉及有限或涉及不到的新兴领域里发展，仅仅起到一定的补充作用。比如，美国、日本等国家的信用卡市场极为成熟，信用卡消费已经很方便地覆盖到了几乎任何消费领域，消费者也习惯于信用卡这一支付方式，这也一定程度上抑制了互联网支付行业的发展，美国的移动支付及日本第三方支付的发展都面临着一定的挑战，市场规模更是无法与信用卡相比。

二是开放完善的信用体系支持了互联网融资行业的健康发展。美国及欧洲等国家的 P2P 借贷行业发展较好，其中这些国家完善的信用评级体系是较为重要的基础。比如，FICO 个人信用评级系统在美国早已得到了广泛使用。FICO 评分系统得出的信用分数范围为 300～850 分，分数越高，说明客户的信用风险越小。一般来说，如果借款人的信用评分达到 680 分以上，就可以被认定为信用良好了。对于网贷平台来说，FICO 可以作为其对借款人进行信用分析的重要标准之一，当借款人违约时，网站也可以向信用部门报告，从而降低借款人的信用评级，让平台有威慑作用。此外，国外的网贷公司也纷纷在此基础上建立自己的评分体系，将公共信用评级的信息进行重新筛查，从而更好地进行风险控制。

三是监管适度及时。从 Lending Club、Prosper 等公司的经验可以看出，监管机构对于业内公司适时进行了监管和指导，确保其规范发展，保障了消费者的权益。美国 P2P 借贷公司的业务模式前后进行了多次较大改变，最终形成现在较为固定的业务模式，行业也得到了健康发展。这与美国监管机构对 P2P 借贷行业监管的适时跟进并提出明确监管要求是分不开的。另一方面，国外监管机构在把握创新和监管的平衡方面也做得比较出色，除了重点要求互联网金融机构在消费者保护、风险防范、金融反恐和反洗钱等方面履行好自身的义务和职责之外，整个行业还是处于相对宽松的监管环境，这也有力地促进了行业的积极发展。

第三章
互联网金融的国际监管实践

第一节　互联网支付

一、美国

互联网支付起源于美国。随着 2000 年以来电子商务的迅猛发展，以 PayPal 为代表的第三方网络支付机构也应运而生，并迅速构建了高效便捷的互联网支付体系。PayPal 等网络支付机构的发展壮大得益于美国较为完备且相对宽松的监管框架。互联网支付企业在美国没有被认定为银行类金融机构，政府部门也没有对这类机构进行专项立法，而将其视为从事"货币转移业务"（Money Transmitters）[①] 的"货币服务机构"（Money Service Business），主要沿用现有法律框架实施监管，主要法律

[①]　在美国，从事货币服务业务的机构一般特指非银行机构，除能从事货币转移业务外，还能从事销售、兑换支付工具、外汇兑换等，但不得接受存款和发放贷款。货币转移业务指的是销售或发行支付工具，为货币转移目的接受货币或转移货币，将一种支付工具或货币转化为另一种形式的支付工具或货币。

法规包括《金融服务现代化法案》、《电子资金划拨法》、《真实信贷法》等。

互联网支付企业的监管主体主要包括联邦和各州政府两个层面，其中准入及持续监管等职责集中在各州的监管机构。

（一）联邦监管

在联邦层面，目前美国尚未出台专门、统一的法律对互联网支付机构进行监管，在监管模式上采取功能性监管的方式，即各类监管机构分别在各自领域进行监管，如消费者保护、客户资金保护、反洗钱及金融反恐等。

1. 消费者保护方面。美国对金融消费者权益的保护主要通过《隐私权法》、《美国金融改革法》、《电子资金划拨法》及《真实信贷法》等现有法律框架实现。国际金融危机之后成立的金融消费者保护局（CFPB）将在这一领域逐渐扮演重要的角色。根据《多德—弗兰克华尔街改革与消费者保护法案》（以下简称《多德—弗兰克法案》），CFPB 在消费者保护方面对 PayPal 等非银行类金融机构具有制定监管规则、实施检查及执法的权限，未来将在互联网支付机构的监管上发挥主要作用。CFPB 于 2012 年主导了对《汇款规定》（Remittance Rule）的修改，为通过电子渠道向美国境外汇款的消费者提供了进一步的法律保障。

2. 客户资金保护方面。美国联邦存款保险公司（FDIC）将客户在互联网支付机构账户中的沉淀资金定义为这些机构对客户的负债，而不是法定意义上的银行存款。但是，通过 FDIC 的存款延伸保险机制（Pass Through Insurance Coverage），互联网支付机构存放在商业银行账户上的客户沉淀资金可以享受其保险覆盖，一个客户在一家银行账户的保险金额上限为 10 万美元。不过，客户通过支付机构进行投资的资金（如投资

PayPal 的货币市场基金）则不在 FDIC 的保险范围内。

3. 反洗钱及金融反恐方面，"9·11"事件后颁布的《爱国者法案》对原《银行保密法》中关于反洗钱的相关条款进行了修订，加强了对跨境洗钱和金融领域恐怖活动的监管。财政部金融犯罪执法网络（FinCEN）承担相关监管职责，互联网支付机构需要履行向 FinCEN 登记的程序，按规定提交现金交易报告和可疑交易报告等，记录并保存所有资金交易情况。此外，FinCEN 还要求支付机构建立完备的反洗钱工作流程。

4. 关于其他方面的监管。互联网支付机构还需要接受美国联邦通讯委员会（The Federal Communications Commission）、联邦贸易委员会（The Federal Trade Commission）及美国国税局（Internal Revenue Service，IRS）在移动支付、商业行为以及税务信息披露等方面的监管。例如，美国国税局要求第三方支付机构每年需要汇总报告当年交易总额超过 2 万美元或交易笔数超过 200 笔的个人网络支付交易。

（二）各州监管

在各州层面，美国各州政府分别制定了适合本州货币服务发展的法律法规，但具体规则并不完全一致。为了促进各州立法的统一，美国统一州法全国委员会①制定了《统一货币服务法》，这是一部关于货币服务行业的示范法规，本身并不具备法律效力。《统一货币服务法》强调以发放执照的方式管理和规范从事货币服务的非银行机构。目前，已有 40 多个州参照该法制定法律，对货币服务进行监管。

总体而言，各州对互联网支付机构的监管在主要规则上具有一定共

———————

①　美国统一州法全国委员会是一个由法学家和相关人士组成的民间机构，该委员会设立的目的在于向各州推荐其拟制的示范法律文本。它起草了 100 多项统一标准法案，供各州选用或据此制定相应的法律。

性。首先，互联网支付机构必须获得各州监管机构发放的牌照，不得从事银行的存贷款业务。以 PayPal 为例，这家全球最大的网上支付机构在美国已经获得了 51 个州的经营货币转移牌照（如图 3 – 1 所示）。支付机构在各州取得的牌照需要每年更新一次，如果其发生财务问题、涉嫌从事非法活动或者没有按照有关法律要求进行经营活动，则许可牌照均有可能被监管机构吊销。

图 3 – 1　PayPal 公司在美国加利福尼亚州的牌照

其次，支付机构还要符合各州关于投资主体、营业场所、资金实力、财务状况以及从业经验等相关资质的要求。支付机构一般应持有一定金额的担保债券（通常为 2.5 万美元到 100 万美元不等）以满足最低资本要求。为保障客户资金安全，支付机构的净资产及流动资产也应维持在一定水平，并与业务规模（如办公场所、员工数量等）等相匹配。此外，支付机构还应定期向各州监管机构提交业务开展情况及财务状况报告，并接受监管机构的定期检查。

二、欧洲

与美国不同，欧洲对互联网支付机构有较为明确的监管规定，其法律框架主要包括欧盟颁布的《电子货币指令》（*Electronic Money Directive*）、《支付服务指令》（*Payment Service Directive*）等一系列法律法规，欧盟各成员国则根据上述指令在国内予以立法落实。

早在 1998 年，欧盟就规定网上支付媒介只能是商业银行货币或电子货币。基于这种规定，欧盟对互联网支付机构的监管也是通过对电子货币的监管加以实现的。互联网支付机构只有在获得银行或者电子货币机构营业执照的前提下才能从事相关业务。[1] 以 PayPal 公司为例，该公司在 2007 年以前以"电子货币发行机构"的形式在英国注册，并主要受当时的英国金融服务局（FSA）监管。2007 年 5 月，PayPal 获得位于卢森堡的金融监管委员会（CSSF）颁发的欧盟银行业执照，并将其欧洲总部迁至卢森堡。

总体来看，欧盟规范互联网支付机构主要采取的是审慎监管的原则。

2000 年 9 月颁布的《电子货币指令》[2]（2000/46/EC）是欧盟为规范电子货币活动而采取的一项重大立法措施。《电子货币指令》对电子货币和电子货币业务从业机构（包括第三方支付机构）的定义、范围均

---

[1] 巴曙松、杨彪：《第三方支付国际监管研究及借鉴》，载《财政研究》，2012（4）。
[2] 全称为《关于电子货币机构业务开办、经营与审慎监管的指令》。

给予了明确，并对从业机构的初始资本、流动性资金以及公司治理等几个方面提出了要求。此外，监管部门对支付机构的合规检查、稳健与审慎经营审查等也在这项法规中有所体现。欧盟所引入的电子货币机构审慎监管机制主要是以支付业务监管框架为参照标准，并在《支付服务指令》（2007/64/EC）的基础上产生的，但仍是具有自身特色的监管机制。

2009 年 9 月，欧盟方面认为原《电子货币指令》在一定程度上抑制了电子货币行业的发展，决定对法规进行修改和放宽，从而形成了新一版的《电子货币指令》（2009/110/EC），但整体上仍延续了审慎监管的原则。此外，欧盟颁布的《增进消费者对电子支付手段的信心》、《反对非现金支付工具的欺诈和伪造行动框架》等通告也是对规范互联网支付机构的有益补充。总体来看，欧盟对互联网支付机构的监管要求主要包括以下四个方面。

（一）关于支付机构资金方面的要求

《电子货币指令》（2009/110/EC）对拟在欧盟成员国境内设立的电子货币机构提出了不少于 35 万欧元的初始资本金要求，较 2000 年版本规定的 100 万欧元有较大幅度的下降。此外，2009 年版《电子货币指令》结合并参照了《支付服务指令》的内容，在电子货币机构的流动性方面进行了规定，主要体现为对机构自有资金水平提出的要求。其中，资金水平的高低主要取决于机构是否发行了电子货币。对于不发行电子货币的支付机构，主要根据支付机构的交易金额或运营成本等计算最低自有资金要求。发行电子货币的机构，其自有资金则不得少于发行货币总量的 2%。

（二）关于支付机构的业务活动要求

关于支付机构的业务活动要求主要包括三个方面。

1. 根据 2009 年版《电子货币指令》，电子货币机构可以按照《支付服务指令》规定的范围，提供相应支付服务。但是，电子货币机构不得向公众吸收存款或其他具有偿还性的资金，客户转入的资金应立即兑换为等值的电子货币。欧盟各成员国监管机构应保证持有人在持有电子货币期间，电子货币机构不得向其提供任何利息。

2. 支付机构应严格区分自有资金和客户资金，并对客户资金提供保险或类似安全保证。为保障客户资金安全，电子货币机构应具有高流动性的低风险资产，投资活动也要进行严格的限制，其中包括投资资产项目和投资额度的限制。

3. 2009 年版《电子货币指令》还明确规定，未经许可，任何电子货币机构以外的自然人或法人不得发行电子货币。电子货币机构发行货币时，应按照客户资金的等值给予兑换，并保证客户在任何时候都可以进行等值赎回。

（三）关于支付机构公司治理、内控机制及信息披露等要求

鉴于电子货币机构面临与金融机构类似的流动性风险、操作风险等各类金融风险，2009 年版《电子货币指令》要求支付机构必须具备稳健与审慎的管理系统、行政管理和会计核算程序，以及适当的内部控制体制。电子货币机构应按时提交财务报告、审计报告等定期报告，并在股权结构、注册资本、组织名称或组织形式等发生变更，以及业务范围或业务模式进行调整时向监管当局提交临时性报告。

（四）关于支付机构的反洗钱及反恐融资要求

欧盟各成员国在要求互联网支付机构执行反洗钱及反恐融资要求方面具有一定的灵活性，其中大部分成员国采取了与对银行类金融机构的监管一致的监管要求，其他一些国家的政策则相对比较宽松。2005 年 10

月发布的《关于防止滥用金融系统洗钱和恐怖融资的指令》（又称欧盟反洗钱第 3 号指令）对电子货币机构的储值业务作出了比较具体的规定，包括对 15000 欧元以上的交易要进行客户身份的检查。此外，如果电子货币单次最高储值金额不高于 150 欧元，或重复充值但一年内的累计充值额不超过 2500 欧元的电子货币商家，可免于执行客户身份识别程序。[①]

三、亚洲

（一）日本

日本的电子支付业务属于经济产业省的管辖范围。日本对电子支付和移动支付的政策相对宽松，制定了比较完善的法律法规和监管环境，并获得了良好的效果。2010 年，日本当局推出《资金清算法》，对非金融机构经营包括储值支付、第三方支付等新型银行业务的市场准入和持续监管进行了规范。

（二）中国香港

香港方面，在现行金融监管制度下，支付和清算业务主要受《银行业监管条例》（*Banking Ordinance*）及《结算及交收系统条例》（*Clearing and Settlement Systems Ordinance*）的监管，支付机构需要满足资本金、流动性及牌照等方面的要求。香港政府在《银行业监管条例》中规定，非银行机构必须经认定成为"特别目的接受存款公司"后方可获准发行多用途储值卡。发行机构成为接受存款公司后，则属于特别类的金融机构，接受香港金融管理局的监管。

随着科技及创新的不断发展，以互联网为依托的储值支付产品和支

---

① 钟志勇：《欧盟〈电子货币指令〉及其对中国的启示》，载《环球市场信息导报》，2012。

付服务日益被市场接受。2000 年，香港颁布了《电子交易法令》，对电子货币的发行在法律方面给予规范，同时给予电子交易中的电子记录和数字签名与纸质对应物同等的法律地位。另外，香港金融管理机构还鼓励行业自律的监管方式，也收到了较好的效果。

对于互联网支付的监管，香港也只是对现有法规进行完善，而非只针对互联网产品单独立法。近期，香港金融监管机构正在对《银行业监管条例》进行调整和修改，将互联网储值支付与传统的储值支付产品一并纳入新的法规之中，主要包括电子储值货币牌照制度、近场通讯（NFC）移动支付基础建设规范等。

（三）中国台湾

台湾方面，目前尚没有较具规模的第三方网络支付机构，对网络交易过程中存在的交易对手信用问题、网络诈骗等尚无较好的解决办法，也导致近年来台湾电子商务的发展较为缓慢。这一局面主要归咎于台湾现有法规对第三方支付业务还存在诸多限制，现有法规框架包括 "《信用卡业务机构管理办法》"、"《银行发行现金储值卡许可及管理办法》"及 "《电子票证发行管理条例》" 等。上述法规对第三方支付业务发展的限制体现在两个方面。

一是现有法规禁止第三方支付业务在网络交易中的使用。台湾"《信用卡业务机构管理办法》" 规定："为健全信用卡市场发展，收单机构对于特约商店之请款应直接拨付予该特约商，不得拨予第三人。"上述法规基本上排除了第三方支付机构在网络交易中发挥作用。

二是现有法规限制第三方支付机构经营相关支付储值业务。台湾的 "《银行发行现金储值卡许可及管理办法》" 是以银行牌照为基础的，而第三方支付机构在台湾被视为非金融机构，所以无法适用上述法规。而

"《电子票证发行管理条例》"也基本上是为了悠游卡①而专门设置的法规,并对电子票证的储存金额设置了新台币仅1万元的上限,很难满足网络支付的要求。此外,"《电子票证发行管理条例》"也仅对支付机构的支出和预付储值业务进行了规定,而基于反洗钱的考量,对转账汇款等业务则仍然进行了限制。

目前,台湾金融监管机构正在拟定"电子支付机构管理条例",共计6章、55条,其中规定了继续维持原已开放的线下交易支付服务(O2O),并将支付机构的最低实收资本额及储值限额分别定为新台币3亿元及新台币3万元。此外,新增内容如下:

> (1)开放了无实质交易基础的"电子支付账户间款项移转"业务。
> (2)经营业务项目涉及收受储值款项与无实质交易基础的"电子支付账户间款项移转",或所保管代理收付款项总余额达一定金额的企业,均应向主管机关申请许可。
> (3)电子支付机构及电子票证发行机构可以相互兼营。
> (4)规范对象除专营的电子支付机构外,也纳入兼营的银行、中华邮政股份有限公司及电子票证发行机构,适用一致规范经营业务,以维护市场秩序与公平竞争。
> (5)导入银行协助管理专用存款账户运作情形之机制。
> (6)支付款项运用收益应计提一定比率,回馈使用者及其他主管机关规定用途。
> (7)要求电子支付机构建立内部控制及稽核制度。
> (8)纳入公会组织协助建立相关自律规范。

第二节 互联网投融资——P2P借贷

一、美国

美国P2P借贷行业发展较早,监管机构对P2P借贷公司的监管一直

---

① 悠游卡(EasyCard)是通用于台北地区的非接触式交通电子票证系统,由台北智慧卡票证公司发行,类似于香港的八达通卡等。

是在摸索中前进的，采取的监管措施对整个行业的竞争格局和机构的业务模式都产生了深远的影响。目前，美国 P2P 借贷行业主要由 Prosper 和 Lending Club 两家公司主导，市场集中度较高，这与美国对借贷行业的严格监管标准而导致的较高准入门槛关系密切。2008 年 3 月，美国证券交易委员会（SEC）认定 Lending Club 向投资人发行票据的业务模式属于证券范畴，标志着美国 P2P 借贷行业开始正式纳入以证券交易委员会为核心的监管体系。总体来看，美国对 P2P 借贷的监管有以下几个特点。

（一）形成了以证券交易委员会为核心的多头监管体系，监管职责分布在联邦和各州的监管机构，以及大量的行业自律组织之间

美国的金融监管具有较明显的行为监管特征，监管机构主要根据金融机构所从事的业务进行执法。如之前章节所述，由于美国 P2P 借贷行业的业务模式具有比较明显的证券化属性，证券交易委员会自然成为 P2P 借贷平台的核心监管机构。

以 Lending Club 为例，参考国内的一些研究（廖理，2014），可以将这家公司的业务模式变化划分为三个主要阶段，即初始阶段、转贷阶段和证券阶段，这三个阶段基本上代表了美国 P2P 借贷行业在现行监管框架下探索自身业务模式转变的过程。在 Lending Club 当前的证券业务模式下，投资人与借款人之间不存在直接的借贷关系，借款人在网站上成功申请贷款后，由一家在美国犹他州注册、名为 WebBank 的银行向借款人放款；银行在放款的同时将贷款转卖给网站，而网站再发行"会员偿付支持票据"给投资者购买。这一过程的实质就是网络贷款的证券化，Lending Club 在这一过程中不仅仅扮演了中介平台的角色，并且作为债券发行方参与到整个交易过程中（如图 3 - 2 所示）。

2008 年 10 月，Lending Club 完成 SEC 注册登记。幸运的是，SEC 并

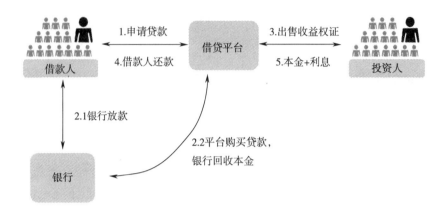

图 3 - 2　美国 P2P 信贷公司业务模式

未要求 Lending Club 注册券商牌照（Broker - dealer），否则将大大提高公司的合规成本。同年，SEC 根据 Howey 测试和 Reves 测试①认定美国另一家 P2P 借贷平台 Prosper 出售承兑票据的业务模式也属于证券范畴。2009年6月，Prosper 完成注册登记，正式接受 SEC 监管。至此，美国两家主要 P2P 借贷公司全部开始接受 SEC 的监管。

此外，联邦存款保险公司（FDIC）、消费者金融保护局（CFBP）、联邦贸易委员会（FTC）等也都在职责范围内对 P2P 借贷公司进行相关监管，这些机构是联邦层面的主要监管力量。与互联网支付机构相似，P2P 借贷平台对客户资金的保护主要通过 FDIC 的存款延伸保险机制实现，保险范围也仅覆盖投资者在 P2P 平台上未进行投资的资金，并受相关金额上限限制。

美国政府问责办公室（GAO）于2011年7月发布了一份关于 P2P 借贷机构监管的政策报告②。报告指出，尽管以 SEC 为主的监管模式为投

---

①　SEC 根据 Howey 测试和 Reves 测试 两个判例认定 P2P 业务中涉及证券发行。Howey 测试常被用来判定某项投资合同是否属于证券，Reves 测试常被用来判定某类票据是否属于证券。

②　美国政府问责办公室：《美国 P2P 行业的发展和新监管挑战》，2011 年 7 月。

资人提供了相对完善的法律保护，但这一过程可能和借款人的权益存在一定冲突。例如，SEC 对 P2P 借贷公司的强制信息披露要求可能造成借款人个人隐私信息的泄露。此外，多头监管模式也为 P2P 借贷行业带来了高额的合规成本。因此，GAO 提出了由 CFPB[①] 取代 SEC 成为 P2P 借贷行业主要监管机构的建议。这一政策建议同时兼顾了借款人与投资人的权益保护，但直至目前也仅停留在理论阶段，政策的实施推进还需要政策制定者对经济成本和时间成本等因素进行必要性分析，同时也取决于美国监管部门之间的博弈结果。

在州政府层面，各州监管部门也扮演了非常重要的角色。P2P 借贷公司仍需按照州一级证券法及相关法律取得经营相关业务的牌照，并遵守各州金融监管部门的一系列监管要求，如账务登记要求、贷款业务限制（包括贷款中介服务的收费上限等）、信息披露要求、现场检查要求、担保债券及最低净资产要求、财务报告要求、公司情况变更报告要求、广告及推广行为限制等。

（二）重视消费者权益保护，不断完善相关法律法规，加强对投资人及借款人两方面的保护

与传统金融机构相比，P2P 借贷公司具有更为创新的业务模式，但这并未使其能豁免于美国极其繁复的消费者保护和信贷交易相关的各类法规规定。与此同时，美国现行的法规制度对这一新生行业的适用性还有待进一步检验，也不能排除未来监管当局制定新的法律条款对行业加强监管。

总体来看，美国当前的法律框架主要包括联邦和州政府两个层面，

①　根据《多德—弗兰克法案》，消费者金融保护局有权制定法规以贯彻联邦消费者金融法，有权禁止向消费者提供欺骗性的或者不公平的业务，有权对非存款机构人进行监督，有权要求金融机构进行信息披露，有权对消费者的投诉或询问进行答复（廖理，2014）。

体现了监管机构重视消费者保护的金融立法理念，而保护对象也同时覆盖了投资人和借款人两个方面。联邦层面的法律法规主要包括《1933年证券法》、《诚信借贷法》、《平等信贷机会法》、《公平信用报告法》、《公平债务催收法》、《消费者信贷保护法》等。此外，各州也有"蓝天法案"①、高利贷法以及其他与联邦类似或相应的一系列州内法规（见表3-1）。

表3-1　　　　　　　　P2P借贷公司需满足的具体法律列表

法律名称	监管要求
联邦《1933年证券法》及各州"蓝天法案"	要求任何未经豁免的、从事证券服务及销售的公司向SEC及各州监管机构进行注册
联邦《诚信借贷法》、《Z法规》及各州类似法规	要求必须对借款人就有关贷款条款进行充分披露
联邦《平等信贷机会法》、《消费者信贷保护法》和《B法规》	禁止对消费者的年龄、种族、肤色、性别、宗教信仰、婚姻状况等因素进行歧视，或限制消费者行使《消费者信贷保护法》中的有关权利
联邦《公平信用报告法》	对借款人信用历史中相关信息的使用及报告作出了规定
联邦《公平债务催收法》及各州类似法规	对债务催收人的相关行为进行了规定，并对催收过程中的一些特定行为进行明确禁止
各州高利贷法规	各州对P2P借贷公司提供的贷款利率上限进行了限制
《隐私及信息安全法》及各州类似法规	限制了P2P借贷公司就关于消费者的非公开个人信息向无关第三方披露的行为，并要求公司制定关于消费者信息保护的具体政策和措施
《军人民事救济法》	要求P2P借贷公司对符合要求的军人贷款调整贷款利率，服役人员在其服役期间的贷款利率不得超过6%

① 美国各州有自己的证券法律，通常叫做"蓝天法案"。各州法律并不一致，主要保护投资者免于证券欺诈销售等行为，并对证券经纪公司、证券经纪人及投资顾问代表等实施牌照监管。美国一些州会要求公司在本州发行证券之前预先进行注册。

续表

法律名称	监管要求
《多德—弗兰克法案》	提出了一系列金融监管改革方案，其中多项措施对 P2P 借贷公司也有较大影响
《电子资金转账法》、《电子签名法》	对客户进行电子转账等行为提出了指引及限制
《银行保密法》	P2P 平台公司需符合有关反洗钱规定，公司需制定具体的反洗钱政策和措施

注：《1980 年存款机构解除管制与货币控制法案》规定，在美国联邦存款保险公司保险覆盖下的银行可以将贷款最高利率选定为该银行注册所在州的最高利率（或贷款发生所在州的利率），这意味着如果银行注册所在州不设利率上限，则银行可以向其他州输出利率。与 Lending Club 合作的 WebBank 注册所在的犹他州即不设利率上限，可以向全国各州进行利率无上限的贷款。

资料来源：Lending Club 年度报告。

上述法律框架基本体现了以消费者保护为主，以及对 P2P 借贷行业在市场准入、信息披露、业务限制等几个方面的监管模式。

2010 年 7 月颁布的《多德—弗兰克法案》对 P2P 借贷行业已经并即将产生较大的影响。这一法案提出了一系列的金融监管改革措施，其中和 P2P 借贷行业密切相关的包括以下几项。

（1）提出了在发生"系统性风险事件"时，对特定非银行类金融机构（系统重要性机构）的清算处置框架。届时，将由联邦存款保险公司作为接收人对这类公司及其子公司进行处置。根据 P2P 借贷公司的规模，其极有可能被纳入联邦存款保险公司的这一处置框架下，并接受更为严格的监管。

（2）设置了关于对场外市场衍生品活动的新的监管框架，加强了 SEC 对证券及资本市场活动的监管权力。SEC 已经对《证券法》及《证券交易法》项下关于发行资产支持证券的规定提出了大量改革建议，这项措施将对 P2P 借贷公司的现有业务模式产生较大影响，其所发行的贷款支持票据将面临更为严格的监管。

（3）设置了消费者金融保护局，专门负责消费者金融保护相关法律及监管制度的执行。消费者金融保护局将在 P2P 借贷消费者保护方面发挥更大的作用，并成为 SEC 之外对 P2P 借贷公司进行监管的另一家核心机构。

（三）强调全面的信息披露与风险提示，确保投资人在进行证券交易决策时所需信息不存在错误、遗漏或误导的情况

作为在 SEC 注册登记的证券发行公司，P2P 借贷公司必须履行非常严格的信息披露责任，向投资人全面、及时和准确地披露与证券交易决策相关的重要信息，这些信息在 SEC 或 P2P 借贷公司的网站上均可供下载查阅。以 Lending Club 为例，P2P 借贷公司需要向公众披露的信息主要包括两个类别，一类是季度报告、年度报告及现状报告①等定期或临时性报告，另一类则是公司发行证券时需要提交的募集说明书和相关补充修正文件。

根据规定，P2P 借贷公司需要在提交的年度报告等规范文件中进行相当翔实的信息披露，包括公司的基本状况、业务模式、风险因素、运营情况、贷款组合表现、监管合规情况、管理团队以及公司的财务状况等各方面信息。其中，报告中关于公司情况的风险提示则非常全面。例如，Lending Club 在其 2013 年年报中，详尽地向投资者披露了和公司有关的多达 50 余项的风险因素，主要包括三个方面。

（1）与公司及网站平台有关的风险。Lending Club 的年报指出，公司还处于发展的初期阶段，面临大量的经营风险和不确定性，并列举了包括业绩变化风险（如运营数据恶化、市场竞争加剧、公司破产等情

---

① 现状报告（Current Report）在公司情况发生重大变更（如收购、重组、股权变更等）时向 SEC 提交。

况）、系统及操作性风险（如灾备系统不完善、客户隐私泄露、网站遭遇病毒攻击等情况），以及管理层及人员风险（如核心员工流失、管理层决策失误等情况）。

（2）与债券及其对应贷款有关的风险。在公司风险之外，投资人还面临着所投资贷款发生延期或违约、借款人提供错误信息、借款人故意欺诈、公司信用评级模型存在误差、宏观经济环境恶化、联邦法律对借款人的破产保护以及所持债券不易变现等一系列和贷款相关的风险等。

（3）与监管合规有关的风险。Lending Club 指出，公司受美国联邦及各州众多法律法规的监管，同时还面临着监管机构可能对其提高监管要求、制定新的监管规则以及遵守境外法律等一系列不确定性给公司造成的较大的合规成本和负担，以及未来公司发生违法违规行为的风险。

此外，P2P 借贷公司需要在发行证券时向 SEC 提交募集说明书等发行文件。募集说明书除了提供公司基本情况、业务情况等常规信息外，主要还披露了与证券发行有关的发行信息、风险揭示、贷款情况等诸多重要信息。以 Lending Club 为例，公司根据"储架发行"制度发行会员偿付支持债券。"储架发行"框架下，公司一般应先注册一定额度的债券进行储备（如 Lending Club 的发行额度为 10 亿美元），然后每促成一笔贷款后再不断补充发行相应数额的债券。由于网站每天都会有新的贷款产生，Lending Club 在提交债券募集说明书的基础上，还需每天不断向 SEC 提交补充修正文件，披露每一项新增贷款及借款人的基本信息，包括贷款的金额、利率、期限和用途，以及借款人的信用状况、收入状况等。

二、英国

欧洲方面，英国在互联网投融资方面的监管跟进较为迅速。2014 年

3月6日，英国金融市场行为监管局（FCA）发布了《FCA关于网络众筹和推广不易变现证券的监管规则》，宣布自2014年4月1日起对P2P借贷及众筹融资平台等实施监管。FCA将P2P网络借贷纳入众筹融资的范畴，并将众筹融资分为捐赠类众筹、预付及回报类众筹、贷款类众筹、投资类众筹及其他豁免等五个类别，其中贷款类众筹融资（Loan-based Crowdfunding，也即P2P借贷）和投资类众筹融资（Investment-based Crowdfunding）将被纳入FCA的监管之下。FCA指出，《金融服务与市场法》（2000）等现有法规已适用于投资类众筹融资，而P2P借贷则将首次纳入此次发布的监管法规中，相关监管职能也将由公平交易办公室（OFT）移交至FCA。

与业内通常的做法不同，FCA将P2P网络借贷定义为贷款类众筹融资，主要是基于扩大覆盖性的考虑。FCA在2014年3月发布的文件中指出，英国目前的网络借贷平台中有些专门提供个人对个人（Peer to Peer）的借贷服务，还有一些提供个人对企业（Peer to Business）的借贷服务以及同时承做上述两种或其他创新业务的平台，贷款类众筹融资的定义有利于将上述业务模式全部包括在内。

FCA没有将P2P借贷纳入金融服务补偿计划①中。监管机构认为，P2P借贷行业出现时间较短，并在不断发展过程中，加入金融服务补偿计划将大大提升监管成本。此外，P2P公司自身也应确保投资人能够充分了解投资所带来的风险。

---

① 根据2000年的《金融服务与市场法》，英国金融服务监管局（FSA）在2001年建立了金融服务补偿计划（FSCS）。其中规定，任何英国公司一旦被执行金融监管活动的金融服务管理局批准在英国运营时，该公司则自动成为金融服务补偿计划的成员。当一个金融服务补偿计划的成员出现问题、面临倒闭时，会对存款人或投资人作出赔偿，赔偿金额可高达50000英镑（50万元人民币），客户资金全面受到保护。

在新颁布的法规中，FCA 还提出了其他一系列防范网络借贷风险的要求，包括最低资本要求、客户资金保护规定、信息披露要求、产品推广要求及危机处置安排等几个方面。

（一）最低资市水平要求

FCA 对贷款类众筹公司设置了最低资本要求，以保证公司足以应对未来的金融风险。最低资本金额为两者的孰高值：一是 5 万英镑（过渡期优惠措施为 2 万英镑），二是按照平台贷款余额及相应比例而递进计算的资金要求。最低资本金计算比例如表 3 - 2 所示。

表 3 - 2　　　　　　　　　　最低资本金计算比例

平台贷款余额	比例
0 ~ 5000 万英镑	0.2%
5000 万 ~ 25000 万英镑	0.15%
25000 万 ~ 50000 万英镑	0.1%
50000 万英镑以上	0.05%

（二）客户资金保护

FCA 允许贷款类众筹融资平台公司（以下简称平台公司）持有客户资金，但必须符合《客户资产法规汇编》（*Client Asset Sourcebook*）中关于客户资金保护的监管规定，以确保平台公司对其负责的客户资金采取充分的保护措施。在符合法规的前提下，平台公司也可以通过由第三方公司持有客户资金而规避相关监管规定。根据《客户资产法规汇编》，持有客户资金的平台公司对客户负有受托责任。客户资金必须存入符合规定的金融机构（银行），平台公司应对这一第三方机构进行充分的尽职调查。此外，根据规模大小，平台公司还应设置专职人员负责客户资金的管理工作，并履行更多的监管报告要求。

（三）关于监管报告及信息披露要求

FCA 要求平台公司按规定按时提交监管报告，包括财务状况报告、客户资金状况报告、定期投资报告及投诉情况报告等。关于信息披露要求，FCA 的核心理念是确保公司披露的公司信息、产品信息及推广信息等应是公平、清楚而并不存在误导的。

（四）关于危机处置安排

为避免平台公司倒闭时对投资者资金的不利影响，平台公司应确保本息偿还及发放等核心责任可以顺利移交给相关清算机构，这可以通过提前和其他贷款类众筹融资公司、债务清算公司等预先签订合同实现，相关费用可以从现有贷款服务费中提取。FCA 建议平台公司倒闭时，应参考采取下列处置措施：（1）客户资金应严格按照 FCA 的《客户资金规定》要求返还给投资者；（2）应为客户在银行重新开设一个账户，负责原有贷款的本息收取；（3）不得发放任何新的贷款，现有贷款应按照原合同条款继续执行；（4）平台公司与清算机构的危机处置方案应立即生效。

（五）关于过渡期安排

考虑到平台公司比较缺乏应对审慎监管的经验，为了降低对行业发展的影响并推动新的监管框架平稳实施，FCA 还为平台公司设置了一定的过渡期安排（见图 3－3）。首先，2014 年 4 月 1 日以前已取得公平交易办公室执照的 P2P 公司将可以继续经营至 2016 年 4 月，届时将需重新申请 FCA 颁布的业务执照；其次，2014 年 4 月 1 日以后新设立的公司需向 FCA 申请执照，并可以在 2017 年 4 月 1 日以前享受一定的过渡期优惠安排。

FCA 将于 2014 年底评估新规则的实施情况，并于 2016 年实施对众筹融资市场及监管框架的全面评估，以决定是否需要进行其他修改完善工作。

2014年4月1日　　　2016年4月1日　　　2017年4月1日

- 2014年4月1日以后新设立的公司需向FCA申请执照
- 2014年4月1日以前已取得公平交易办公室执照的P2P公司将可以继续经营至2016年4月
- 2017年4月正式实施

图3-3　过渡期安排

此外，英国互联网金融的行业自律性较强。2011年8月，英国三家最大的借贷网站成立了行业自律组织——P2P金融协会，并确立了最低资本金、风险隔离、营销透明等九条原则，对协会成员的经营规范设定了较严格的约束条件。作为一个非官方、非营利性的行业协会，其对整个行业的规范、良性竞争和消费者保护起到了很好的促进作用。目前，英国最大的几家互联网借贷机构均已加入该协会。

三、法国

在法国，P2P借贷和众筹都属于"参与融资"（Financement Participative）的范畴，法国金融审慎监管局（ACPR）对P2P借贷和众筹行业中的机构准入、个体行为等进行监管，法国金融市场监管局（AMF）对行业规范和涉及金融市场和产品的部分进行监管，法国财政与经济工业部负责起草、修改和完善相关法律。

ACPR隶属于法兰西中央银行，负责人由法兰西中央银行行长兼任。如果P2P的业务包括支付、发放贷款等，需要向ACPR申请信贷机构牌照；但如果其仅是中介机构，贷款由另一家具有资质的信贷机构发放，则不需要申请信贷机构牌照，也不接受 ACPR 的监管。AMF 主要负责对金融市场的监管，监管重心主要是投资者保护和金融产品监管，旨在确保市场透明度和公众信息知情权，监督市场参与者。

2013 年 5 月，ACPR 和 AMF 联合发布了众筹业务指引，对于该行业中某类具体的业务是否属于信贷机构的范畴、是否需向 ACPR 申请信贷机构牌照、是否需遵守 AMF 的市场规定等进行了较为详细具体的规定，但部分条款仍有待进一步明确。[①]

第三节　互联网投融资——众筹融资

一、美国

众筹融资最初起源于美国，主要是指通过互联网平台，集中多笔小额资金用于投资或支持某个项目或组织的融资模式。广义上的众筹融资通常包括股权类众筹、债权类众筹（P2P 借贷）、捐赠类众筹及回报类众筹等多种模式。本章主要探讨美国对股权类众筹的监管措施。

股权众筹在美国的发展并非一帆风顺，主要源于最初监管机构对于这一融资模式的不认可——美国法律限制众筹以股权作为标的物。根据美国《1933 年证券法》，除非满足相关豁免条款，发行人发行或销售的证券必须取得 SEC 券商牌照，否则就会被认定为非法行为。国际金融危机发生后，美国政府为解决中小企业融资困难等问题，对更为高效且成

---

① 温信祥：《法国互联网金融为什么没有中国这么火》，http://opinion.hexun.com，2014 - 02 - 18。

本较低的众筹融资模式的监管进行了放宽。2012 年 4 月，美国国会通过了《创业企业融资法案》（JOBS 法案），该法案为中小企业及创业型企业通过网络众筹募集资本提出了初步的监管架构，符合条件的众筹平台不必从 SEC 取得券商牌照即可发行或销售证券。2013 年 10 月，SEC 发布了关于落实 JOBS 法案的具体监管草案，并向社会公众征求意见。SEC 监管规定主要包括以下几个方面。

（一）关于发行者的规定

1. 一家公司可以在 12 个月内通过众筹方式发行不超过 100 万美元的证券，相关交易只能通过由众筹公司或注册券商管理的网络进行。

2. 以下几类公司不得通过众筹方式发行证券，包括美国境外公司、已向 SEC 申报的公司、特定范围的投资公司、其他不符合条件的公司（如违反 SEC 规定的公司、未制订明确商业计划的公司等）。

3. 发行者应向 SEC 提交发行文件，并按规定披露相关信息（见表 3 - 3）。发行者应同时将发行文件提供给投资者及相关中介机构，并保证文件可供潜在投资者查阅。此外，发行者在发生重大变更时应及时修改发行文件，并按期向 SEC 提交年度报告。

表 3 - 3　　　　　　　众筹融资发行文件的信息披露要求

1. 公司高管及持股 20% 或以上股东的相关信息
2. 公司业务介绍及募集资金投向
3. 公司证券发行价格、数量、发行截止期及是否接受超额发行
4. 公司关联交易情况
5. 公司财务状况
6. 公司经审计的 12 个月的财务报表（或与税务报表一同提交的财务报表）

资料来源：SEC 网站。

（二）关于投资者的规定

SEC 规定个人投资者在 12 个月内通过众筹平台投资的资金不得超过

如下额度：

（1）对于年收入低于 10 万美元的投资者，年投资不得超过 2 000 美元，或年收入（净资产）的 5%（取其中较大者）；

（2）对于年收入在 10 万美元或以上的投资者，年投资额不得超过其年收入或净资产的 10%（取其中较大者），但每年最高投资额不得超过 10 万美元。

此外，投资者所持有的、通过众筹平台获取的股票一年之内不得转卖。

（三）关于众筹平台的规定

SEC 指出，众筹网站将成为接受其监管的新类型的公司。根据 SEC 监管草案，未来任何众筹交易只能通过在 SEC 注册的中介公司（包括证券公司和众筹网站）运行的网络平台进行。SEC 规定，众筹平台等需要做好以下几项工作：（1）向投资者提供必要的教学材料；（2）制定相关措施防范欺诈风险；（3）披露发行者及证券发行的相关信息；（4）为众筹交易提供信息交流渠道；（5）协助完成证券的发行和交易等。

此外，SEC 出台的规定草案也明确禁止了众筹平台的以下几项行为：（1）向投资者提供咨询或投资建议；（2）持有或处理投资者的资金或股票；（3）在网站上对证券销售、购买进行促销或推介等。

下一步，美国证券交易委员会将在吸取各方反馈意见的基础上对监管草案进行修改完善，并出台正式规定。

二、英国

英国《金融服务与市场法》（2000）等现有法规已适用于股权类众

筹融资，2012 年 7 月，Seedrs 公司成为第一家由监管机构①批准的投资类众筹融资平台。如表 3 - 4 所示，Seedrs 公司被批准成为一家 CAD 豁免的投资公司，这一类型的公司不能从事常规投资业务，仅可以提供咨询服务或只接收和传递投资者的指令，类似于中介业务。可见，监管机构对投资类众筹融资平台的审批是根据现行的投资公司的相关规定进行的特例审批。

表 3 - 4　　　　　　　　　　Seedrs 公司 FCA 审批备案表

550317—Seedrs 公司	
审批公司类型	豁免 CAD 公司（可以接收和传递投资者指令）
客户类型	服务对象仅限于合格对手方、专业投资者和零售投资者（被认定的高净值投资者和自我认定的成熟投资者）
业务类型	发布投资方案、安排投资交易
投资工具	期货（不包括商品期货和即期外汇交易） 期权（不包括商品期权和以商品期货为标的物的期权） 权证、股票、公司债券、投资凭证、投资权益证、差价合约

经监管机构批准后，投资类众筹融资平台公司还将加入英国金融服务补偿计划（Financial Services Compensation Scheme，FSCS），旨在进一步维护网站上消费者的权益。根据《金融服务与市场法》，任何英国公司一旦被 FSA 批准在英国运营，均成为 FSCS 成员。FSCS 是对获批金融公司的客户进行赔偿的最后一个资金来源，相当于为参与投资的消费者提供一个保险机制。平台公司一旦出现停止交易和违约的状况，投资者和融资者可以通过 FSCS 申请获得补偿。

此外，从保护消费者的角度出发，监管机构对个人投资者参与的投

---

① 当时的监管机构为英国金融服务管理局，即 FSA。2013 年 4 月 1 日，英国金融服务管理局的职能被两个其他的监管机构所取代，它们分别是金融行为监管局（Financial Conduct Authority，FCA）和审慎监管局（Prudential Regulation Authority，PRA）。

资类众筹融资平台上的投资项目进行了限制。从表 3 - 4 中也可以看到，其零售投资者仅限于被认定的高净值投资者和自我认定的成熟投资者。FCA 于 2014 年 3 月发布的《FCA 关于网络众筹和推广不易变现证券的监管规则》指出，新发布的法规希望可以将众筹平台面向更宽广但是经过更为严格挑选的消费者，主要包括专业投资者和符合条件的个人投资者（如经认可的专业人士、高净值人士、承诺投资不超过个人可投资资产的 10% 等）。

FCA 对众筹平台向客户推广网站上的投资项目（不易变现类证券）设置了较为严格的限制，例如平台公司不得向客户提供任何投资意见。其初衷是减少投资者在投资这类产品时所面临的流动性风险等，因为这类金融产品通常较难定价且流动性很差。

三、日本

日本金融服务局也在持续关注美国和英国的众筹行业监管情况。2014 年上半年，日本内阁通过了日本版的 JOBS 法案，以解除对股权类众筹的监管限制。新修订的法规实施后，日本企业可以通过众筹方式向公众在线募集不超过 100 万美元的资金。此外，日本对众筹平台的牌照管理、信息披露责任、投资者教育等方面的相关规定也都与美国较为类似。

第四节　第三方金融服务

一、美国

美国对互联网第三方金融服务的监管遵循了与互联网支付、互联网融资一致的监管思路，即按照金融产品及服务的性质决定适用的法律和监管机构。下文主要以 PayPal 货币市场基金为例，检视美国互联网公司在从事第三方金融服务时需要遵守的监管要求。

PayPal 于 1999 年设立货币市场基金，为客户账户上的闲置资金赚取额外投资收益。PayPal 首先成立了一家名为 PayPal Asset Management 的独立咨询公司，该公司与拥有证券牌照的 Fund Distributor 公司合作，由该公司负责相关基金的销售。其次，PayPal 的基金资产则投资于一家名为 Money Market Master Portfolio 的投资公司，并选择巴克莱全球基金咨询公司（BGFA）作为投资顾问对基金进行管理，即双层联接基金模式。

PayPal 公司之所以选择如此复杂的经营模式，主要是为了规避美国繁复的准入审批程序。例如，在美国从事基金销售业务首先需要向 SEC 申请取得券商执照，按要求提交定期报告和履行信息披露等责任。其次，基金销售公司还需要向美国各州的监管机构申请取得在当地的基金销售许可，并受各州监管当局管理。最后，PayPal 还得至少成为一个行业自律协会的会员，并接受同业监管。

此外，美国的货币市场基金还受到投资标的限制以及流动性要求、客户资金保护等多个方面的监管，PayPal 货币市场基金也应遵守如下规定。

一是关于投资方面的要求。货币市场基金一般只能投资"高质量"的证券标的，主要指按照评级组织或评级机构排名，短期信用评级最高两级的证券。如果基金的管理层认为某些未被评级的证券质量也符合条件，可以报请公司理事会同意并在履行相关程序后购买这类证券。

二是关于流动性的要求。货币市场基金的投资组合必须维持不超过90 天的加权平均到期期限，且基金不得投资任何到期期限超过 397 天

147

（约 13 个月）的长期证券，以保障基金在应对投资者赎回时可以保持充分的流动性。基金赎回方面，根据美国证券交易委员会的规定，以下几种情况下基金的赎回将受一定限制：（1）SEC 限制在纽约证券交易所进行的交易，或纽约证券交易所未营业（周末及节假日）；（2）SEC 命令延迟赎回；（3）经 SEC 确认的紧急情况，使得投资组合证券的出售或基金净资产估价无法进行；（4）基金组合投资的股票在市场中的交易受到 SEC 的限制。

三是客户资金保护方面。虽然客户在 PayPal 账户上的资金可以通过美国联邦存款保险公司的存款延伸保险机制获得保险覆盖，但客户对 PayPal 货币市场基金的投资不受联邦存款保险公司或任何其他政府机构的承保或保证，客户个人承担资金投资产生损失的风险。

PayPal 货币市场基金成立之初的年收益率可以达到 5% 左右，至 2007 年已有 10 亿美元的规模，但是国际金融危机后，美联储采取了长期的货币宽松政策，利率不断下降，PayPal 货币市场基金的收益优势逐步丧失并不得不在 2011 年进行清盘。

这期间，美国证券交易委员会于 2010 年在《多德—弗兰克法案》中增补了相关规定，要求包括 PayPal 货币市场基金在内的货币市场基金提高信用质量，缩短到期期限，强化透明度，增加投资组合的流动性。具体措施包括：（1）提高了基金持有证券的信用质量要求；（2）将基金投资标的最大加权平均到期期限从 90 天缩短到 60 天；（3）要求更频繁地披露投资组合，包括基金持仓的月度报告和逐日盯市报告；（4）对基金持有的流动资产明确了具体规定，包括 10% 的资产应投资于国债、20% 的资产应投资于一周内到期的证券；（5）基金董事会应确保基金公平而有序地赎回，如发生挤兑事件，基金可以停止赎回。

（一）美国对于其他互联网第三方服务公司的监管

按照美国 1940 年《投资顾问法》及相关规定，SEC 将资产管理、证券投资咨询、理财规划服务作为投资顾问业务进行监管，并发放相关牌照。投资顾问牌照基本涵盖了通常意义上的资产管理和理财服务。按照《投资顾问法》，美国证券监管部门对投资顾问实施注册管理，监管主体分布在联邦监管和各州监管两个层面。管理资产在一定规模以上或者注册投资业务的投资顾问等，按要求应在 SEC 注册；而管理资产在一定规模以下或者业务仅局限于一个州内的区域性、小型投资顾问等，可以免于在 SEC 注册，由各州进行监管。[①] 综上所述，美国对于互联网理财公司的监管也是在现有法律框架下予以实施的。

（二）美国证券投资者保护公司

美国证券投资者保护公司（SIPC）是一个非营利性质的会员公司，所有根据《证券交易法》登记的经纪商、自营商都应该成为该公司的成员。当会员公司无法偿付到期债务时，SIPC 会根据相关法规监督其清算过程。应该说，SIPC 的创意参考了联邦存款保险公司的理念，但与之不同的是，SIPC 不能给予会员任何经济支持来帮助其重新恢复正常运作，只能给予其会员的部分合格客户在限额以内的经济赔偿。美国的一些互联网理财公司，如 Mint、Motif 等也都是 SIPC 的会员。

二、英国

英国的理财业务集中在商业银行的投资部门、投资银行和专业投资公司中。英国民事法律和监管法律将这些服务提供者统一视为受托人。按照《2000 年受托人法》第 28 条第 5 款对收取报酬的受托人的规定，

---

① 孟繁永：《美国证券投资顾问服务市场发展及借鉴》，载《证券市场导报》，2012（10）。

理财服务指的是"一般的或特定种类的受托管理有关的服务"。受托人必须承担对受益人即投资人的忠实义务和谨慎义务，同时还要按照金融监管机构的法令从事业务。2013 年成立的 FCA 将接手对理财业务的监管职责，并着手对相关监管规定进行修改和完善。

三、日本

日本规范理财业务的法律以《金融商品交易法》为主，并构建了以银行法、证券法、保险业法、信托业法为主的一整套法律体系，保护投资者利益，提高理财市场整体效率。监管机构方面，日本金融厅是理财公司的主要监管机构，其颁布的监管细则更为繁杂，而互联网理财公司也应遵守相应监管规定。

四、中国香港

香港对金融产品和服务的监管主要由该产品和服务的性质来确定，只要产品的设计和有关销售行为符合现有法律，其销售渠道就不受限制。例如，共同基金的设计和推出机构需要得到香港证监会的认可，面向零售投资者的产品需要经过比面向机构投资者的产品更多的程序，销售过程也需满足香港证监会及金融管理局的有关要求。再如对投资者的充分披露，只有确保对该零售投资者的风险承受能力评估与其准备投资的产品风险相匹配，才能面向零售消费者销售，只要满足了这些规定，该产品是通过互联网还是传统的银行窗口进行销售才不受限制。

本章小结

从各国对互联网金融的监管政策来看，目前国际上还没有统一的监管规则，也没有关于互联网金融的统一定义，其中较具代表性的是美国和欧洲两种监管模式。美国对互联网金融服务的监管主要根据金融产品及服务的性质，按照"功能监管"的思路选择现有的适用法律及监管机构。欧洲则有所不同，其中英国通过新成立的 FCA，将互联网金融机构（包括支付、投融资、第三方服务等）全部纳入其监管框架进行审慎监管。

互联网支付方面，互联网支付企业在美国没有被认定为银行类金融机构，政府部门也没有对这类机构进行专项立法，而将其视为从事货币转移业务的"货币服务机构"，沿用现有法律框架实施监管。互联网支付机构的监管主体包括了美国联邦和各州政府两个层面，其中准入及持续监管等主要职责集中在美国各州的监管机构。欧洲则在欧盟层面颁布了《电子货币指令》、《支付服务指令》等一系列法律法规，对互联网支付企业进行审慎监管，设立了关于资本金、业务范围等方面的一系列监管要求，欧盟各成员国则根据上述指令在国内予以立法落实。总体来看，虽然监管框架不尽相同，但是各国监管部门主要围绕消费者保护、客户资金安全以及反洗钱和金融反恐等几个方面强化对互联网支付机构的监管。

互联网间接融资方面，由于业务模式上的差异，美国和英国对 P2P 借贷的监管模式也存在较大区别，其他国家由于互联网借贷还只是刚刚起步，在监管上大多还处于探索阶段。由于美国 P2P 借贷行业的业务模式具有比较明显的证券化属性，SEC 成为 P2P 借贷平台的核心监管机构，联邦和各州的监管机构也都分担了一定的监管职责。美国对 P2P 借贷的监管重心主要集中在消费者保护和信息披露两个方面。P2P 借贷公司虽然具有创新的业务模式，但并未能豁免美国繁复的消费者保护以及和信贷交易相关的各类法律法规。2010 年颁布的《多德—弗兰克法案》则进一步强化了对消费者的保护，消费者金融保护局也将在 P2P 借贷行业监管方面发挥更大作用。此外，作为在 SEC 注册登记的证券发行公司，P2P 借贷公司必须履行非常严格的信息披露责任，向投资人全面、及时和准确地披露与证券交易决策相关的重要信息。

英国对 P2P 借贷行业的监管则主要集中在 FCA。FCA 于 2014 年 4 月 1 日正式对 P2P 借贷实施监管，并出台了相关监管规定。FCA 主要按照"审慎监管"的原则，对 P2P 借贷公司提出了一系列监管要求，包括最低资本要求、客户资金保护、信息披露、产品营销及危机处置安排等几个方面。为促进行业健康发展，避免严格的监管规定给行业发展带来过大压力，FCA 还给 P2P 机构设置了一定的过渡期安排。

互联网直接融资方面，股权众筹的发展即使在创新开放的美国也并非一帆风顺，主要源于最初监管机构对于这一融资模式的不认可——美国法律限制众筹融资以股权作为标的物。美国《1933 年证券法》规定，除非满足相关豁免条款，发行人发行或销售的证券必须取得 SEC 的券商牌照，否则就会被认定为非法行为。国际金融危机发生后，美国政府为解决中小企业融资困难的问题，对更为高效且成本较低的众筹融资模式的监管进行了放宽。2012 年 4 月，美国国会通过了《创业企业融资法案》（《JOBS 法案》），该法案为中小企业及创业型企业通过网络众筹募集资本提出了初步的监管架构，符合条件的众筹平台不必从 SEC 取得券商牌照即可发行或销售证券。2013 年 10 月，SEC 发布了关于落实《JOBS 法案》的具体监管草案，并向社会公众征求意见。

互联网第三方金融服务方面，美国对互联网第三方金融服务的监管遵循了与互联网支付、互联网融资一致的监管思路，即按照金融产品和服务的性质决定适用的法律及监管机构。按照美国《投资顾问法》及相关规则，SEC 将资产管理、证券投资咨询、理财规划服务作为投资顾问业务进行监管，投资顾问牌照基本涵盖了通常意义上的资产管理和理财服务。对于互联网理财公司的监管也主要在现有的监管框架下实施。英国对互联网理财等第三方金融服务也主要参照"一般的或特定种类的受托管理有关的服务"进行监管，重视互联网理财机构对受益人（投资人）的忠实义务和谨慎义务。FCA 也已于 2014 年 4 月接手对理财业务的监管职责，并着手对相关监管规定进行了修改和完善。

从国际经验来看，无论是金融业的互联网化或是互联网企业涉足金融，监管机构都将其无差别地纳入现有的监管体制中。各国做法的主要区别是：有的国家（如美国）仍沿用现有的监管框架实施监管。互联网金融机构的业务模式需要适应现有的法规要求，监管当局则根据需要对相应法律法规做进一步完善。有的国家（如英国、法国）则针对互联网金融这一新生业态量身制定新的监管规定，防范互联网创新所产生的金融风险。无论采取何种做法，国际上对互联网金融的监管都是以消费者保护、防范金融风险为工作核心，并通过金融产品的注册登记、信息披露制度以及一系列审慎监管措施得以实现的。

第四章
国内互联网金融发展实践

第一节　互联网支付与理财风起云涌

一、余额宝异军突起

不可否认，互联网金融在国内从地火慢热到火山喷发，偏偏是由一个仅是渠道创新，而并不具备产品本质革新的金融产品——余额宝引爆的。越来越多的人逐渐意识到，货币基金存在已久，去银行买和去支付宝买，并没有影响货币基金的本质，长期来看，年化收益率也并没有因为阿里巴巴使用其惯用的免费策略而有所不同。然而，正是由于余额宝所革新的传统金融产品的售卖方式，或更准确来讲，是因为支付宝积累的5亿客户的巨大传播力，余额宝一夜蹿红。如果是天弘基金自己搞个网站，接一家支付公司，余额宝还只会是个"养在深闺人未识"的俏丫头罢了。事实上，早在2007年，招商银行也曾经推出过类似活期账户和货币基金打通的账户，汇付天下及东方财富网等互联网金融企业也已在之前开卖货币基金类产品。只是因为阿里巴巴强大的公关能力和马云的金牌代言，才正式拉开了中国互联网金融元年的序幕！

基于互联网创新的一贯逻辑，成本、效率、手段的改变，使得金融服务的基本商业模式发生改变，进而使得传统金融服务的对象、客户体验、交易频次发生根本性变化。

营业网点不再是承载金融服务的唯一窗口。固定、僵化、昂贵、朝九晚五的闹市区营业网点不再是年轻人的首选，移动、便捷、便宜、随时随地的手机屏幕成为金融服务的入口。购买余额宝或各类理财产品，指尖轻点即可完成；100元就可以理财，没有高额门槛限制；无须烦琐签约，网络电子交易合约自动生成；由于便利，每天登录网站查询自己的余额宝账户，了解当日利息收入，已经成为一些年轻白领打发时间、获得乐趣的消遣手段，"T＋0"的取现模式鼓励大家频繁地交易和消费，大大提高了账户活跃度。

"醉翁之意不在酒"，无论是天弘基金还是阿里巴巴，在余额宝自身产品上获利非常有限，但对于阿里巴巴来说，支付宝账户的活跃，带来了淘宝上商户交易的活跃，巨大流量的变现对阿里巴巴来说驾轻就熟，余额宝的最高收益率曾经超过年化7％。阿里巴巴可以不在余额宝上直接挣钱，但它所拥有的客户流量变现手段是银行等传统金融机构很难具备的。

虽然阿里巴巴广为人知的互联网金融产品是余额宝，但阿里巴巴在互联网金融领域的布局和发端却是比支付宝更早推出的2002年产品——诚信通。也许马云自己也未曾意识到，当年为了促进电子商务的业务发展逐步形成的淘宝网站的会员机制、网络交易信用记录的档案式管理与第三方评价认证体系，三者合力构成了今日阿里巴巴金融的坚实基础！

有了5年的数据积累之后，2007年阿里巴巴携手建设银行共同推出面向网商的贷款产品——"速贷通"及之后的"e贷通"。而后又和工商银行合作推出类似贷款产品。然而，短短 3 年之后，类似合作全面停止。双方关于小微企业放贷的理念差距过大，平静"分手"。阿里巴巴更看中几万元的小微市场，银行则还是把眼光放在更大金额的放贷业务上。

网上支付及快捷支付的普及，使得小额批量支付成为第三方支付公司"弯道超车"的利器。互联网网关支付及铺设线下 POS 是费时费力的工作，大银行本就不情愿干，乐得让第三方支付公司去干，谁知几年间培养出了支付宝那么个巨无霸，对接了 100 多家主流银行。依托支付的便利，余额宝提供了灵活有效的小额理财服务并不断完善，充分理解草根客户需求，在客户体验上遥遥领先于银行。

200 多家已获牌照的支付公司构成了银行体系外资金流通的"毛细血管"，支付作为互联网金融入口的优势逐渐显现。一系列互联网金融企业依托支付公司杀入银行的阵地，导致主流银行机构开始重视支付功能的再次开发，并开始发力与互联网公司重新抢夺支付入口。支付宝领衔的多家支付公司在银行的"围追堵截"之下，开始着力移动入口，力求在移动金融服务之中再拔头筹。

二、互联网各巨头紧随其后

扑面而来的互联网金融浪潮在一轮媒体喧嚣之后，几乎将所有互联网金融巨头拖下了水。各大互联网机构甚至于传统金融集团或垂涎已久，早已布局，或被迫应战。百度推出"百发"，腾讯砸出"红包"，京东打了"白条"，一时之间好不热闹！

百度基于其搜索的垄断地位，推出金融搜索似乎水到渠成。2013 年

7月，"百付宝"（后改名"百度钱包"）获得第三方支付牌照。9月，百度在上海嘉定区设立小额贷款公司。10月，百度"百发"上线，然而保本8%的收益很快被叫停，快速地"潇洒走一回"。百度在搜索上的强势地位使得它在互联网金融方面的布局稍显迟缓，直到2014年4月，百度才拿到基金销售支付牌照。有了基金销售支付牌照，"百度钱包"功能才赶上了微信支付和支付宝，百度理财也在今日升级为百度金融，开始在投融资、理财领域布局。

移动金融端最大的赢家腾讯，凭借微信一统手机屏幕，霸占了移动手持设备的入口。2014年以来，微信抢红包、补贴嘀嘀打车、入股大众点评、将电商业务与京东合并。曾经的余额宝的真正"鼻祖"汇添富基金转身投入腾讯"财付通"，力争规模赶超余额宝。这一系列"组合拳"使得腾讯在移动端及O2O市场上的份额扶摇直上，直接威胁到阿里巴巴与支付宝在未来移动端的生存空间。

京东显得更有章法。悄悄搭起的金融集团，开发人员和数据分析人员七八百人，手握现金100多亿元，凭借优质的供应商资源，做起供应链金融得心应手。京东"白条"的问世，更是打开了无卡信用消费的大门，为忠诚的电子商务消费者又增加了一个留在京东的理由，平均客户单价也超越了阿里巴巴。

第二节　互联网信贷——P2P方兴未艾

除去余额宝之类的渠道创新之外，P2P网贷、众筹、比特币三种商业模式才被认为是真正基于互联网技术与特征衍生出来的互联网金融模式。

一、P2P 的前世今生

P2P 诞生之初与金融没有任何直接关系，也并非目前市场所误读的"人对人"，其发明之始具备更多的是其技术含义。

P2P（Peer to Peer）技术曾经解决了互联网发展早期的带宽不足问题。互联网在发展初期吸引网民的是资料分享和免费。复制接近零成本带来的最大后果是海量的信息交换。延续现实生活中心化的分享思路，互联网上的大型服务器一度是资料储存及供网民下载的唯一来源。一些网站服务器上的热门软件或文件，接受来自四面八方的下载请求，并集中在一点上要求服务器系统响应。中央服务器下载模式导致"千军万马走独木桥"，极易引发网络拥堵。当网民爆发式增长、下载需求激增之时，依靠有限带宽及 ISDN 等较低下载速率设备的下载行为需要漫长的等待时间，其间掉线成为常态，即便运用断点续传技术，一个文件也需要尝试多次下载，效率极低。

互联网技术人员为了解决带宽有限前提下海量集中下载的拥堵问题，设法利用互联网扁平高效的天然优势，研发出了 P2P 软件，其代表软件是"电驴"。P2P 技术将互联网上每一台个人电脑都同时视为一台服务器，任何一台连通互联网的个人电脑一旦下载了某个文件，就会在互联网上多出一个提供该文件下载的"服务器"，大型服务器的集中下载压力被大大缓解。这类技术客观上削弱了中央大型服务器的垄断优势，分流了大型网站的访问流量。不经意间，也使得每一台处于互联网上的个人电脑提升了地位，变原本单向的中心化信息流动方式为主动双向交流方式，每一台电脑在下载信息的同时还能提供信息下载，充分利用有限的带宽实现了信息的网状平衡流动分布，在带宽有限的前提下大大提高了下载成功率。分布在个人电脑中的可供下载的某个文件也有了个很形象的名字——"种子"。

这颗 P2P "种子"在诞生之初并没有想到自己在未来的互联网商业模式，尤其是互联网金融模式中承担了何其重要的角色。

P2P 借贷很好地承继了 P2P 技术的思想，将每个人口袋里的每一元钱当成了一颗种子，利用互联网上的数据流动，使得闲置资金流向更需要的人，提供自身闲置资金的出资方则获得了应有的回报，这种回报远远高于资金在银行中可怜的存款利息。正如 P2P 技术解决了文件下载效率的问题，P2P 借贷模式可以解决传统金融机构对于小微金额借贷的放贷效率问题。如同带宽的瓶颈一样，银行有限的人力和网点资源使其面对海量的小微金融需求一筹莫展。一笔 500 万元的贷款审查流程和要求与一笔 5 万元的贷款相差无几，小微贷款耗费的成本比例远高于大额信贷。银行面对小微金融服务始终有一种"杀鸡用牛刀"的感觉。P2P 技术在借贷领域的运用恰恰改变了传统中心化中介型放贷模式，可以将小微借贷服务的成本压力通过互联网进行有效分散。这种分散体现在两个方面。

（一）风险控制成本的分散

银行等金融机构拥有强大而专业的风险控制体系，传统的"望闻问切"是主要风险控制方式。"望"，看报表，看实际控制人；"闻"，了解上下游客户；"问"，尽职调查商业模式等业务流程；"切"，核实资料真实性，查询征信情况。这些靠的主要还是人力，依赖经验进行风险评估和风险控制。

互联网借贷最成功的公司美国 Lending Club 则建立了一整套基于美

国三大征信机构信用数据的在线风险控制模式，基本依托互联网实时获取征信数据、客户互联网行为习惯及行为痕迹数据（包括客户登录后由系统本身记录下的一些维度数据），进行在线的风险评级及自动筛选，将风险控制工作的相当一部分由计算机及网络完成，降低了审批时间和审批成本。将原来主要靠人力完成的风险控制工作分配给计算机系统实施，计算机无法完成的才由人力去承担。随着业务量飞速增长，风险控制的自动化、标准化优势将更为明显。

（二）风险成市的分担

P2P 平台使得陌生人之间的借贷成为可能。这种可能的实现首先是基于贯彻了"小额分散投资"的理念。在点融网、拍拍贷等 P2P 网站上，50 元、100 元是起投最低门槛。这意味着一个小额投资人 10000 元的投资可以轻松分散到 100 笔不同的借款中去。假设 P2P 平台借款人的坏账率为 5%，平均贷款收益率为 15%～18%，出资人仍然可以轻松获得 12% 以上的年化收益。换言之，某个具体借款人的违约导致的坏账风险是由众多投资者共同分担的。传统意义上的民间借贷，通常为一对一借贷或有限的一对多，单一借款人一旦违约，出资人将面临血本无归的处境。目前而言，包括银行在内，再严谨的风险控制手段也无法避免坏账发生，而计算机及互联网的技术发展，使得小额分散的投资成为可能。离开互联网，一个小额投资人即便懂得分散投资的道理，碍于时间和成本的考量，也无法做到同时管理成百上千的 100 元小额债权，既不经济，又不可能。P2P 平台利用 IT 技术则可以轻松做到这一点。这也同样体现出互联网金融将原来时空转换的金融资源配置成本进行了大幅度的降低，同时还使得风险成本的承担机制发生了根本性变化。

当然，银行的存贷机制理论上也能做到这一点，但银行长期以来对小微信用贷款的漠视、对小额投资理财需求的忽视，使得中国市场上的这类需求远远没有被满足，给P2P借贷模式留下了巨大的空间。

由于互联网碎片化的特性，原来80%的低资产净值的客户可以有机会获得超过12%的年化收益，而这么高的收益之前只是银行高端理财客户的专利。

从本质上看，众筹、比特币都是将P2P技术和思路应用到实物众筹、股权众筹、点对点货币发行机制上，实现了在金融领域的一系列创新。

二、P2P真假之辨

P2P自2007年在中国落地以来，初期一直声名不显，但投融资强大的需求、较低的入门门槛、互联网集资的隐蔽性和分散性都让不法投机者钻了空子。监管层对于新兴网络金融模式需要时间观察了解，留下的监管真空期使得平台"跑路潮"在2013年下半年达到一个高峰。对照美国，由于美国证监会在2008年就对互联网信贷行业强势介入监管，美国完善的法律体系对金融消费者的强力保护，使得互联网信贷行业在美国的发展波澜不惊、从容不迫，也没有所谓真假之辨。

在互联网行业及整个金融行业在2013年对互联网金融的热烈追捧之下，真假P2P的特征也随之呈现，并为大家所知晓，但对于广大金融消费者而言，仍然缺乏足够分辨能力识别P2P的平台风险。关于风险分析，本章第四节将集中阐述。本节将对几类P2P的特征予以说明。

虽然P2P模式本身并不复杂，但南橘北枳的现象在P2P行业同样存在。在国外相对简单的P2P业态，在中国呈现出多种多样的变种。从目前中国市场上具有代表性的P2P公司表现来看，大致可以有如下六种形态：（1）资金归集后放贷或个人放贷后债权转让，其实质是无证银行；

（2）信息撮合模式；（3）线上和线下结合模式，募资在线上，借款端在线下；（4）以加盟为主的模式；（5）外包风控模式；（6）混合模式。

由于专业知识的限制，以及以往传统金融机构的服务未能覆盖到小微客户，普通金融消费者对金融产品的成本、风险和收益往往了解不多。互联网金融兴盛后，"屌丝级"客户也能享受到金融服务，但与提供服务的机构（第三方支付、P2P、众筹网站）相比，还是处于知识劣势，再加上一些机构往往有意无意地夸大收益，回避风险，利用金融消费者的信息劣势开展业务，金融消费者权益受损的现象屡见不鲜。

例如，由于 P2P 平台资金周转困难、倒闭或跑路，用户的资金无法体现或血本无归。这些都在提醒我们，消费者有充分的知情权，互联网金融的消费者也不例外。在销售和宣传自身产品时，产品和运作原理、收益和潜在风险，必须通过网站、合同或电话向投资人充分解释清楚，不玩文字游戏，不夸大收益，切勿利用消费者的信息劣势开展业务。

三、P2P 公司经营模式比较

我们选择了五家典型平台：拍拍贷、人人贷、有利网、红岭创投和点融网对 P2P 公司的经营模式加以比较。样本中，拍拍贷是中国第一家 P2P 平台，同时也是纯线上无抵押模式的代表；人人贷是北京地区 P2P 的先行者，也是"风险准备金"模式的行业代表；有利网是"P2P 对接小贷公司"、"项目线下、资金线上"模式的代表；红岭创投是深圳 P2P 平台的佼佼者；点融网则借鉴了 Lending Club 的技术和风控评级模式，一出生便携带高贵的基因，是线上、小额分散模式的代表。

（一）资金对接模式

1. 拍拍贷。借款人发布借款列表，随后上传资料，拍拍贷初审通过后才会放入借出区域供投资人投标，投标后的资金会被锁定。满标标志着交易成功，资金由第三方账户支付平台划入借款人的银行账户。多位出借人对应一位借款人，投资期限即借款期限，无期限错配。

2. 有利网。借款客户由合作机构（小额贷款公司和担保公司）推荐，有利网进行二次审核，通过后再将借款标的包装成标准化的理财产品，在网站上向投资人出售。小贷公司或担保公司为项目提供100%的本息保障，逾期、坏账都由小贷公司或融资性担保机构全额赔付。也就是说，有利网仅负责资金募集，撮合的是线上（Online）的投资者和线下小贷公司或担保公司推荐并担保的借款人。某种意义上说，有利网是合作小贷公司或担保公司的线上销售渠道。

有利网为投资人提供"定存宝"服务，对项目进行自动投资并定时自动转让。投资人只要点击"加入"按钮，本金数额就将会被冻结。待到该期定存宝全额募集后，有利网即对投资金额进行投资，借款协议由有利网代借款人签署。定存宝有2～12个月多种期限，1000元起投。

借款人产生回款后，在该期定存宝的存续期内，有利网将自动把本金返还投资到新的项目中。至于收益返还，投资人可选择"返还"和"复投"两种模式。如选择返还，每月产生的利息收益将定期返还至投资人的有利网账户；如选择复投，每月产生的利息收益将投资到有利网上的其他项目。

该期定存宝到期后，部分投资人与借款人的债权关系事实上并未到期，有利网会将投资人所持未到期的债权代为进行债权转让，并代投资人签署相应的债权转让协议，投资人收回相应的本金和利息。

有一种特殊情况，即该期定存宝到期3个月后，有利网未能找到未到期债权的下家，即未将投资人购买的定存宝中所持有的全部债权转让，那么投资人将收回已经转让的债权的金额，有利网返还所有管理费用。至于未转让的债权，将自动转为有利网的另一个投资理财项目——"月息通"，投资人将每月获得相应的本金和利息，直到该"月息通"项目全部完成还款。

有利网的收费包括管理费用和提前赎回费用。其中，管理费用的收费标准是投资人购买的定存宝所持有的小额借贷的利息中超过定存宝预期年化收益以外的部分。也就是说，定存宝给投资人的年化收益是固定的，而借款端利率超过定存宝固定利率的部分，全部作为有利网的管理费用。如果投资人申请提前赎回，有利网将收取赎回本金的2%作为提前赎回费用。

3. 人人贷。"信用认证标"、"实地认证标"和"机构担保标"的运作模式与拍拍贷类似。

人人贷在业界最先推出了优选理财计划。投资人选择加入优选理财计划后，系统在投资人的账户内冻结预定加入该计划金额1%的定金。只要投资人在最后期限前充值并支付剩余金额，即视为加入该计划。一旦加入计划，系统就会帮助投资人将加入计划的资金进行自动投标，这部分资金将优先于平台普通用户的资金。

计划会在每个月设定一个指定日期，对计划内投标所产生的收益进行提取。至于收益的分配方式，人人贷提供三个选项：收益再投资、即时提取至人人贷账户、每月定时提取至用户指定的银行卡。

计划到期后，投资人如果选择继续优选理财计划，那么系统将延续之前的操作。如果选择退出，其退出方式是债权转让。投资人只能选择全额退出，不能部分退出。一旦选择退出，该计划内的债权将会自动进行债权转让。退出时，投资人可选择将资金提取至人人贷主账户，也可以选择提取至银行卡。

如果投资人选择提取至人人贷主账户，系统将视债权转让情况，每天定时将优选理财计划账户中的可用资金（含债权转让所得资金及投资回款所得资金等）转至投资人主账户，直到全部的债权完成转让且计划账户中的资金转让完成。

如果投资人选择提取至银行卡，若计划持有的债权在 7 天内（含）全部转让完成，系统将发起一次提现操作；若 7 天内没有将全部债权转出，系统将每 7 天发起一次提现操作，直至该优选理财计划持有的债权全部转让完成。

人人贷平台上也有债权转让服务，投资人在持有债权满 90 天后，可将债权按照公允价值转让（逾期债权不得转让），但是退出优选理财计划的债权不受时间限制（90 天），也不收取单独的债权转让费用。

4. 红岭创投：平台名称中之所以有"创投"二字，是因为红岭创投走的是"债权 + 股权"的运营模式。企业的债务融资成本较高，股权融资成本较低但回报比较慢，两种方式能形成互补。2013 年 3 月 22 日，红岭创投股权投资基金管理有限公司正式成立，注册资本 2000 万元。此前，红岭创投也对一些在平台上借过款的优质项目进行过股权投资。

5. 点融网：注册用户提交贷款申请，递交资料。信贷专员完成审核，给定信用评级，贷款信息会自动发布到网上供投资人投标。在指定时间内筹足额度，则交易完成。一个借款人对应多个出借人，无期限错配。借款人通过网银在点融网充值，在划款日点融网会自动将资金划给投资人。点融网仅在投融资双方当中扮演居间服务的角色，收取服务费和账户管理费，全程不参与借贷活动。

点融网和拍拍贷的模型较为清晰，投资人能直接看到借款人的基本信息、审核记录以及其他投资人的投标记录，金额、期限等要素一目了然，没有期限错配的情况。到期后，借款人还本付息，投资人也收回全部本金和利息。出借人和借款人直接签订合同。在这种模式下，债务债权关系一目了然，不会发生流动性风险，也不存在"资金池"、"资金交易"的嫌疑。

（二）风险控制

互联网金融的本质仍是金融，金融的核心是金融风险管理，包括对金融风险的识别、度量和控制。相较货币基金，P2P 网络贷款业务的收益较高，但同时潜在风险也较高。风险控制水平是 P2P 平台的核心竞争力，也是投资人权益保护的基石。金融比的并不是谁跑得快，而是谁活得长、走得远。

1. 拍拍贷。作为"纯线上"模式的代表，拍拍贷的风险控制绝大部分在线上完成。根据创始人张俊的口述，拍拍贷自主开发了一套风险控制模型，目前单个用户的数据关注维度平均在 400 多个，有些用户的维度多达上千个。这当中，不仅包括传统银行业金融机构也关注的硬指标（如收入证明、征信报告等），还包括用户在互联网上留下的各种数据和行为轨迹（如新浪微博有多少粉丝、在注册页面停留多长时间）。分析模型建立后，再根据实际的放贷、还款以及逾期情况，去修改指标或权重，以优化风险控制模型。每周，拍拍贷都有新的风险控制模型上线。

经过审核和评估，拍拍贷会为每位投资人确定一个信用等级和信用分，作为投资人判断借款人违约概率的可视化依据。目前，拍拍贷的信用等级有 HR、E、D、C、B、A 6 档，由低到高，信用等级越高代表借款人的违约概率越低。

不过，拍拍贷的工作人员也会到个别借款人的工作地点或是经营场所去实地考察，经考察后发布的借款标的被称为"线下考察标"。

2. 有利网。合作的小贷公司会在线下对借款人进行实地考察。在小贷公司初审并推荐的基础上，有利网对借款人进行二次审核。借款人需要提供的资料包括银行流水、征信报告等15种必备材料。此外，需对借款人的背景和联系人进行调查。有利网方面会对借款人的还款能力进行压力测试。

根据其官网宣传，有利网会利用FICO信用评分①技术对借款人进行二次审核。媒体报道称，购买FICO风险评估系统，是有利网迄今最大的一笔投入，使其得以采用FICO的风险管理技术作为其风险管理架构的核心工具。在这套工具中，潜在借款人的4大类14大项特征变量将用于分析借款人的还款能力及意愿。

3. 人人贷：客户提出借款申请后，人人贷对客户的基本资料进行分析，通过网络、电话等进行调查，以避免客户欺诈。材料核实完毕后，会根据个人信用风险分析系统进行评估，由审核人员进行双重确认后最终决定批核结果。

在部分借款标的操作中，由人人贷负责线上审核材料，线下则由友众信业金融信息服务（上海）有限公司的工作人员对借款人的情况进行实地走访、审核调查以及提供贷中、贷后服务。这部分标的被称为"实地认证标"。

4. 红岭创投：采用"线上＋线下"的风险控制模式，初审通过后，红岭创投安排考察员进行线下考察，并请第三方评估借款人资信，根据

---

① 所谓FICO信用评分，是美国FairIsaac & Company公司开发出的一种个人信用评级法，根据各方搜集的数据，最终得出每个消费者的FICO信用分，打分范围是300~850分。FICO信用分在美国有非常广泛的运用，全世界2/3的信用卡发卡商及70%的征信局都采用FICO评分，作为衡量信贷风险的重要尺度。

其项目发展可行性及还款能力综合评审其借款额度。风险控制流程有五道，分别是项目材料初审（借款主体、借款用途、还款来源、抵押物）、前期背景调查（借款主体背景调查、当地法律纠纷网上公示调查、其他渠道）、实地财务核查（账务账目核实、银行流水核实、资金往来业务公司关联性调查、应收款与应付款主要客户调查）、实地项目考察（实地车间厂房考察、抵押物估价调查、项目上下游考察）以及工商司法调查（工商局股权质押信息调查、当地法院民事诉讼纠纷调档），而每一道流程又细分出多个小项。据媒体报道，红岭创投的风险控制部门主要分为 3 个小组，分别是项目考察组、资信审核组和贷后管理组。

5. 点融网。借鉴 Lending Club 的成功经验，根据借款人的信用记录和还款能力，点融网为每位借款人评定信用等级，作为投资人判定其违约概率的重要依据。目前，点融网的信用等级由高到低分为 A、B、C、D、E、F。每个借款等级对应相应的贷款利率区间。

用户申请个人贷款，需要提交 10 项资料；申请中小企业贷款，需要提交近 20 项资料；海外留学者在申请海外留学贷款时需要提交 11 项资料。当借款额度大于一定金额时，点融网会根据客户的资质要求提供抵押或担保。

除了线上的审核以外，点融网也兼顾线下的考察。2014 年，点融网计划在全国 20 多个城市设立分支机构，对所在地的借款人进行实地考察，预防借款人材料造假风险。

点融网、人人贷和红岭创投"线上 + 线下"的风险控制模式，是现阶段较为符合国情的做法。其中，点融网给定申请人信用等级和利率区间的做法，已被 Lending Club 证明是行之有效的办法。拍拍贷经过近 8 年的运作，已积累相当规模的数据，并有自主开发的风险控制模型，未来将成为其核心竞争力所在。

（三）保障机制

此处所提及的保障机制，类似于平日我们所称的"担保"，但我们在这里称"保障机制"，是因为一方面，融资性担保业务是需要政府发放牌照的；另一方面，各家平台的保障机制不尽相同，有引入第三方机构作为担保的，有采取"风险准备金"模式的，也有采取"有条件的本金保障"模式的，难以用"担保"二字一概而论。

1. 拍拍贷：拍拍贷对用户实行有条件的本金保障计划。投资列表满足每笔借款的成功借出金额小于5000元且小于列表借入金额的1/3时，当列表的坏账总金额大于收益总金额（发生坏账超过收益的情况）时，拍拍贷将在3个工作日内赔付差额。拍拍贷还推出了"审错就赔"计划，只要事后证明是拍拍贷在借款人的审核上有错误或失误，拍拍贷就将以自有资金对投资人的本金、已产生利息和罚息作出赔付。拍拍贷还允许第三方担保人和借款人私下协商，由担保人为投资者的本息提供连带担保责任，这样的标的被称为"个人担保标"。

2. 有利网：有利网的项目全部由合作机构（小贷公司或担保公司）提供100%本息担保。根据借款协议，借款人未按时、足额清偿任何一期借款本息超过30天时，在第31天，有利网将代表投资人向担保人发起担保清偿要求。有利网向合作的小贷公司收取一定比例的保证金，保证金收取的比例根据其对小贷公司进行尽职调查的结果而定。一旦小贷公司层面发生违约，有利网将启用保证金来对投资人进行偿付，但具体的保证金提取比例和垫付规则，并未在其官方网站进行披露。如果保证金也无法覆盖发生的风险，有利网会负责催收，投资人和借款人签订的合同仍然有效，有利网会同专门的律师团队以及遍及全国的催收机构促成借贷合同的完整执行。

3. 人人贷：人人贷采用"风险备用金"机制来实行本金保障计划。风险备用金的来源是人人贷所收取的服务费，人人贷从每笔成交借款中按照贷款产品类型及借款人的信用等级等信息计提风险备用金。当投资人的一笔借款逾期超过30天时，人人贷会通过风险备用金向理财人垫付此笔借款的剩余出借本金或本息。风险备用金已由招商银行上海分行进行资金托管，并会在官方网站上每月公布资金托管报告。当用户获得赔偿后，这笔逾期债权日后所偿还的本金、利息和罚息就归属于风险备用金账户了。不同借款标的的赔偿范围各有不同，但至少能保证赔偿未还本金，有的标的还能赔偿逾期当期利息和垫付等待期的利息。

此外，人人贷也有合作伙伴为相应的借款承担连带保证责任的借款标的，被称为"机构担保标"。

4. 红岭创投：红岭创投有自己的担保公司，与工商银行签约进行资金监管，一旦逾期发生，红岭创投对投资人的本息先行垫付。垫付的资金来自三个方面：一是从公司利润中抽出一部分，作为垫付备用金，发生坏账后能先行垫付；二是从投资人的利息中抽取10%的管理费，作为风险保障金，垫付金赔偿完毕后，将启用风险保障金；三是线上注册的用户还需缴纳一年180元的VIP年费，否则红岭创投只垫付本金的一半。2014年3月28日，红岭创投也启动了风险准备金计划，初始准备金为5000万元，计提标准为每笔借款标的按借款金额年化收益率1.2%计提（比如借款金额300万元，期限3年，计提金额为1.2万元）。

5. 点融网：与拍拍贷类似，点融网也实行"有条件的本金保障"模式。投资人在点融网分散投资30笔以上，且单笔投资不超过此借款标的的5%，也不能超过本人所有投资总资金的5%。只要满足上述条件，当借款逾期 90 天，且坏账金额大于所有项目累计净收益金额时，点融网会对差额部分进行全额自动赔付，保证投资者 100% 本金的覆盖。本金保障款项支付后，点融网接管此笔债权，负责坏账催收。垫付资金的来源是点融网专项拨款建立的风险备用金。

点融网和拍拍贷的"有条件的本金保障"机制与担保有本质区别，是以投资人小额、分散的投资为前提的。投资人只有按照网站科学、合理的建议操作，才有资格享受本金保障。盲目追求高收益、罔顾平台风险提示的投资者将承担一定的风险。从 Lending Club 的运营经验来看，分散投资能减少风险，是有数据支撑的。[①]

在分散投资的基础上，如果发生逾期，平台需要承担部分责任，这个逻辑也是成立的，因为平台的信用评分是投资人进行投资决策的重要参考。借款人逾期，说明平台的风险控制模型未能作出有效预判，因此平台有责任赔偿投资人的损失。平台能以此为契机，对风险控制模型作出调整和修复，避免再度发生。

总而言之，担保本质上只是转嫁了风险，并未分散风险。风险备付金的所有权和计提标准尚未明确。点融网和拍拍贷的"有条件的本金保障"机制一方面鼓励投资人分散投资，另一方面也能促使平台修补风险控制模型，对投资人和平台双方都是有益的。

四、P2P 行业风险分析

除了传统金融或银行借贷业务所面临的风险外，P2P 本身的特点决定了其还存在一些独特的风险。此外，中国目前暂时对 P2P 行业没有明

---

① Peter Renon 著，第一财经新金融研究中心译：《Lending Club 简史》，63 页，北京，中国经济出版社，2013。

确的监管细则，各家 P2P 公司所采用的不同作业模式也可能放大部分金融风险。

（一）道德风险

道德风险是一切金融机构所共同面临的难题。金融服务生存的土壤之一就是信息不对称，这也是一切中介类服务产生的前提。虽然互联网的诞生大大降低了信息不对称的程度，但短时间内毕竟无法完全消除信息不对称。金融服务的本质是利用信息不对称获取合法收益，而金融类犯罪中的绝大多数是利用信息不对称非法牟取个人利益。从股票二级市场的操纵案例，到银行内外勾结违背审批原则发放贷款等，都属于此列。

P2P 行业大量违规"跑路"的平台，有相当一部分是恶意虚构借款人和借款用途，一旦吸引到大量投资人资金，立刻卷款潜逃。2013 年以来"跑路"的 P2P 平台近百家，其中以今鑫财富和天力贷为例，创始人分别从事卫生洁具生产和金属铸造行业，平台打造之初就是为了自融自用。这类网站打着 P2P 的幌子，以达到非法集资的目的。该类行为根据现有的法律法规，就有足够的依据进行严厉打击。

由于对 P2P 行业监管的暂时缺位，有关资金监管的相关细则还不明确，很多 P2P 公司也许初期并非为了骗取资金，但当越来越多的资金轻松进入银行账户，资金的划转又不受过多限制的时候，也会诱发不当行为的产生。

（二）资金安全风险

资金安全在互联网金融创新过程中尤为重要。以第三方支付为例，最终备付金账户、资金划转等仍然依托银行等软硬件设施完成，而目前绝大多数 P2P 公司将资金划转和资金日常管理托付给第三方支付公司完成，有些第三方支付公司甚至为 P2P 行业专门开发了账户系统以满足

P2P 行业需求。

（三）法律监管风险

早在 2011 年，银监会就发布通知，要求银行与 P2P 行业间建立防火墙，而金融领域的非法集资罪名也是始终悬在 P2P 行业头上的"达摩克利斯之剑"。非法集资的四大特征，似乎 P2P 基本符合。P2P 是否会被认定为非法集资，目前尚没有司法判例。决定 P2P 命运的最终判定，更取决于平台是否能够持续满足投资人的本息获取需求、是否发生资金链断裂的后果及是否引发社会不安定因素的产生。监管部门对于 P2P 模式的监管细则的出台对于行业发展方向的指导举足轻重。

（四）流动性风险

前文已经介绍了信贷中介由于期限错配和流动性转换所带来的流动性风险。传统金融机构面临的流动性风险在 P2P 行业中同样存在。

（五）市场风险

不少 P2P 平台，其创业者多数是 80 后，很多没有金融背景，商业经验也不够，但同样把互联网金融的各类模式做得红红火火。但回归金融的本质——风险层面来看，目前互联网金融对于速度和规模的追求似乎远远超过了对风险的关注。在未来的监管要求中必须明确专业从业人士的背景要求，并设定准入门槛。

（六）隐私保护风险

美国的司法实践对个人消费者（包括个人投资者和个人借款者）的隐私保护非常严格。P2P 平台不得向借款方的家人披露借款情况和信息；在非工作时间不得骚扰借款方，哪怕是进行正常的欠款追讨。国内的隐私保护条例相对笼统和缺乏可操作性。随着国内征信管理办法的颁布和未来牌照的发布，个人隐私的保护会逐渐成为主要矛盾。

（七）平台技术风险

2014 年初爆发的针对人人贷、拍拍贷及好贷网的黑客连续攻击事件引起业界的持续关注，更多的平台受攻击的事件则尚未见诸报端。

根据《每日经济新闻》的报道，2014 年 5 月，国内互联网安全问题反馈平台乌云曝出晓风 P2P 平台系统存在严重安全漏洞。在漏洞说明中，乌云称"该 P2P 网贷系统任意上传漏洞，涉及金钱交易数千万"。根据乌云提供的信息，该漏洞属高危害级别，目前"已交由第三方厂商（CNCERT 国家互联网应急中心）处理"，此外还有 7 家 P2P 平台使用同一系统。

（八）运营风险

一些 P2P 公司由于市场竞争和专业能力的问题导致运营困难是市场机制下的正常现象。引入第三方破产隔离制度是有效防范的措施，并且政府引导下第三方机构的介入更为有效。

规范运营的 P2P 公司以缴纳会员费的方式向第三方机构支付风险运营资金，一旦 P2P 平台发生持续运营困难，由该第三方机构接手运营，以维护平台基本运营直至平台债权完成。这样可以有效保护金融消费者权益，对于稳定预期和提升行业信心将发挥重大作用。

P2P 携带深刻的互联网基因，其公平、透明、自主、高效的特点又赋予 P2P "普惠金融"的性质。血统纯正的 P2P 公司多数具备如下特征：完善的信息披露、强大的技术平台、成熟的风险控制团队和合规的产品设计，唯此方才有机会存活。

五、P2P 行业发展的良好规范

（一）完善的信息披露

相对于其他金融产品，P2P 借贷对于广大的金融投资者尤其是资金实力有限、抗风险能力相对较低的金融消费者而言，仍然属于相对高风险的投资产品。然而，高风险伴随的高收益，使得一批从股票市场上铩羽而归的投资人稍作了解后便毅然投入，乐此不疲。有第三方数据表明，49%以上的P2P投资人曾经是股民。一些有经验的P2P投资人将P2P平台对于借款人信息披露的完整程度、可信程度和可选择的借款人丰富程度作为判断一家P2P平台是否具备投资价值的主要参考依据。"一家P2P平台上的借款人是否真实，是否属于P2P平台自融、自保、自用完全可以通过平台上披露的信息分析出来。"某位资深P2P投资人表示。

中国资本市场，尤其是股票市场发展乏力的重要原因之一，就是信息披露的不完整、不透明、不规范。如果在行业共同努力和监管层重拳出击之后，能够在P2P行业率先完成信息披露治理，充分做到透明、公开，P2P即可被委以重任，在金融改革的大势之中担任急先锋。

唯有信息披露的完善，才有可能在此基础上形成投资风险自负的惯例，让金融机构甚至于政府本身能逐渐摆脱"刚性兑付"的枷锁，让金融回归风险定价的本质，使金融行业免遭群体性事件的威胁，还金融的本来面目。由于P2P行业整体规模尚小，2013年行业整体规模不过1000亿元，P2P投资人投资的金额平均不过几万元，风险总体可控。从P2P入手培养普通小额金融投资者的风险意识是积极稳妥的办法，因为小额金融投资人占据了绝大多数，所以做好对这个人群的投资风险教育意义尤为重大。之前，这个人群通常没有太好的投资机会，都属于银行选择性忘记的客户群体。随着投资者风险教育的深入，风险意识延伸到其他金融投资领域也会水到渠成。

中国既不必也不宜照搬美国模式，用证券监管的方式来管理P2P行业。美国最大的P2P平台Lending Club受美国证券监管部门SEC监管，是基于美国证券法历史上形成的对份额化收益权凭证的一贯认定作出的决定。不过，参考美国对于 P2P 平台信息披露的要求，对于中国 P2P 行业的监管大有裨益。

当前出现风险和卷款跑路的 P2P 平台，都或多或少存在虚构借款人信息、平台杜撰借款用途、资金流向不明的情况。行业内普遍存在的拆标也是信息披露不透明的另一种表现。拆标主要是指一些平台募集金额较大的借款标的时，为了便于募集，将期限较长、金额较大的借款标的打碎拆成单位募资金额较小、时间较短的标的放在网上募集，以加快募集速度，提高投资人的投资积极性，因为期限短、金额小的投资标的通常更容易募集，受投资人追捧。2013 年 5 月 9 日，一个自称在非诚勿贷平台做过客服的陈小姐在论坛爆料平台拆标行为，立即遭到投资者挤兑，至 2013 年 5 月 20 日，投资人便无法从非诚勿贷平台提现。6 月，该平台即告倒闭。该案例提示，监管部门对于虚假借款信息的防范管理，可以预防此类拆标引起的流动性风险。如果每个投资人投资的债权是真实存在而且与实际用款期限相一致，不是短借长用的期限错配的话，类似挤兑事件就不太可能重演。

完善的信息披露，还包括统一标准的坏账率统计口径、实时的资金流向和平台安全风险提示等。

可以说，管好了信息披露，就管好了 P2P 行业。如果监管部门对于信息披露的细化要求能统一被执行，而且作为日常监管工作的重要内容的话，P2P 行业就能稳健发展。

（二）强大的技术平台

技术平台恰似一个人的骨骼。强大的技术平台的含义包含两个方面：IT 技术的完善性和 IT 开发的可持续性。

事实上，IT 技术一直是很多匆匆上马的 P2P 公司的短板，监管部门针对 P2P 公司信息科技风险管理的现状作出了专门的调查，也可能会将技术平台要求写入之后颁布的监管细则中去。

媒体在后续的调查中发现，与出现漏洞的平台使用同一系统的，还有多达 114 家网贷平台。

目前，引入美国 Lending Club 公司全套技术平台的点融网不惜重金从阿根廷聘用软件工程师，以弥补国内软件工程师的不足。为了保证采购模块的安全性，各家金融机构根据自己的需求都有一个安全标准，但验收难度大且成本很高，所以一般采用权威大公司成熟、稳定的产品，比如 IBM、Oracle，来保证产品的安全。

目前，P2P 平台采用的系统价位一般在百万元级别以内，定制的大概几十万元，淘宝上便宜一点的不过数万元。这样的投入对于高频小额多发业务的 P2P 系统来说也是远远不够的。

一个优秀的 P2P 平台一定能持续根据市场需求不断开发新的产品，而产品顺利上线离不开 IT 技术团队的持续开发能力。平台在新功能开发的同时，还能保持系统持续运营的有效性，这就对技术团队提出了更高的要求。

（三）成熟的风险控制团队

风险控制是金融的核心，其重要性无异于人体的大脑。银行业就是经营风险的。P2P 这个互联网与金融结合产生的结晶，毋庸置疑也继承了金融的本质——风险控制，甚至还有"不以风险控制为核心的金融创新就是要流氓"的戏谑说法。

然而，当前绝大多数的 P2P 公司缺乏强大的风险控制能力，坏账率奇高，但由于某些平台的品牌宣传不错，后续募资能力较强，其固定收益的支付方式使得投资人也不太在意资金的实际投向和真实坏账数据。类似平台内部暴露出的坏账数据有些超过了 10%，但基于年化 40% 以上的实际收益率，还可以覆盖较高的实际不良率。随着行业竞争激烈，对优质借款人的争夺不久会趋于白热化，利率市场化的浪潮也不可避免地会波及 P2P 行业。

未来 P2P 行业竞争的重心就在风险控制。漂亮的网站、体贴的服务、强大的营销都抵不过扎扎实实的风险控制。成熟的金融投资人最终会关注到 P2P 平台的风险控制能力和以往风险控制下的坏账率等关键指标。一个违约率超过 10% 的 P2P 平台在激烈竞争的行业内将很难生存。

目前，P2P 公司广泛采用的风险控制方式还基本沿用了银行的打分卡系统。一线的信审人员绝大多数还是来自于银行。这保证了 P2P 公司在发展前期对于风险控制的严格把握，便于树立品牌和声誉，但沿用银行的风险控制模式，还是会严重制约 P2P 公司的发展。虽然同样是做借贷业务，但是银行的资金成本和受信赖程度短时间内都不是 P2P 公司可以企及的。所以，P2P 公司在未来的发展中必须快速建立自身有效、成本可控的风险控制模式。不然，未来将很难获得优质客户。

在征信管理办法出台之后，用于信用评估的数据信息将海量涌现。美国 Lending Club 已经开始尝试运用 Facebook 上的社交媒体数据开展对借款人的信用评级业务。相信不久的将来，P2P 平台将不必介入信用信息采集的专业领域，而更多地投入到信用评级的能力建设中去。分工更细的后果就是效率的极大提升。小微金融服务最大的障碍——成本问题，将随着数据采集和分析能力的加强而不再是棘手的问题。

（四）合规的产品设计

有了漂亮的脸蛋、强壮的骨骼、睿智的头脑，最后配上健康的身体，一个迷人的金融产品就完整了。合规的产品设计无疑是成熟、安全的金融产品的外部保障，P2P 产品的合规性更是保证 P2P 产品持久生命力的基本立足点。

在 P2P 行业监管细则出台之前，P2P 行业监管中被提得最多的就是所谓"四个底线"问题：明确平台类中介的本质，平台不能提供担保，平台不得建立资金池，平台不能进行非法集资和非法吸纳公众存款。

行业内不规范的产品特征具体表现为：（1）资金募集池。一些 P2P 网络借贷平台通过将借款需求设计成理财产品出售给放贷人，或者利用先归集资金再寻找借款对象等方式，使放贷人资金进入平台账户，产生资金池。（2）虚构借款人。一些 P2P 经营者没有尽到借款人身份真实性的核查义务，未能及时发现甚至默许借款人以多个身份在 P2P 网站上发布大量虚假借款信息，向不特定的多数人募集资金，用于投资房地产、股票、债券等金融产品，有的直接将非法募集的资金通过高利贷赚取利差。（3）庞氏骗局。一些 P2P 平台自融、自保、自用，通过发布虚假的高利借款标的募集资金，用新增投资人的资金为原有投资人的投资提供高收益，短期内募集大量资金，并通过借新还旧的庞氏骗局模式维系运营，有的用于自身生产经营，有的甚至卷款潜逃。大部分在后续资金难以为继之后"跑路"倒闭。

合规的产品设计可以避免违规嫌疑，即便在现有法律框架之中也能经得起推敲。首先，在保护隐私的前提之下，借款产品的描述必须真实，平台必须核实相关资料的真实性。真实的借款人信息必须完整地保存在 P2P 平台的数据库中，可以随时供监管部门提取数据，以便实时监管。其次，在借贷投资撮合之时，必须先有实际存在的借款需求和具体的借款方，然后引导投资人针对披露的借款人信息，作出是否投资出借的自我判断，而非用理财产品的募集方式，先期募集资金，替代投资人作出投资决策。最后，严谨的合同文本也是借贷法律关系有效成立的法律基础。我国合同法已经明确了电子合同的有效性，对于双方不见面签署的网上借贷合同的条款提出了更高的要求，必须做到条款完整清晰、便于执行。

六、生存土壤与金融普惠

P2P 的产生由天时、地利、人和三大因素共同促成。

（一）天时

中国金融高度管制的时间相当长，与互联网行业 20 年充分市场竞争的格局不同，金融服务的集中度和牌照壁垒使得整体融资成本居高不下，民间借贷的利率甚至有按天收取 1% 利息的极端案例。随着政府多年投资驱动的经济增长面临转型，各界对金融放开的呼声渐高，民营资本进入金融领域的窗口已经被打开。2013 年新一届政府积极鼓励民营资本进入金融领域，后续的《政府工作报告》也将互联网金融破天荒地写入重要一节。各地方政府纷纷成立互联网金融园区，北京的石景山区、海淀区，上海的黄浦区，南京、苏州等地方也都成立了互联网金融协会。

（二）地利

稍作研究就可以发现，中国小微金融的覆盖率严重不足。同样的金融服务在发达国家如美国已经非常普遍，但中国的 5800 万小微企业中，有超过 90% 从来没有在银行系统获得过贷款。以 P2P 为例，美国总体交易规模累计只有五六十亿美元，但在中国，仅 2013 年一年的 P2P 放贷额就已经超过千亿元人民币。众筹的发展潜力更为巨大，因为直接资本市场对小微企业的支持严重不足，众筹未来有望成为重要的直接融资手段。

（三）人和

P2P 的客户群分为两端：出资人和借款人。目前，多数中国人的主流投资方式还是银行存款。P2P 模式的出现，使得广大投资人，尤其是小额投资人获得了非常灵活而且高收益的投资渠道。随着 P2P 模式的推广，投资人逐渐了解并开始尝试参与，未来的 P2P 需求必将迎来井喷式增长，借款人对于 P2P 的欢迎程度更高。信用良好的借款人随着在 P2P 平台上的信用累积增长，未来的借款成本会逐步下降，甚至可以在一段时间的发展和市场竞争之后接近银行的借款利率，最后真正能缓解小微企业的融资难问题。

目前，主流的 P2P 平台都是以个人消费信贷用户为主的，小微企业的客户比例逐步上升。P2P 平台所服务客户特点，再度印证了其与生俱来的"普惠"性质。

P2P 的普惠也同样惠及投资人及借款人两个群体。普通投资人选择银行理财产品的时候受制于 5 万元的投资门槛，信托产品通常为 100 万元门槛，私募基金的门槛更多地设定为 500 万元甚至 1000 万元以上。普通的 P2P 平台投资最低额通常为 100 元或更低。

借款人受惠于 P2P 模式则更为明显。由于缺乏信用记录和足够资产，绝大多数的借款人在银行很难获得贷款批准。手续烦琐和审批率低是广大小微借款人银行贷款的基本观点。P2P 并没有解决传统金融机构小微贷款所面临的信审成本和信审效率障碍，但由于 P2P 将投资分散化和率先实现了利率市场化，完全可以实现风险定价。比如，一类借款客户群体整体违约率也许高达 8%，即使采取严格的风控手段，由于信息来源和质量的限制，很难再降低贷款发放后的不良率，对于该类群体收取 30% 甚至以上的利率是 P2P 平台广泛采取的手段。当然，为了规避银行贷款基准利率的4倍这个高利贷界定标准，利率的差价部分多数采取费用的方式收取。

七、P2P 发展的未来展望

欢快而令人振奋的互联网金融元年过去了，每个挥舞着"创新"旗帜的红宝书冲向传统金融的网络小将们有些气喘吁吁，暂时弯下腰歇息片刻；成天将互联网金融挂在嘴上、谈得口干舌燥的专家们也卷起袖子，喝口水润润喉咙；拼杀在一线、如雨后春笋般生长的诸多P2P公司、众筹网站、比特币印钞机集体缄默，或倒闭，或关停；拿到风投的公司韬光养晦，期待的眼神望向金融街，静默地等待落实户口，以期正名。

如同婴儿总会成长，"宝宝们"终将"断奶"。余额宝收益从云端跌落至5%以下，"T+0"的实施已经不堪重负；微信钱包、支付宝争夺打车软件支付入口的巨额贴现战役也逐渐进入尾声，划定了"停火三八线"；后起的互联网保险、互联网证券开始"你方唱罢我登场"，再次拉开帷幕。

P2P在中国的发展将会呈现与国外完全不同的生态图景。改革开放以来，总体表现出的金融高度压抑导致P2P在中国既承担了服务小微客户的历史使命，又要完成信息化及基于数据的现代化信用评估方式的伟大革新任务，可谓"一肩担尽古今愁"！

在时间上，通过2007年以来行业的自然生长，一批经过时间考验脱颖而出的P2P平台将会搭上资本的翅膀快速扩张，在未来的3年中，会出现3~5家行业领先的全国性P2P平台，它们会充分体现互联网高速、高效、高调的"三高"特征。在空间上，能先知先觉，能快速学习且及时运用互联网的方式思考、工作的各地民间借贷机构中会产生出区域性的 P2P 平台，通过发挥其熟悉当地的优势，蜕变成小而美的地方 P2P 平台，产品也会层出不穷。当然，前提是监管政策的明确和机构自身的规范运营。

随着监管政策的明确，在 P2P 行业白手起家的机会会迅速减少。大型机构，尤其是国有机构的虎视眈眈早在一年前就初见端倪。我所了解的一家大型国有公司不仅花费巨资请研究机构出具可行性方案，更是出资 4 亿元成立了从事 P2P 业务的公司，整装待发。另一个国有连锁的小额贷款公司也是招兵买马，为开展 P2P 业务成立了专门的事业部，条件成熟后随时可以成立独资公司。一旦政策出台或发放牌照，不仅国有公司会纷纷入场，上市公司或大型民营控股公司都会出手，届时并购与重组的案例也会屡见不鲜。

最精彩的一幕最后会出现在跃跃欲试的银行巨头中间。近几个月，点融网受到三四家银行邀请与中高层分享互联网金融经验。银行看待 P2P 的眼光将不再是不屑一顾，而是郑重其事地提高到银行未来几年的战略高度。且不说陆金所高举 P2P 的大旗好几年，招商银行低调试水 P2P 业务，目前热情高涨地申请民营银行牌照的那些机构都不会忽视 P2P 商业模式带来的巨大中间业务的机会。没有网点优势，或者说也没有网点负担的民营银行开展 P2P 业务没有心理负担。唯一可能阻碍这一趋势的就是监管部门的态度了。当利率市场化的进程已经无可逆转的时候，躺着挣钱的银行们将不得不坐起来、站起来，甚至跑起来去抢钱。即便它们身形巨大，转身迟缓，但健壮的体格将保证它们在未来的竞争格局中占据多数份额。

"俏也不争春，只把春来报。" P2P 自当做好小微金融的功课，甘心做传统金融的"绿叶"。待到山花烂漫时，方能在丛中笑。

第三节　众筹任重道远

一、众筹的价值

众筹（Crowdfunding）自诞生之初就有积少成多、聚沙成塔的意义，互联网小额碎片化的特质又助长它飞快成长。从商业模式来看，众筹与P2P一脉相承，有颇多共通之处。如果按照众筹的回报方式来划分，以实物或服务为回报方式的实物众筹、以股份为主要回报方式的股权众筹和以现金为回报方式的债权众筹是众筹最主要的三种形式，而其中债权众筹就是P2P。P2P平台与众筹平台的不同之处在于，P2P平台不仅负责发布项目信息，还深度介入贷前审核、贷中管理、贷后催收。在中国，众筹类融资相对于P2P而言，信息中介的身份更清晰，二者对于交易的介入程度有较大不同。

现代经济生活中，生产经营与消费是资金需求最大的两种类型，两类需求的目的性和回报方式都非常清楚，但在我们身边，还有许多有创意、有想法，希望为社会带来不一样体验的梦想家，他们并不完全是经济动物，而带有新奇的想法和将想法变为现实的强烈愿望，经济回报只是他们诉求的一部分。有了实物众筹模式之后，他们那些原先被束之高阁的想法就有机会靠陌生人的捐助而实现，为平淡无味的经济生活带来了一抹亮色。

股权众筹还起到了高效孵化器的作用。十年前，中国为了扶持小微企业和初创企业，曾经诞生过无数的高新科技孵化器园区。政府拿出办公场所，免费或低成本吸引初创企业加入，并成立专项扶持基金提供前期启动资金。虽然起到了一定的扶持作用，但申请流程仍然稍嫌烦琐，资金体量也有限。互联网众筹模式的兴起，使得创业资金源源不断，用之不竭。基于互联网标准进程的设置，使得原来孵化器模式的专家评审方式变为互联网网民共同参与的方式，大大增加了透明度，这会极大地调动广大投资者的参与积极性。

众筹融资不可否认属于高风险类投资，原来初创企业孵化器模式中的扶持基金实质上是拿了全体纳税人的钱支持高风险企业，一旦损失就无法挽回，而且政府成立的基金在所有权上属于国有，很多优秀的初创企业还会非常犹豫地接受国有资本的注入。一旦国有资本介入，公司的有些重大决策就需要得到国资委同意，如果未来国有资本不能及时退出，公司规模发展壮大之后，国有资本的退出手续会更烦琐，对公司成长造成困扰。相比而言，互联网众筹的资金基本都来自于个人，不会发生上述问题，也不会给创业者带来创业风险以外的压力。

二、众筹商业模式在中国的发展

我们耳熟能详的几家国外众筹网站有 KickStarter、Indiegogo 及 Crowdcube 等。中国的众筹网站虽然不如 P2P 商业模式那么火爆，但也在互联网金融热潮中尤为引人关注，其中，点名时间、天使汇和追梦网颇具代表性。

点名时间成立于 2011 年，是国内第一家众筹网站。进入其网站，映入眼帘的是琳琅满目的新奇硬件开发项目及炫目的图片。其提供募资的项目范围包括医疗健康、家居生活、出行定位、影音娱乐、科技外设及其他。查看各个项目的介绍，你会发现科技改变生活的力量。当你尝试投资之后，会产生参与其中的成就感，需要付出的只是区区几十元。科技类硬件本身体现的各类奇思妙想通过众筹网站不仅可以获得资金支持，更可以达到预热宣传的效果，为将来产品的热销做好准备。

影视娱乐类产品的众筹募资是国内众筹网站的主流产品，这也充分体现了众筹网站较强的社交化属性。相比其他产品，此类产品创意特征明显，投资门槛不高，网民参与踊跃，使得此类产品尤为受欢迎。

移动互联网时代，运用微信进行众筹的案例也屡有发生。"没有广告，没有软文，也没有自媒体账号推送。没有功能介绍，没有配置参数，只有 3 张设计图。10 条微信，近 100 个微信群讨论，3000 多人转发，11 小时预订售出 18698 只土曼 T－Watch 智能手表，订单金额 933.0302 万元。"这是 2013 年 9 月一家媒体对土曼智能手表朋友圈营销战绩的描述。一款未面市的手表完全通过微信达到充分宣传和销售，这不得不说是移动互联网时代的又一个奇迹。当然，几个月过去后，闪光灯下的土曼科技却因多次跳票、产品功能无法兑现承诺再次成为众矢之的，但这个社交媒体的众筹营销案例还是引起了人们的关注和效仿。

三、众筹的法律风险及监管

互联网金融的去中介化提高了融资效率，短时间内却未能完全解决安全问题，甚至有些风险在互联网上运行金融服务的时候更加放大了。由于互联网构建的虚拟世界中自然形成了一套信用机制，这套信用机制的建立依赖于搜索、内容、流量导入、口碑、社交属性，后续会形成小额交易及累积的更高额度的信用。陌生人之间的融资成为了可能，众筹平台在其中承担了相当大的责任。一个规范的、可持续运营的平台，必然在风险防范上殚精竭虑、力求完善。众筹平台需要防范的风险重点在于以下几个方面。

（一）信息披露与核实

由于募资方与投资方彼此陌生，所有信息传递依赖于众筹平台，而众筹平台的核心价值也恰恰在于核实信息的真实性与促进信息披露的完整性。对于投资方而言，平台发布的信息就是其做投资决策的主要依据。小额快速融资的特性使得投资方基本没有动力对平台发布的信息进行外部核实。信赖平台的专业性和客观性是小额融资成本得以降低、效率得以提升的基本前提。项目容许失败，投资可以损失，但所有信息及交易记录必须明明白白、透明清晰。投资风险自担的唯一要件就是信息披露的客观与尽可能的完整。失去了这一点，众筹模式也就失去了存在的价值。

众筹的信息披露难点在于披露深度与分寸的把握。与P2P面对的借款客户不同，众筹的募资方通常都是一些具备创新性和新颖性想法的人，但想法又通常不被专利法之类的知识产权法律所保护，因此，众多具备创意的募资人并不愿意将一些想法事无巨细地公布，但为了达到募资目的，又不得不将创意尽可能完整地展现。这之间的落差与矛盾需要募资者睿智地解决。

（二）风险提示与投资者教育

一切投资皆有风险，但风险承担能力的不同使得众筹网站的风险提示和教育责任变得不可或缺。

互联网的小额碎片化特性，使得互联网金融的商业模式的参与主力是净资产不高、风险承受能力较低的人群。普通的高净资产人群很少会有意愿参与超小额、回报不确定的投资，而参与众筹投资的主力人群由于资金实力的限制，抗风险能力较低。一旦不够谨慎，以赌徒心态大金额参与众筹的投资，期待一夜暴富，往往会酝酿、累积风险。现实是骨感的，所以投资者教育举足轻重。如同美英立法一样，合格投资人的相关规定，可以阻挡一批小额投资放款对象不计风险地进入众筹。

（三）道德风险

这里所提到的道德风险，既有可能在项目募资方中发生，也有可能在众筹平台中发生。为了方便初创企业募资，多数众筹项目的募资金额都偏小，小金额、低门槛的项目更容易吸引投资人。投资人通常无法了解项目的真实性和细节。项目发布人起始时就为了侵占众筹款项而杜撰项目信息的现象也屡有发生，在美国 KickStarter 网站上就曾经发生过复制其他项目信息进行欺诈的案例。很多项目信息未经核实就公布在网上，募资完成后的使用情况更是难以追踪。一旦项目虚假或发展不顺利最终导致投资人损失，平台一般也不承担责任。更有些众筹网站本身关注募资成功后的收费，对于项目潜在风险估计不足，没有能力尽职调查，又有可能故意隐瞒项目的问题而努力促成交易，导致投资人在投资行为中更放大了风险和损失，值得业界努力防范。与 P2P 平台相似，自融问题在众筹平台中也同样存在。网站运营方在网站上发布自身的融资需求，在很大程度上会加大信息不对称引发的风险，最终导致投资人产生损失。

（四）资金安全

在资金募集的整个流程中，资金划转、资金沉淀始终困扰着行业。通常在大中型规范 VC、PE 较大规模的融资过程中，银行资金托管已经成为惯例。然而，在众筹募资中，资金进入平台之后，资金的划转就基本属于平台自由支配了。即便是有第三方支付公司介入，由于第三方支付公司并不对交易真实性负责，多数平台也不会与第三方支付公司分享数据，所以第三方支付公司无法识别交易真伪，划转资金基本依赖平台指令。同时，资金沉淀期间的收益基本也没有约定归属，通常都被平台拿走。在缺乏真实项目的时候，平台先自行归集资金，随后投入自己选择的项目，这样容易使平台方陷入非法集资的陷阱，也容易诱发犯罪。

四、众筹的未来

中国的创业环境和氛围与美国相比还有很大差距，众筹的发展情况也赶不上 P2P 在中国的火爆程度，但创业者的平均年龄大幅度降低。我们可以看到 80 后、90 后的 CEO 和成功上市的创始人，看到 1983 年出生的陈欧已经敲响纳斯达克的钟声，这也令后来的创业者兴奋不已。当创业的人越来越多，不再成为另类之时，众筹的模式一定会成为"轻创业"的主要资金来源之一。

可以说，没有互联网，就没有 P2P 和众筹，因为互联网的发展逐步改善了信息不对称的有效路径。目前，不依赖高端人脉、广泛社会资源创业的新一代多半熟练掌握互联网沟通技能，发端于"小而美"的创业思路，立足于社交媒体的相对低成本营销模式，想到就做，一个人就开始着手干。开始时在家一台电脑一根网线，无须太多资本和人力。众筹模式募集资金的规模刚好满足了这类创业团队的需求，几万元、几十万元就已经可以让创业者作出不错的产品，然后具备找天使投资者或 VC 投资人的基础了。

大众分享网站、维基百科、知乎网站及其他各类开源平台使得知识的获取打破了垄断；IT 云技术的发展让个人可以搭建复杂的系统，使得上述创业行为变得更容易、更简便，打破了技术和资金的壁垒；一个想法依靠众筹完成启动资金募集，最终实现已经不是神话。

中国经济的转型依赖于从劳动密集型产业和资源密集型产业向技术

密集型产业和资金密集型产业的成功转型。纯粹的技术研发一直以来离市场太远。以往依赖大型科研机构、高校的研究机构实现技术产业化的道路较为坎坷，科研和市场的断层、技术与客户需求的鸿沟使得大量技术被束之高阁，失去了产业化的大好时机。

鼓励众筹模式的发展，逐渐会形成一批技术极客的初始积累。在众筹领域，一些年轻创业者开始累积财富，并醉心于更多的技术开发和不断产业化。在未来条件成熟的时候，政府资本如能大力推动，则更符合技术产业化的方向和趋势，更有利于产业转型。中国经济的未来，在于技术革新的底层活力，给技术革命的源头一点活水，整个创新的氛围和正向循环会自主建立起来。众筹的政策急需出台，并值得大力推广。

第四节　比特币风声鹤唳

从中本聪在 2008 年首次提出比特币思想以来，比特币在近 3 年迅速从技术圈走入大众生活。2010 年 5 月，一个英国人接受了一个美国程序员的 10000 比特币，并使用自己的信用卡替这个程序员买了两个比萨，开创了比特币交易的历史。随后，在 2013 年，塞浦路斯的金融危机使得比特币成为挽救老百姓现金资产的救命稻草，比特币价格 3 周时间飙升3 倍。随后，风险投资青睐比特币行业，大量投资扶持了 Coinbase、Bitpay、Coinsetter 多家公司。比特币事业在全球范围蓬勃兴起。

2013 年 10 月，中国悄然成为比特币交易的最大市场，BTCChina 的交易额占到全球份额的 34%，比第二名 Mt. Gox 高出近 11 个百分点。人民银行等五部委联合发布了《关于防范比特币风险的通知》（以下简称

《通知》），明确比特币"并不是真正意义的货币"，要求现阶段各金融机构和支付机构不得开展与比特币相关的业务。《通知》发出后，各大交易网站上的比特币价格瞬间跳水：Mt. Gox 价格从当日最高 1240 美元最低跌至 870 美元，BTCC（比特币中国）价格从当日最高 7050 元最低跌至 4521 元。不少投资者惶恐地抛出了手中的比特币，人民银行对于比特币风险的警示威力着实不容小觑。斩断支付公司转账购买比特币的通路之后，还发生过浙江商人提着现金去购买比特币的最后疯狂一幕。

自由、去中心化、不易监管、全球化属性注定了比特币充满革命性和争议性，又难以在中国生根。中国金融行业的严格监管、人民银行的绝对权威、监管的常态化、外汇兑换未完全开放等金融生态环境致使比特币处处碰壁，几乎无法生存。

实际上，在中国互联网行业早已出现的虚拟世界积分、消费积分（信用卡积分、商场会员卡积分、航空积分等）、游戏中的积分等，除了技术基础不同以外，其部分价值兑换功能是一致的。封闭社区内的、仅兑换实物而非兑换现金的特质，使得这类虚拟币游离在主流金融系统以外，没有威胁到货币发行和国家信用，得以持续存在。

中国的比特币网站如比特币中国、OKCoin 在中央银行一系列政策的打击下，其辉煌已经如昙花一现，不复疯狂。

本章小结

国内互联网金融的爆发既源于金融压抑过久的报复性增长，也基于金融普惠服务严重不足的巨大空白市场。余额宝最初只是为了规避缴纳巨量沉淀资金的准备金而设计的产品，却无心插柳地成了互联网金融的一个标志。

市场永远是对的。余额宝引发了用户理财意识的觉醒，在互联网上低成本地进行了一次全民金融普惠教育。于是，人人都知道了货币基金，哪怕不知道背后真实的金融定义也无妨。民众们开始拒绝原来微薄而可怜的活期存款利息，追求高出几个点的货币基金收益，即使由于本金有限，每天带来的只是几元钱的增量变化，但这种被赋予新的选择权利而带来的豁然开朗的感觉真的很好。

金融的普惠与民主仍言之尚早，但互联网让大家看到了渐行渐近的可能性。不按规矩出牌的互联网企业让传统金融机构陷入鲶鱼效应，带动了整个中国金融行业的互联网化革新。也许当前的"互联网思维"的口号已经陷入了一种集体喧嚣之中，导致传统行业的紧张过度，但金融领域 20 年前就已经开始的互联网化而今却透露出了更多变革的含义。多数传统金融机构的工具化思维限制了它们对互联网的深层次理解和运用，年龄、经历的局限使得传统金融机构居高位者很难彻底拥抱互联网。在一些场合，经常听到他们说，"微信支付我从来不用，那个风险多大啊！我女儿才会去用"。缺乏体验和下意识地排斥，使得金融机构与互联网的融合之路始终磕磕绊绊，雄心壮志下的一系列举措也往往是落地无声。

互联网属于年轻的一代，从出生就抱着 iPad、上学就拿着智能手机、十几岁就浑身穿戴式智能设备的一代才是互联网金融未来的主流客户。基于这一代成长的速度，中国式互联网金融的格局还有 10 年才可能全面形成，而且始终会演变发展，在曲折中前行。任何闭门造车的革新注定会被淘汰，只有了解这代新生客户的需求和设计符合他们口味的产品和服务，才能把握新的增长点。

传统金融机构的多年沉淀和积累，使得它们在风控范围内还将保持长期的优势，但在互联网企业瞄准的小额批量支付、小微和个人信用贷款产品、小额高频次实物类回报的众筹等细分市场，传统金融机构的优势并不明显，运用新技术的能力则明显落后。此消彼长，未来在新生代客户需求研究和服务能力上，传统金融机构唯有破除陈规，虚心学习，才有可能扬长避短，不被新技术和新时代所淘汰。

政府的作用在中国金融市场上还是举足轻重的。学习型、开放型的监管思路方有助于借科技发展之势，追赶发达国家。中国的诸多公司在互联网时代中的迅速崛起不是模式之胜，恰恰是政府适度放松监管的成果。同样，对互联网金融领域的适度管理，也将给中国互联网金融企业带来新的生存空间和巨大的发展机会。

第五章
国内互联网金融监管探索与实践

本章主要分析国内互联网金融发展实践过程中，监管部门对业态的基本态度演进、坚持的政策原则导向，以及针对不同互联网金融业态分类实施的监管体系建设。由于互联网金融的具体形式发展程度不同，社会影响面不同，金融风险的系统关联度不同，监管体系的干预力度、进展步伐和约束方式也存在差异。本章对国内形成的互联网金融监管制度、监管态度和监管措施进行了系统梳理和分析，力图展现国内互联网金融监管与实践的概况、建设进程和互动关系。

互联网金融是依托互联网技术和互联网展业规则而兴起的金融服务业态。从国内的互联网行业实践观察，互联网金融的萌发和成长历程也同样脱胎于我国互联网行业的发展特性。目前，相较于其他行业，我国互联网行业处于宽松管制、市场为主的管理局面，因而创新活跃，充满活力，与国际先进水平相比，在技术、模式、市场化的效率方面多有接近，甚至处于持平或领先水平。这与大体自由准入、自由发展、自由退出的政策环境密不可分。我国互联网行业在技术层面主要由工业和信息化部门管理，在电子商务方面主要由商务部门指导，在传播和内容方面由意识形态部门主管，在经营行为和税收方面则由工商和税务部门牵头进行探索。从总体上看，各个主管部门在互联网领域的政策约束设计仍然比较谨慎，没有严格沿用传统模式中的政策准入模式，没有人海战术式的监管和检查，而是鼓励市场自律和企业自我约束。在这一政策模式下，我国互联网行业呈现快速发展、激烈竞争、高速淘汰的特点，也形成了一批有竞争力、有知名度、有国际影响力的市场主体。

我国互联网发展及管理呈现出的"宽松管制、审慎干预"演进特点基于以下主要原因。

第一，我国传统的管制体系在政府主导体制下呈现出较强的管制性和现实约束性。条文体系往往具有鲜明的时代特征，特别是互联网技术普及化、社会化后，许多法律规定和行政权力仍然停留在对物理环境下行为的管制和约束。而互联网的高速发展特征和自由扩展性，既没有像传统行业拘泥于行政管制体系的限制，也没有留给行政管制体制充足的跟进时间即高速发展。

第二，由于互联网体系的全球性和国际化特征，政府行政体系表现出了对介入的高度审慎性。在既有管理体制并不完全适用于互联网社会运行特点的情况下，行政体系对互联网体系的发展更多地表现出观察、了解和包容的态度。

第三，互联网的开放性、虚拟性和广泛性也决定了行政管理不可能简单沿用物理环境下的工具和手段，否则有可能产生无法承担的管理成本，这要求行政体系在许多互联网领域摸索、研究、构建新的、适合互联网的管理方式，这必然需要一个过程。

从金融领域观察，互联网企业介入金融领域是我国经济社会互联网化的必然结果。传统金融企业因袭历史资源、物理机构、管理体制和核心客户，其服务模式在短时间内仍然难以转型为高度互联网化。金融业具有高度审慎和风险厌恶的内在特性，也难以按照互联网行业高速创新、高速升级、高速淘汰的节奏投放服务和产品。因此，当互联网化社会开始诞生和提出金融需求时，传统金融服务供给与互联网金融需求之间必然会产生时间上的时滞，以及空间上的短缺。这种时滞和短缺为非金融企业介入金融业务提供了结构上的市场空间。如果说发达金融市场国家中的互联网化金融服务模式创新是对正规金融体系（已经比较完善和高效）提供的补充，或是对特殊需求群体的"小众化"服务，那么在我国金融体系服务效率和覆盖范围相对有限的条件下，互联网金融从一开始就面临着旺盛的需求，在短时间内呈现"泛化"和爆发式增长。而互联网行业的"先机"战略和"与时间赛跑"的竞争风格，催化了这种扩张的冲动，其中必然蕴含着风险，而金融风险的外部性、突发性和传染性造成的社会成本远高于普通互联网企业风险，这对金融监管构成较大挑战。

从上述背景不难看出，我国从互联网金融萌发伊始，在监管上实际就面临着双重维度目标，或者说是一个难题。一方面是维护互联网行业的创新动力和市场活力，保持国内甚至是国际竞争力，这要求政策必须尊重互联网行业的特性，降低政策执行成本和不必要的反市场约束；另一方面，则是必须按照金融的基本规律办事，防范系统性的金融风险，避免得不偿失。这种政策上的挑战是前所未有的，我国金融监管部门既需要面对"互联网金融"这一中国特色（由于国内正规金融供给不足导致的自发式金融模式）的业态命题，国际上并无完全可复制的经验先例，又要将互联网业与金融业这风险偏好的"两极"进行有机的结合，制度设计的创新性、包容性、底线性、动态性都是高难度的。政策部门的互联网金融监管制度建设将在尺度拿捏、力度轻重、利益统筹等方面面临"公约"难题，甚至不排除遇到悖论。从目前来看，金融监管部门正在努力尝试用新的、更加市场化的方式介入互联网金融监管，但其过程必然经历博弈性的波动，需要与各市场主体进行磨合，同时不断地抑制个案风险。这一过程的复杂性、长期性和波动性可能为中国所独有。

第一节　网络支付与结算

支付结算业务是金融的起源和基础。传统金融机构诞生于贸易过程中的资金受托转移、清算和兑付，在此过程中汇兑机构持有了在途资金沉淀，由此进一步衍生出了储蓄和借贷等金融业务。我国电子商务的兴起，使得网上支付结算成为互联网吁求金融服务的先声。由于我国制度设计和金融机构基础设施、跨行结算和内部结算仍然主要布局于"线下"领域，互联网环境下的在线结算在效率性、经济性、便捷性等方面难以满足电子商务交易的需求，为形成专门从事网上辅助支付服务的专门机构提供了生存和发展空间。随着电子商务的普及壮大，网络支付机构的业务规模和客户数量急剧增长，资金划转频度不断密集，其支付中枢与银行联结的数量也不断增多，这形成了两个方面的效应：第一是系统性效应。支付是规模效益行业，网络支付更加强化了这一特征。从趋势上看，网络支付市场份额有向大型机构集中的倾向，由于其与银行和其他金融机构的广泛关联性和海量客户聚集，大型支付机构的系统性风险影响将随其规模扩张不断增大。第二是介入金融效应。大型网络支付机构延循传统金融发展的路径，其凭借网上支付的简单业务形态，逐步构建起互联网环境下的虚拟账户体系，该账户体系逐渐可以具备存放资金的功能，当虚拟账户资金、在途结算资金沉淀到一定规模的时候，支付机构理论上可以行使利用储蓄资金放贷的职能。当然，在现有制度体系下，金融业务仍然是严格准入行业，但支付—账户—资金的金融发展路径将不断转化为支付企业对金融业的介入冲动。

我国网络支付监管体系建设的进程与支付环境优化完善的进程相辅相成，特别是互联网技术引发的电子商务革命将与支付相关的消费行为从线下转移到了线上，传统的支付体系难以快速地创新跟进，为市场力量介入网上支付体系建设提供了广阔空间。由于网上支付是电子商务的刚性需求，其在初期属于自发式发展的阶段，政策部门一方面谨慎观察其发展，避免行政干预影响其正常创新并发挥填补支付体系空白的重要作用；另一方面，我国基础的法规体系尚未明确对互联网环境下的经营行为作出界定和规定，立法和执法依据仍存在模糊地带。随着网络支付力量的快速发展壮大，其对金融体系的风险影响也在不断增加，缺少规则和监管约束的网上支付市场容易出现恶性竞争、不规范经营、牺牲客户利益和安全利益的倾向，监管介入成为自然的结果。由于缺乏覆盖行为本质的统一法规，我国网上支付的监管体系建设仍是跟随市场探索式地演进，没有实行约束先行的传统金融监管路径。这种温和的政策取向一方面保护了网络支付行业的发展活力，另一方面也弱化了互联网企业关注风险的意愿和本位意识。随着支付企业希望借助支付牌照扩展到金融领域展业行为的日益突出，支付风险转化为更为复杂金融风险的问题开始呈现，并形成了与现有金融机构监管待遇差异化、不平等竞争等问题。从下一阶段网上支付的监管体系建设导向看，政策部门一方面希望将支付机构业务行为清晰约束在支付许可证的范围内，另一方面希望其在支付领域与现有金融体系错位展业、互为补充，但这一政策导向将接受互联网企业短期商业利益诉求乃至用户体验的挑战，仍将是一个渐进的过程。

一、人民银行启动非金融支付业务的登记备案

2009 年 4 月 16 日，中国人民银行发布公告[①]，宣布对第三方支付企业进行登记备案。公告声明的目的是为掌握非金融机构从事支付清算业务的情况，完善支付服务市场监督管理政策，维护社会公众合法权益。公告首次将第三方支付机构定义为"非金融机构"，即将第三方支付业务主体性质与金融业务相区分，同时公告界定的支付清算业务包括：网上支付、电子货币发行与清算、银行票据跨行清算、银行卡跨行清算、中国人民银行批准的其他支付清算业务。公告发布之前已在中华人民共和国境内注册成立的特定非金融机构，应于 2009 年 7 月 31 日之前办理登记手续。公告发布之后在中华人民共和国境内注册成立的特定非金融机构，应自从事支付清算业务之日起 1 个月内办理登记手续。登记资料包括特定非金融机构支付清算业务登记表、有关支付清算业务的处理流程及业务管理办法、机构内部控制制度及风险管理措施、营业执照（副本）及法定代表人身份证明的复印件、公司章程、验资证明及经审计的上年度财务会计报告、高级管理人员名单及其履历、特定非金融机构重要出资人基本情况登记表、技术安全认证证明、商业银行出具的业务合作关系证明、材料真实性声明、中国人民银行要求的其他材料。同时，中国人民银行上海总部，各分行、营业管理部，各省会（首府）城市中心支行负责办理本省（自治区、直辖市）内特定非金融机构的登记。

---

① 中国人民银行公告〔2009〕第 7 号。

二、人民银行非金融机构支付业务的市场准入和监管建设

（一）《非金融机构支付服务管理办法》

2010 年 6 月 14 日，人民银行发布《非金融机构支付服务管理办法》（中国人民银行令〔2010〕第 2 号，以下简称《办法》），自 2010 年 9 月 1 日起施行，正式确立了非金融机构支付业务的监管主体、行为规范和监管规则。

一是明确了业务范畴和外延。《办法》规定非金融机构支付服务是指非金融机构在收付款人之间作为中介机构提供的部分或全部货币资金转移服务：（1）网络支付；（2）预付卡的发行与受理；（3）银行卡收单；（4）中国人民银行确定的其他支付服务。其中，网络支付是指依托公共网络或专用网络在收付款人之间转移货币资金的行为，包括货币汇兑、互联网支付、移动电话支付、固定电话支付、数字电视支付等。预付卡业务是指以盈利为目的发行的、在发行机构之外购买商品或服务的预付价值，包括采取磁条、芯片等技术以卡片、密码等形式发行的预付卡。银行卡收单是指通过销售点（POS）终端等为银行卡特约商户代收货币资金的行为。

二是设定了准入程序和门槛。《办法》要求非金融机构提供支付服务，应当依据规定取得支付业务许可证。中国人民银行负责支付业务许可证的颁发和管理。支付业务许可证自颁发之日起，有效期 5 年。支付机构拟于支付业务许可证期满后继续从事支付业务的，应当在期满前 6 个月内向所在地中国人民银行分支机构提出续展申请。中国人民银行准予续展的，每次续展的有效期为 5 年。申请支付业务许可证的，需经所在地中国人民银行分支机构审查后，报中国人民银行批准。同时，支付

业务许可证的申请人应当具备规定条件，包括：（1）在中华人民共和国境内依法设立的有限责任公司或股份有限公司，且为非金融机构法人；（2）有符合本《办法》规定的注册资本最低限额；（3）有符合本《办法》规定的出资人；（4）有5名以上熟悉支付业务的高级管理人员；（5）有符合要求的反洗钱措施；（6）有符合要求的支付业务设施；（7）有健全的组织机构、内部控制制度和风险管理措施；（8）有符合要求的营业场所和安全保障措施；（9）申请人及其高级管理人员最近3年内未因利用支付业务实施违法犯罪活动或为违法犯罪活动办理支付业务等受过处罚。《办法》还规定在全国范围内从事支付业务的，机构注册资本最低限额为1亿元人民币；在省（自治区、直辖市）域范围内从事支付业务的，其注册资本最低限额为3000万元人民币。注册资本最低限额为实缴货币资本。此外，《办法》还对机构出资人的资质作出了规定。例如，连续为金融机构提供信息处理支持服务2年以上，或连续为电子商务活动提供信息处理支持服务2年以上；连续盈利2年以上；最近3年内未因利用支付业务实施违法犯罪活动或为违法犯罪活动办理支付业务等受过处罚等。

三是提出了展业规范要求和监管措施。《办法》规定支付机构之间的货币资金转移应当委托银行业金融机构办理，不得通过支付机构相互存放货币资金或委托其他支付机构等形式办理。

支付机构不得办理银行业金融机构之间的货币资金转移，经特别许可的除外。支付机构应当按照支付业务许可证核准的业务范围从事经营活动，不得从事核准范围之外的业务，不得将业务外包，不得转让、出租、出借支付业务许可证。客户通过银行结算账户进行支付的，支付机构还应当记载相应的银行结算账户。客户通过非银行结算账户进行支付的，支付机构还应当记载客户有效身份证件上的名称和号码。

同时，中国人民银行及其分支机构依据法律、行政法规、中国人民银行的有关规定对支付机构的公司治理、业务活动、内部控制、风险状况、反洗钱工作等进行定期或不定期现场检查和非现场检查。

《办法》对非金融支付机构的资金沉淀问题给予了关注，也作出了较为详尽的规定，要求支付机构接受的客户备付金不属于支付机构的自有财产。支付机构只能根据客户发起的支付指令转移备付金。禁止支付机构以任何形式挪用客户备付金。支付机构接受客户备付金的，应当在商业银行开立备付金专用存款账户存放备付金，中国人民银行另有规定的除外。支付机构只能选择一家商业银行作为备付金存管银行，且在该商业银行的一个分支机构只能开立一个备付金专用存款账户。支付机构应当与商业银行的法人机构或授权的分支机构签订备付金存管协议，明确双方的权利、义务和责任。支付机构应当向所在地中国人民银行分支机构报送备付金存管协议和备付金专用存款账户的信息资料。支付机构的分公司不得以自己的名义开立备付金专用存款账户，只能将接受的备付金存放在支付机构开立的备付金专用存款账户。支付机构的实缴货币资本与客户备付金日均余额的比例不得低于10%。

（二）《非金融机构支付服务管理办法实施细则》

为配合《办法》实施，人民银行于2010年12月1日发布公告[①]，制定实施《非金融机构支付服务管理办法实施细则》，对一系列具体问题予以进一步解释，包括申请人的高级管理人员中至少有5名人员的资质条件、反洗钱措施的具体内容、实际控制权出资人的标准、支付业务许可证的使用和管理、支付服务协议的管理标准等。

---

① 中国人民银行公告〔2010〕第17号。

（三）《支付机构客户备付金存管办法》

中国人民银行于 2013 年 6 月 7 日发布公告①，制定实施《支付机构客户备付金存管办法》（以下简称《存管办法》）。这是主管部门强化支付机构业务本位、全面强化客户资金监管的重要制度，体现了主管部门对支付机构突破许可范围涉足甚至违规涉足资金业务的警惕性和担忧。《存管办法》将客户备付金定义为支付机构为办理客户委托的支付业务而实际收到的预收待付货币资金，明确要求支付机构接收的客户备付金必须全额缴存至支付机构在备付金银行开立的备付金专用存款账户，而不允许存放在其他银行账户；任何单位和个人不得擅自挪用、占用、借用客户备付金，不得擅自以客户备付金为他人提供担保。

《存管办法》针对备付金设置了一整套账户体系，包括备付金存管账户、备付金收付账户和备付金汇缴账户，形成了存管银行和存管账户为中心，合作银行、收付账户、汇缴账户为延伸，资金归集集约管理的架构。备付金存管账户是支付机构在备付金存管银行开立的、可以以现金形式接收客户备付金、以银行转账方式办理客户备付金收取和支取业务的专用存款账户。支付机构在同一个省（自治区、直辖市、计划单列市），只能开立一个备付金存管账户。备付金收付账户是支付机构在备付金合作银行开立的，可以以现金形式，也可以以银行转账方式接收客户备付金，或以本银行资金内部划转方式办理客户备付金支取业务的专用存款账户。支付机构在同一备付金合作银行或其授权的分支机构只能开立一个备付金收付账户。备付金汇缴账户是支付机构在备付金银行开立的、以现金形式接收或以本银行资金内部划转方式接收客户备付金的专用存款账户。支付机构的备付金专用存款账户应当与自有资金账户分

---

① 中国人民银行公告〔2013〕第 6 号。

户管理，不得办理现金支取。备付金银行应当于每日营业终了前，将备付金汇缴账户内的资金全额划转至支付机构的备付金存管账户或在同一备付金合作银行开立的备付金收付账户。

《存管办法》要求支付机构应当并且只能选择一家备付金存管银行，可以根据业务需要选择备付金合作银行。备付金存管银行可以为支付机构办理客户备付金的跨行收付业务，并负责对支付机构存放在所有备付金银行的客户备付金信息进行归集、核对与监督。备付金合作银行可以在本行范围内为支付机构办理客户备付金的收取和本银行支取业务，并负责在本银行进行监督。

《存管办法》规定了备付金的投资用途，但比较宽泛。支付机构在满足办理日常支付业务的需要后，可以以单位定期存款、单位通知存款、协定存款或中国人民银行认可的其他形式存放客户备付金。

《存管办法》规定了应对流动性风险的准备，要求支付机构按季度计提风险准备金，存放在备付金存管银行或其授权分支机构开立的风险准备金专用存款账户中，用于弥补客户备付金特定损失以及中国人民银行规定的其他用途。同时，风险准备金按照所有备付金银行账户利息总额的一定比例计提。支付机构开立备付金收付账户的合作银行少于4家（含）时，计提比例为10%。支付机构增加开立备付金收付账户的合作银行的，计提比例动态提高。这一规定旨在引导支付机构集中管理备付金。

《存管办法》提出了一系列监督管理措施。人民银行及其分支机构依法对支付机构和备付金银行的客户备付金存管业务活动实施非现场监管以及现场检查。建立支付机构客户备付金信息统计监测、核对校验制度，组织建设相关系统。中国支付清算协会对支付机构客户备付金存管业务活动进行自律管理。人民银行及其分支机构监督管理支付机构实缴货币资本与客户备付金日均余额比例、备付金存管银行的客户备付金存放比例、风险准备金计提比例。

（四）中国银监会和中国人民银行联合下发《关于加强商业银行与第三方支付机构合作业务管理的通知》

随着互联网电子商务的快速普及，商业银行与非金融支付机构在网上支付领域合作日益密切，网上支付环节增多，支付责任链条不断延伸，客户面对的支付服务主体多样，有必要进一步明确各服务参与方的责任，加强涉及客户资金安全的合作管理，防范多头合作可能产生的管理漏洞和薄弱环节。

《关于加强商业银行与第三方支付机构合作业务管理的通知》（以下简称《通知》）首次提出对网上支付客户的适应性要求，尽量避免客户因专业经验欠缺导致的操作风险危及资金安全。商业银行应对客户的技术风险承受能力进行评估，客户与第三方支付机构相关的账户关联、业务类型、交易限额等决策要求应与其技术风险承受能力相匹配。《通知》重视在网上支付环境下，在对客户特征和专业能力缺乏识别强度的条件下，增强商业银行对网上客户的评估、识别、验证和分类管理流程的介入。主要体现在三个方面：一是要求客户银行账户与第三方支付机构首次建立业务关联时，应经双重认证，即客户在通过第三方支付机构认证的同时，还需通过商业银行的客户身份识别。账户所在银行应通过物理网点、电子渠道或其他有效方式直接验证客户身份，明确双方权利与义务。二是要求商业银行通过电子渠道验证和识别客户身份，应采用双（多）因素这一高强度的验证方式对客户身份进行识别。不具备双（多）因素认证条件的客户，其任何账户均不得与第三方支付机构建立业务关联。三是商业银行对账户与第三方支付机构建立业务关联的客户，应开通至少一种账户变动即时通知技术方式。不具备即时通知条件的客户，不得通过银行与第三方支付机构建立一次签约、多次支付的业务合作关系。

《通知》强调了限额管理在支付安全管理中的应用。要求商业银行设立与客户技术风险承受能力相匹配的支付限额，包括单笔支付限额和日累计支付限额。商业银行应向客户提供临时调整支付限额的服务，在进行身份验证和识别后，按照客户申请，在临时期限内可以适当调整单笔支付限额和日累计支付限额。

《通知》进一步强化了客户利益保护和信息通知。要求商业银行对客户通过第三方支付机构进行大额资金划转强化身份认证，确保由客户本人发出资金划转要求。商业银行在与第三方支付机构签订业务合作协议时，应就非商业银行直接进行客户身份认证的批量扣款或电子支付，与第三方支付机构就赔付责任达成一致。对预留手机号码且设定短信通知的客户，商业银行应在客户进行支付时对第三方支付机构提供的手机号码和银行预留的手机号码进行一致性检验，通过后方可进行支付。如果银行已按照前述要求在业务关联时进行了相关信息验证，确保客户身份真实可靠，在交易时可以无须再次验证。商业银行应保留完整的支付信息，在相关法律法规规定的期限内妥善保管，并向客户提供第三方支付机构的签约查询和交易查询功能。商业银行应将大额支付、可疑支付及时通知客户。对开通短信或其他方式即时通知功能的客户，应将每一笔支付交易即时通知客户，通知信息中包含但不限于第三方支付机构名称、交易金额、交易时间等。

《通知》进一步提出了商业银行与第三方支付机构合作过程中的风

险管理要求。商业银行应将与第三方支付机构的合作业务纳入全行业务运营风险监测系统的监控范围，对其中的商户和客户在本行的账户资金活动情况进行实时监控，达到风险标准的应组织核查，特别是对其中大额、异常的资金收付应做到逐笔监测、认真核查、及时预警、及时控制。应对客户通过第三方支付机构进行的交易建立自动化的交易监控机制和风险监控模型，及时发现和处置异常行为、套现或欺诈事件等。

（五）预付卡业务的管理

预付卡是一种特殊的约定支付工具，又称为储值卡，在国外的零售商务领域有着非常普遍的应用，是商业促销和缩短零售企业应收账期的有效手段。对于非特定用途的预付卡，国外监管机构往往视其为具有一定的金融属性，从保护储值人利益的角度提出监管要求，同时限定发行方吸收储值资金的人群、区域、单笔金额和投资用途等。在我国，预付卡发展迅速，并由于其匿名性、高额性、准货币性衍生出许多社会和政治管理问题。由于法规限制了银行业金融机构以任何形式介入预付卡的发行，国内预付卡经营者基本上为非金融机构，因此一直缺乏金融级的制度约束和监管。2011 年开始的预付卡制度建设填补了这一领域的空白。

2011 年 5 月，《国务院办公厅转发人民银行监察部等部门关于规范商业预付卡管理意见的通知》（国办发〔2011〕25 号，以下简称国办发《通知》）首次明确了对非金融机构作为发行主体的商业预付卡业务的管理要求和政策原则。国办发《通知》认为，近年来，适应信息技术发展和小额支付服务市场创新的客观需要，商业预付卡市场发展迅速。商业预付卡以预付和非金融主体发行为典型特征，按发卡人不同可划分为两类：一类是专营发卡机构发行，可跨地区、跨行业、跨法人使用的多用途预付卡；另一类是商业企业发行，只在本企业或同一品牌连锁商业企业购买商品、服务的单用途预付卡。总体来看，商业预付卡在减少现钞使用、便利公众支付、刺激消费等方面发挥了一定作用。同时，商业预付卡市场也存在监管不严、违反财务纪律、缺乏风险防范机制、公款消费和收卡受贿等突出问题，严重扰乱了税收和财务管理秩序，助长了腐败行为。国办发《通知》旨在规范商业预付卡管理，严肃财经纪律，防范金融风险，促进反腐倡廉。国办发《通知》一是明确部门职责，落实分类监管。人民银行负责对多用途预付卡发卡人的监督检查，完善业务管理规章，维护支付体系安全稳定运行。商务部门负责对商业企业发行的单用途预付卡强化管理，抓紧制定行业标准，适时出台管理办法。金融机构未经批准，不得发行预付卡。二是提出监管要求。建立商业预付卡购卡实名登记制度。对于购买记名商业预付卡和一次性购买 1 万元（含）以上不记名商业预付卡的单位或个人，由发卡人进行实名登记。实施商业预付卡非现金购卡制度。单位一次性购卡金额达 5000 元（含）以上或个人一次性购卡金额达 5 万元（含）以上的，通过银行转账方式购买，不得使用现金；使用转账方式购卡的，发卡人要对转出、转入账户名称、账号、金额等进行逐笔登记。实行商业预付卡限额发行制度。不记名商业预付卡面值不超过 1000 元，记名商业预付卡面值不超过 5000元。三是防范风险。国办发《通知》要求加强预付资金管理，维护持卡人合法权益，规定多用途预付卡发卡人接受的、客户用于未来支付需要的预付资金，不属于发卡人的自有财产，发卡人不得挪用、挤占。多用途预付卡发卡人必须在商业银行开立备付金专用存款账户存放预付资金，并与银行签订存管协议，接受银行对备付金使用情况的监督。健全商业预付卡收费、投诉、保密、赎回、清退等业务管理制度，全面维护持卡人合法权益。为防止发卡人无偿占有卡内残值，方便持卡人使用，记名商业预付卡不设有效期，不记名商业预付卡有效期不得少于 3 年。对于超过有效期尚有资金余额的，发卡人应提供激活、换卡等配套服务。

中国人民银行于 2012 年 9 月专门印发《中国人民银行关于进一步加强预付卡业务管理的通知》，落实国办发《通知》，强调了加强客户备付金管理，防范资金风险，严格区分客户备付金与自有资金，按规定与商业银行签订存管协议，开立专用存款账户存放客户备付金，并自觉接受商业银行对备付金使用情况的监督。支付机构只能根据客户发起的支付指令转移客户备付金，不得以任何形式挤占、挪用，不得将客户备付金用于缴存商户结算保证金，确保资金安全。保护持卡人合法权益。要求各支付机构依法履行相关义务，对持卡人身份信息、购卡信息和交易信息予以严格保密，采取强化系统安全保障、加强商户管理及信息安全教育等措施，防止持卡人信息泄露和滥用。应当向持卡人公示或提供预付卡章程、协议，公开披露收费项目和收费标准。变更章程、协议内容或收费项目、标准的，应提前在网点、网站进行公告，不得损害客户的知情权和选择权。应健全延期、激活、赎回、换卡等配套服务措施，提供安全便利的查询、赎回渠道，维护持卡人的合法权益。人民银行各分支机构应切实履行职责，加强对辖区内支付机构的监督管理。中国支付清算协会负责加强预付卡行业自律管理，维护预付卡市场秩序，引导支付机构充分发挥预付卡作为小额便民的非现金支付工具在减少现金使用、便利公众支付、刺激消费等方面的积极作用，适时对支付机构执行自律规范的情况开展监督检查，防范预付卡业务风险，维护消费者合法权益。

中国人民银行于 2012 年 9 月发布公告，制定实施《支付机构预付卡业务管理办法》（以下简称《管理办法》）。《管理办法》对《非金融机构支付服务管理办法》中的预付卡业务进行了细化和延伸，将预付卡定义为发卡机构以特定载体和形式发行的、可在发卡机构之外购买商品或服务的预付价值，分为记名预付卡和不记名预付卡。单张记名预付卡资金限额不得超过 5000 元，单张不记名预付卡资金限额不得超过 1000 元。记名预付卡应当可挂失，可赎回，不得设置有效期。不记名预付卡不挂失，不赎回，《管理办法》另有规定的除外。不记名预付卡有效期不得低于 3 年。预付卡不得具有透支功能。

《管理办法》强调了持卡人的权利，同时也强调了义务。在权利方面，重点是信息披露和公平交易。发卡机构发行销售预付卡时，应向持卡人告知预付卡的有效期及计算方法。对于超过有效期尚有资金余额的预付卡，发卡机构应当提供延期、激活、换卡等服务，保障持卡人继续使用。发卡机构应当向购卡人公示、提供预付卡章程或签订协议。发卡机构变更预付卡章程或协议文本的，应当提前 30 日在其网点、网站显著位置进行公告。新章程或协议文本中涉及新增收费项目、提高收费标准、降低优惠条件等内容的，发卡机构在新章程或协议文本生效之日起 180 日内，对原有客户应当按照原章程或协议执行。发卡机构应当采取有效措施加强对购卡人和持卡人信息的保护，确保信息安全，防止信息泄露和滥用。未经购卡人和持卡人同意，不得用于与购卡人和持卡人的预付卡业务无关的目的，法律法规另有规定的除外。

在义务方面，主要是规范预付卡的实际用途，防范其他非正常用途。个人或单位购买记名预付卡或一次性购买不记名预付卡 1 万元以上的，应当使用实名并提供有效身份证件。发卡机构应当识别购卡人、单位经办人的身份，核对有效身份证件，登记身份基本信息，并留存有效身份证件的复印件或影印件。使用实名购买预付卡的，发卡机构应当登记购卡人姓名或单位名称，单位经办人姓名、有效身份证件名称和号码、联系方式，购卡数量，购卡日期，购卡总金额，预付卡卡号及金额等信息。单位一次性购买预付卡 5000 元以上、个人一次性购买预付卡 5 万元以上的，应当通过银行转账等非现金结算方式购买，不得使用现金。

同时，《管理办法》也关注了预付卡机构的沉淀资金问题，要求发卡机构应当通过其客户备付金存管银行直接向特约商户划转结算资金，受理机构不得参与资金结算。特约商户只能指定其一个单位银行结算账户进行收款。此外，监管当局也关注了预付卡与现金、网络支付之间的转换风险，明确要求预付卡不得用于或变相用于提取现金，不得用于购买、交换非本发卡机构发行的预付卡、单一行业卡及其他商业预付卡或向其充值，卡内资金不得向银行账户或向非本发卡机构开立的网络支付账户转移。《管理办法》要求预付卡不得用于网络支付渠道，并严格限定了例外情形，且只能在自有受理渠道中受理：（1）缴纳公共事业费；（2）在本发卡机构合法拓展的实体特约商户的网络商店中使用；（3）同时获准办理互联网支付业务的发卡机构，其发行的预付卡可向在本发卡机构开立的实名网络支付账户充值，但同一客户的所有网络支付账户的年累计充值金额合计不得超过 5000 元。《管理办法》明确人民银行及其分支机构对支付机构的预付卡业务活动、内部控制及风险状况等进行非现场监管及现场检查，同时要求支付机构加入中国支付清算协会，强化了自律监管的必然性和强制性。

（六）酝酿"支付机构互联网支付业务管理办法"（征求意见稿）

互联网支付作为我国非金融支付业务的核心领域，一直保持相对开放、自主发展的状态。经过一定周期的发展，其创新产品和服务效率为互联网交易提供了有力支撑，在公众生活中日益普及。但同时，随着互联网支付金额的不断增长、交易的日益频繁、与金融机构业务环节的逐步交叉，制度套利行为时有出现，加强规范和监管的必要性日益突出，酝酿制定"支付机构互联网支付业务管理办法"是迫切和必然的。

现阶段该办法的制订仍处于征求意见阶段，征求意见稿主要体现以下导向：

（1）构建针对互联网特性的概念体系。规范对象是指依据中国人民银行《非金融机构支付服务管理办法》的规定，取得支付业务许可证，获准办理互联网支付业务的非金融机构。互联网支付是指客户为购买特定商品或服务，通过计算机等设备，依托互联网发起支付指令，实现货币资金转移的行为。按照支付机构提供的支付服务方式不同，互联网支付分为银行账户模式和支付账户模式。支付账户是指支付机构根据客户申请，为客户开立的具有记录客户资金交易和资金余额功能的电子账簿。支付机构不得为客户提供账户透支、现金存取和融资服务。

（2）统一互联网支付与传统支付的基本风险规则。例如，征求意见稿规定支付机构应按照中国人民银行相关规定，履行反洗钱和反恐怖融资义务。支付机构对提供互联网支付服务过程中获取的客户身份信息和交易信息予以保密。支付账户的开立实行实名制。支付机构对客户身份信息的真实性负责。支付机构不得为客户开立匿名、假名支付账户。个人客户申请开立支付账户时，支付机构应登记客户的姓名、性别、国籍、职业、住址、联系方式以及客户有效身份证件的种类、号码和有效期限等身份信息，并对客户姓名、性别、有效身份证件的种类和号码等基本身份信息的真实性进行审核。个人支付账户单笔收付金额超过1万元，个人客户开立的所有支付账户月收付金额累计超过5万元或资金余额连续10天超过5000元的，支付机构还应留存个人客户的有效身份证件的复印件或者影印件。客户在同一支付机构开立的所有支付账户须关联本客户银行账户，支付账户的名称应与该客户所关联的银行账户名称一致。

（3）通过限额和风险要求等方式适当区分非金融账户与金融账户的功能定位。例如，支付机构只能为电子商务交易、公用事业缴费、信用卡还款、购买特定金融产品或经中国人民银行批准的其他业务提供互联网支付服务。支付机构只能发展互联网特约商户。互联网特约商户（以下简称特约商户）是指基于互联网信息系统直接向消费者销售商品或提供服务，并接受支付机构互联网支付服务完成资金结算的法人、其他组织或自然人。

个人客户向在同一支付机构开立的所有支付账户月累计充值金额合计小于1000元的，可不关联银行账户。未关联银行账户的支付账户可用于付款、接受交易退款，但不得用于收款。通过非关联银行账户或同一支付机构预付卡充值的，同一客户的充值金额月累计不得超过1000元。通过同一支付机构预付卡充值的资金仅限用于互联网支付，不得赎回。除电子商务交易付款、公用事业缴费、信用卡还款、购买特定金融产品及交易退款外，客户支付账户内的资金应通过划转关联银行账户的方式实现资金转出支付机构。个人客户在同一支付机构开立的所有支付账户日终资金合计余额连续10天超过5000元，单位客户在同一支付机构开立的所有支付账户日终资金合计余额连续10天超过5万元的，支付机构应及时提醒客户降低支付账户资金余额。

（4）强调了信息披露。例如，支付机构应免费为客户提供上溯一年的支付信息查询服务。支付机构调整互联网支付服务的收费项目、收费标准时，应通过有效方式提前30天通知客户。支付机构提供互联网支付服务时，应向客户公开披露支付机构名称、营业地址和联系方式；所提供的互联网支付业务类型、操作规程、收费项目和收费标准；办理互联网支付业务可能产生的风险，提醒客户妥善保管密码、密钥、数字证书等警示性信息；退款规则及处理流程；争议及差错处理方法等。支付机构对客户的基本信息和支付指令信息应按会计档案要求，以纸质或电子方式妥善保存，并便于调阅等。

三、非金融支付领域的监管

（一）暂停部分支付机构线下条码（二维码）支付等业务

中国人民银行支付结算司于 2013 年 3 月 14 日下发通知，要求暂停部分支付机构的新型业务。这是近年来公开渠道可以了解到的主管部门较为严厉的监管行动。通知指出，线下条码（二维码）支付突破了传统受理终端的业务模式，其风险控制水平直接关系到客户的信息安全和资金安全。目前，将线下条码（二维码）应用于支付领域有关技术，终端的安全标准尚不明确。相关支付撮合验证方式的安全性尚存质疑，存在一定的支付风险隐患。虚拟信用卡突破了现有信用卡业务模式，在落实客户身份识别义务、保障客户信息安全等方面尚待进一步研究。为维护支付体系稳定、保障客户合法权益，总行有关部门将对该类业务的合规性、安全性进行总体评估。通知责成当地监管机关及时向支付机构提出监管意见，要求其立即暂停线下条码（二维码）支付、虚拟信用卡有关业务，采取有效措施确保业务暂停期间的平稳过渡，妥善处理客户服务，减少舆论影响。人民银行有关负责人随后表示，人民银行此举意在规范相关业务发展和保护消费者权益，而并非针对某家企业，并强调"是'暂停'而不是市场传言的'叫停'"。人民银行表示，与传统业务相比，包括线下条码（二维码）支付、虚拟信用卡在内的创新业务涉及不少新的技术、新的流程和新的识别技术，一些方面目前的既有规则并未涵盖，存在一定风险隐患，人民银行需要对此有进一步研究。

（二）暂停 8 家支付机构接入新商户，责令两家支付机构整改

人民银行于 2014 年 3 月陆续向部分支付机构发送《关于银行卡预授权风险事件的通报》。通报内容显示，10 家收单机构存在未落实特约商户实名制、交易监测不到位、风险事件处置不力等问题。其中 8 家支付机构从 4 月 1 日起，全国范围内停止线下收单接入新商户。这是人民银行针对 2013 年底、2014 年初发生的多起不法分子利用预授权交易进行套现的风险事件采取的处罚行动。人民银行官方微博发布消息称，由于 2013 年 12 月至 2014 年 1 月，全国发生多起不法分子利用预授权交易进行套现的风险事件。经核实，部分收单机构存在管理问题。相关单位待自查清理完毕，并经人民银行组织验收合格后，可开展新增商户拓展。

四、我国网络支付的自律体系建设

2011 年 5 月 23 日，中国支付清算协会在北京发起成立。中国支付清算协会是经国务院同意、民政部批准成立的非营利性社会团体法人，对支付清算服务行业进行自律管理，维护支付清算服务市场的竞争秩序和会员的合法权益，防范支付清算服务风险，促进支付清算服务行业健康发展。协会业务主管单位为中国人民银行。经中国银监会批准设立的、具有独立法人资格的银行业金融机构及财务公司，经人民银行等相关监管部门批准设立的支付清算机构，取得人民银行颁发的支付业务许可证的非金融机构以及符合协会要求的其他法人机构，可申请加入中国支付清算协会成为会员单位。经相关监管机构批准，在民政部门登记注册的各省（自治区、直辖市）支付清算类协会，承认《中国支付清算协会章程》，可申请加入中国支付清算协会成为准会员单位。中国支付清算协会制定发布了《中国支付清算协会自律监督检查办法（试行)》、《支付机构互联网支付业务风险防范指引》、《支付机构预付卡业务内部控制指引》、《支付机构预付卡业务风险防范指引》、《支付机构预付卡业务客户权益保护指引》、《移动支付行业自律公约》、《支付机构预付卡业务客户权益保护指引》、《预付卡行业自律公约》、《网络支付行业自律公约》等自律规范。

第二节　P2P 网络借贷

从标准模式看，P2P 网络借贷本质是民间借贷的网络化，不属于适合政府行政干预的范畴，但在中国具体的国情环境中，一方面是我国设置有明确的非法集资等方面的刑法约束，防范民间集资风险；另一方面，P2P 网络借贷在中国的实践中呈现出强化中介责任、弱化借贷双方关系的行为倾向，因此从规范"集资"行为的角度引发了监管层的高度关注。从目前行业实践看，国内 P2P 网络借贷行为尚缺少业务范围约束，表现形式异化多样，一部分做法已经脱离 P2P 模式的本质。在监管空白的条件下，需要分类清晰界定 P2P 业务的本源性质：属于 P2P 业务范畴的，实行专属管理；属于其他金融业务范畴的，按其监管规定管理；违反法律法规的，依法予以打击和取缔。未来监管体系建设应是一个正本清源、回归业务本质的过程。从目前监管实践看，监管部门主要是出于防范民间借贷和非法集资风险的考虑零散地提出一些风险提示，监管要求主要定位于切断金融体系与民间借贷之间的风险传导途径，尚未针对P2P网络借贷提出专属性、有适用性的监管要求。

一、中国银监会办公厅《关于人人贷有关风险提示的通知》

2011年8月中国银监会办公厅印发《关于人人贷有关风险提示的通知》（银监办发〔2011〕254号），这是政府部门首次对P2P网络借贷模式表达看法。该通知总体上对P2P业态高度审慎，主要关注点在于防范民间融资行为向金融体系的风险传导和民间借贷向非法集资的异化。主要担忧包括：（1）容易演变为非法金融机构。由于行业门槛低，且无强有力的外部监管，中介机构有可能突破资金不进账户的底线，演变为吸收存款、发放贷款的非法金融机构，甚至变成非法集资。（2）IT风险、业务风险难以控制，缺乏借款人资信情况可靠来源，贷后管理难度较大，一旦发生恶意欺诈，或者进行洗钱等违法犯罪活动，将对社会造成危害。（3）不实宣传影响银行体系整体声誉。对此，监管政策主要采取分隔风险的导向：要求银行业金融机构建立与中介公司之间的"防火墙"；加强银行从业人员管理，防止银行从业人员涉足此类信贷服务；切实维护银行合法权益，避免声誉风险。通知表示，近期少数银行业金融机构及其从业人员参与民间借贷、违规担保和非法集资活动的现象较为突出，在社会上引起很大反响，对银行业金融机构的形象造成不利影响，给相关机构资产安全带来较大风险。该通知的发布旨在规范银行业金融机构及其从业人员行为，有效防范民间借贷、违规担保和非法集资引发的风险向银行体系转移。通知要求各银行业金融机构及其从业人员要依法合规开展业务活动，不得直接或变相参与民间借贷、违规担保和非法集资活动。通知明确，不得以各种形式参与非法集资活动，不得介绍机构和个人参与高利贷或向机构和个人发放高利贷，不得借银行名义或利用银行员工身份私自代客投资理财，不得利用银行员工或银行客户的个人账户为他人过渡资金，不得借用银行客户的个人账户为银行员工过渡资金，不得自办或参与经营典当行、小额贷款公司、担保公司等机构，不得向民间借贷资金提供担保，不得允许本行员工以各种方式进入银行业金融机构办公或营业场所开展民间借贷、违规担保和非法集资活动。对于发现银行业金融机构高管人员违规参与非法融资活动的，一律取消其高级管理人员任职资格。此后，从规范银行介入民间借贷的角度，银监会曾发文进一步要求银行业从业人员严禁参与民间融资。

二、人民银行刘士余副行长对 P2P 网络借贷的法律边界阐述

刘士余副行长在 2013 年 8 月出席"互联网金融峰会"时表示，人民银行充分尊重互联网金融发展的自身规律，支持互联网金融的发展，不会把"看得见的手"伸到正常的、健康发展的有机体里，但同时也强调，希望从事互联网金融业务的企业能够在不违法的"底线"上寻找业务模式和空间。刘士余副行长的发言强调了互联网金融行业可能面临的法律风险。发言表示，"互联网是不存在线下的"，P2P 如果做成线下，脱离了平台操作功能，也就会演变成资金池，就会演变出在结构、期限上或信用上的转换功能。发言明确提出："有两个底线是不能碰、不能击穿的：一个是非法吸收公共存款，一个是非法集资。"这提示我们：现在有些 P2P 的平台内部已经出现了道德操守和内部失灵的问题，有必要提醒从业机构注意操作风险和信用风险。

三、浙江省经济和信息化委员会《关于加强融资性担保公司参与 P2P 网贷平台相关业务监管的通知》

2013 年 12 月，浙江省经济和信息化委员会作为融资担保公司的主管部门发布《关于加强融资性担保公司参与 P2P 网贷平台相关业务监管的通知》，对辖内机构提示风险并禁止从事 P2P 网络借贷担保业务。通知认为 P2P 网络贷款平台危机频发，有必要防范融资性担保机构参与 P2P 网贷担保引发的系统性风险。通知指出 P2P 网络借贷机构借款成本高，担保业务风险较大。借款利率越高，违约可能越大，担保业务风险也越大；个别 P2P 网贷平台发布虚假高利借款标募集资金，并采用"借新贷还旧贷"的模式，短期内募集大量资金后其股东用于自己生产经营，资金风险高；个别 P2P 网贷平台未尽职核查借款人身份，未及时发现、默许甚至有意设计借款人在平台上以多个虚假借款人的名义发布大量虚假借款信息，向不特定多数人募集资金，用于投资房地产、股票、债权、期货等市场，有的直接将非法募集的资金高利贷出赚取利差，涉嫌非法集资问题。

基于以上风险防范考虑，主管部门严禁辖内融资性担保机构控股或参股 P2P 网贷平台，禁止融资性担保机构以任何名义从事 P2P 网络贷款业务，严禁融资性担保机构为股东或其他关联方的 P2P 网贷平台贷款业务进行担保，防范股东或关联方借 P2P 平台融入资金自己使用，甚至进行非法集资引发的风险。

四、处置非法集资部际联席会议办公室主任刘张君在 2014 年 4 月 21 日介绍防范打击非法集资有关工作情况新闻发布会上答记者问

刘张君表示，P2P 网络借贷平台作为一种新兴金融业态，在鼓励其

创新发展的同时，应明确四个方面的边界：一是平台业务范围应限定为中介性质，二是明确平台本身不得提供担保，三是不得将归集资金形成资金池，四是不得非法吸收公众资金。

根据 2011 年 1 月 4 日实施的《最高人民法院关于审理非法集资刑事案件具体应用法律若干问题的解释》（以下简称《司法解释》），违反国家金融管理法律规定，向社会公众（包括单位和个人）吸收资金的行为，同时具备下列四个条件的，除刑法另有规定的以外，应当认定为刑法第一百七十六条规定的"非法吸收公众存款或者变相吸收公众存款"：（1）未经有关部门依法批准或者借用合法经营的形式吸收资金；（2）通过媒体、推介会、传单、手机短信等途径向社会公开宣传；（3）承诺在一定期限内以货币、实物、股权等方式还本付息或者给付回报；（4）向社会公众即社会不特定对象吸收资金。

同时，《司法解释》规定，不具有发行股票、债券的真实内容，以虚假转让股权、发售虚构债券等方式非法吸收资金的；不具有募集基金的真实内容，以假借境外基金、发售虚构基金等方式非法吸收资金的；以委托理财的方式非法吸收资金等行为属于应当依照刑法第一百七十六条的规定，以非法吸收公众存款罪定罪处罚的行为。

《司法解释》还规定了涉及刑事处罚的行为标准：（1）个人非法吸收或者变相吸收公众存款，数额在 20 万元以上的；单位非法吸收或者变相吸收公众存款，数额在 100 万元以上的。（2）个人非法吸收或者变相吸收公众存款对象 30 人以上的，单位非法吸收或者变相吸收公众存款对象 150 人以上的。（3）个人非法吸收或者变相吸收公众存款，给存款人造成直接经济损失数额在 10 万元以上的；单位非法吸收或者变相吸收公众存款，给存款人造成直接经济损失数额在 50 万元以上的。（4）造成恶劣社会影响或者其他严重后果的。

《司法解释》还规定：明知他人从事欺诈发行股票、债券，非法吸收公众存款，擅自发行股票、债券，集资诈骗或者组织、领导传销活动等集资犯罪活动，为其提供广告等宣传的，以相关犯罪的共犯论处。

2014年3月25日，最高人民法院、最高人民检察院及公安部联合发布《关于办理非法集资刑事案件适用法律若干问题的意见》（以下简称《意见》）。在公开宣传途径方面，《意见》明确：《司法解释》第一条第一款第二项中的"向社会公开宣传"，包括以各种途径向社会公众传播吸收资金的信息，以及明知吸收资金的信息向社会公众扩散而予以放任等情形。对于公开宣传途径不限定在列举的形式，而是扩大为"各种途径"，可以理解为扩大到互联网渠道。在共同犯罪认定方面，《意见》还规定：为他人向社会公众非法吸收资金提供帮助，从中收取代理费、好处费、返点费、佣金、提成等费用，构成非法集资共同犯罪的，应当依法追究刑事责任。能够及时退缴上述费用的，可依法从轻处罚；其中情节轻微的，可以免除处罚；情节显著轻微、危害不大的，不作为犯罪处理。在证据采集方面，《意见》明确：办理非法集资刑事案件中，确因客观条件的限制无法逐一收集集资参与人的言辞证据的，可结合已收集的集资参与人的言辞证据和依法收集并查证属实的书面合同、银行账户交易记录、会计凭证及会计账簿、资金收付凭证、审计报告、互联网电子数据等证据，综合认定非法集资对象人数和吸收资金数额等犯罪事实。

第三节　众筹融资

相对于其他互联网金融业态，众筹融资属于高度"萌芽"状态，在市场自我运行中尚有待模式检验，从监管层面上看尚难以作出专门的考虑和细致完整的体系建设，更适合外围观察和原则性规范。

我国《证券法》第十条规定："公开发行证券，必须符合法律、行政法规规定的条件，并依法报经国务院证券监督管理机构或者国务院授权的部门核准；未经依法核准，任何单位和个人不得公开发行证券。有下列情形之一的，为公开发行：（一）向不特定对象发行证券的；（二）向特定对象发行证券累计超过两百人的；（三）法律、行政法规规定的其他发行行为。"

更为严厉的是，根据《司法解释》，未经国家有关主管部门批准，向社会不特定对象发行、以转让股权等方式变相发行股票或者公司、企业债券，或者向特定对象发行、变相发行股票或者公司、企业债券累计超过200人的，应当认定为刑法第一百七十九条规定的"擅自发行股票、公司、企业债券"。构成犯罪的，以擅自发行股票、公司、企业债券罪定罪处罚。此外，《司法解释》也同样规定，明知他人从事欺诈发行股票、债券，非法吸收公众存款，擅自发行股票、债券，集资诈骗或者组织、领导传销活动等集资犯罪活动，为其提供广告等宣传的，以相关犯罪的共犯论处。

众筹平台如直接引入国外模式，在募集资金过程中面对不特定对象，且人数常常超过200人，其行为已触犯《证券法》关于公开发行证券的规定。因此，国内众筹模式需要规避这一法律风险，采取不以现金回馈的方式回报出资者，将投资行为演变为团购、预购行为。同时，一些股权制众筹平台采取成立有限合伙企业的方式，即由众筹出资者成立有限合伙企业，再由合伙企业对众筹项目发起者进行投资。但根据《证券法》第十条"非公开发行证券，不得采用广告、公开劝诱和变相公开方式"，股权制众筹平台仍难以与"变相公开"的界定完全隔离。

在 2014 年 3 月 28 日的中国证监会新闻发布会上，新闻发言人张晓军表示，众筹是个很新的概念，包括很多种形式，例如捐赠形式、回报形式等，其中关于股权众筹仍存在很多争论。股权众筹融资是近年来出现的基于互联网平台的创新型融资模式。证监会认为，股权众筹融资对于完善多层次资本市场体系、拓宽中小微企业融资渠道、支持创新创业活动和帮助信息技术产业化等，都具有积极意义。证监会目前正在对股权众筹融资进行调研，适时将出台相关指导意见，促进股权众筹融资的健康发展，保护投资者合法权益，防范金融风险。

上述表态一定程度上反映出监管部门对互联网环境下股权融资模式价值积极而开放的态度，谨慎认可新兴融资模式在信息化趋势下的必然性和合理性。但同时，在法律框架内，监管部门也在探寻研究众筹融资的合法性边界，站在金融监管的角度了解行业状态，为适当的监管寻求基础。

第四节　网络销售金融产品

从理论上讲，网络渠道与物理渠道的金融本质相同，是并列的销售路径。网络渠道的兴起源于交收效率、时间和空间扩展、客户使用习惯。从国内的情况看，政策部门对网络渠道销售金融产品持中立态度，底线是坚持与物理渠道风险监管原则的标准一致和统一。监管面临的新生问题是，网络销售金融产品过程中，网络支付机构与销售机构的合作对接在互联网环境下双方界限日趋模糊，存在支付机构超越自身定位实质性介入销售过程的问题。由于互联网销售过程不需要物理场所，虚拟环境下"无缝对接"式的合作需要在监管层面进一步考虑支付机构的职责边界和实质作用，统一其在信息披露、销售、宣传和消费者保护等方面需要遵从的监管规定，避免支付机构超范围经营和监管套利。

一、针对余额宝类产品的基本态度

针对余额宝等新型网络直销产品，监管部门在其发展过程中持谨慎观察、适时规范的相对开放态度，从一般性合规角度要求其完善相关手续，但没有其他干预性政策。2013 年，证监会提出支付宝余额宝业务中有部分基金销售支付结算账户并未向监管部门进行备案，也未向监管部门提交监督银行的监督协议，违反了《证券投资基金销售管理办法》第二十九条、第三十条和《证券投资基金销售结算资金管理暂行规定》第九条，要求支付宝就此次余额宝业务所涉及未备案的基金销售支付结算账户限期补充备案，逾期未进行备案的，将根据相应法律规定进行调查处罚。根据《证券投资基金销售管理办法》和《证券投资基金销售结算资金管理暂行规定》，基金销售支付机构的基金销售结算资金账户应由监督银行进行外部监管，并报证监会备案。此后，证监会表示市场上的一些互联网金融产品层出不穷，对具体的投资产品不做任何评价，但必须遵守两个底线：第一，不能损害基金持有人利益；第二，不能引发区域风险。此后还提出，余额宝是支付宝给用户提供的一项便捷性账户增值服务，本质上属于第三方支付业务与货币市场基金产品的组合创新。而早在 2013 年 7 月，证监会曾表态，在余额宝业务模式下，支付宝不参与基金销售业务，也不介入基金投资运作，仅发挥互联网客户导入的作用。在加快推进利率市场化和互联网金融快速发展的宏观背景下，中国货币市场基金总体上呈现出加快发展的良好态势，对于满足投资者特别是中小投资者的低风险理财需求、多渠道增加居民财产性收入、发展普惠金融、促进货币市场发展、健全反映市场供求关系的国债收益率曲线、提高直接融资比重、加快推动利率市场化、进一步优化基金行业资产结构均具有积极意义，但部分基金管理人、基金销售机构及基金销售支付结算机构还存在销售、宣传推介行为不规范，风险揭示不足及风险管理不到位等问题，例如有些产品没有明确揭示货币市场基金不等同于银行存款，不能保证基金一定盈利，也不保证最低收益，过往收益不代表未来收益等。这些都需要根据形势发展变化进一步加强货币市场基金各业务环节的风险管理，以更好地保护投资者合法权益，防范行业系统性风险。证监会正在研究制定进一步加强货币市场基金风险管理和互联网销售基金监管的有关规则。

发展互联网金融，有利于利用现代信息技术，提升金融服务的质量和效率，降低金融交易的成本，缓解中小微企业融资难的问题，证监会总体持支持态度。目前，互联网金融在发展过程中也存在一些问题和风险，需要加以规范和引导。互联网金融的本质还是金融，应遵守现行金融监管的基本规则；同时，互联网金融也具有一些不同于传统金融的特点，需要针对其特点作出有针对性的监管安排。

二、《证券投资基金销售机构通过第三方电子商务平台开展证券投资基金销售业务指引（试行）》

证监会允许证券投资基金除实体机构销售外，增加电子商务平台为销售的电子渠道。《证券投资基金销售机构通过第三方电子商务平台开展证券投资基金销售业务指引（试行）》规定，第三方电子商务平台是指在网上基金销售活动中为基金投资人和基金销售机构之间的基金交易活动提供辅助服务的信息系统。在程序上，基金销售机构通过第三方电子商务平台开展基金销售业务应当事先向中国证监会备案。要求基金销售机构明确各方职责，通过第三方电子商务平台开展基金销售活动的，应当在醒目位置披露其工商登记信息和基金销售业务资格信息，并提示基金销售服务由基金销售机构提供。基金交易账户开户、基金交易、相关投资顾问咨询和投诉处理等服务应当由基金销售机构提供。

同时，该指引对第三方电子商务平台也进行了约束。经营者和相关服务提供商应当保证基金投资人身份资料及交易信息的安全。除法律法规规定的情形外，第三方电子商务平台经营者和相关服务提供商不得将相关信息泄露给其他机构或者个人，也不得直接用做其他商业用途。第三方电子商务平台经营者从事基金宣传推介等基金销售活动的，应当取得基金销售业务资格。

三、《证券投资基金销售管理办法》中有关基金销售支付结算的规定

证监会 2013 年 3 月公布的《证券投资基金销售管理办法》允许互联网支付机构为基金销售提供网上支付结算服务，为互联网参与基金销售过程提供了政策空间。《证券投资基金销售管理办法》第三章规定基金销售机构可以选择商业银行或者支付机构从事基金销售支付结算业务。基金销售支付结算机构应当确保基金销售结算资金安全、及时、高效地划付。从事基金销售支付结算业务的支付机构应当取得中国人民银行颁发的支付业务许可证，且公司基金销售支付结算业务账户应当与公司其他业务账户有效隔离。在监管实践中，支付机构从事证券投资基金支付

结算业务须经过证监会有关部门的许可。

第五节　比特币等虚拟货币

比特币不属于严格意义上的互联网金融范畴，其本质是特定发行主体按一定规则提供给相应群体的象征性电子符号，可用于交易结算流通。由于其具有不设限的使用范围和不特定的兑换对象，在广泛接受的情况下可以发挥"准货币"作用，可以介入金融交易过程。监管部门对此保持了较高的审慎态度。中国人民银行等五部委于 2013 年 12 月印发《关于防范比特币风险的通知》，认为比特币具有没有集中发行方、总量有限、使用不受地域限制和匿名性四个主要特点，由于其不是由货币当局发行的，不具有法偿性与强制性等货币属性，并不是真正意义的货币。从性质上看，比特币应当是一种特定的虚拟商品，不具有与货币等同的法律地位，不能且不应作为货币在市场上流通使用。各金融机构和支付机构不得以比特币为产品或服务定价，不得买卖或作为中央对手买卖比特币，不得承保与比特币相关的保险业务或将比特币纳入保险责任范围，不得直接或间接为客户提供其他与比特币相关的服务，包括为客户提供比特币登记、交易、清算、结算等服务，接受比特币或以比特币作为支付结算工具，开展比特币与人民币及外币的兑换服务，开展比特币的储存、托管、抵押等业务，发行与比特币相关的金融产品，将比特币作为信托、基金等投资的投资标的等。提供比特币登记、交易等服务的互联网网站应当在电信管理机构备案。提供比特币登记、交易等服务的互联网网站应切实履行反洗钱义务，对用户身份进行识别，要求用户使用实名注册，登记姓名、身份证号码等信息。各金融机构、支付机构以及提供比特币登记、交易等服务的互联网站如发现与比特币及其他虚拟商品相关的可疑交易，应当立即向中国反洗钱监测分析中心报告，并配合中国人民银行的反洗钱调查活动；对于发现使用比特币进行诈骗、赌博、洗钱等犯罪活动线索的，应及时向公安机关报案。

第六节　地方政府的互联网金融产业政策

随着互联网金融社会关注度的上升以及行业实践的不断深化，互联网金融从业机构的数量、规模以及资本投入也在不断上升。基于互联网金融自下而上、市场自发的发展特征，针对互联网金融的政府政策也体现了自下而上的特点，特别是在互联网人口相对密集、互联网应用相对发达的东部省市地区，地方政府的互联网金融政策先于国家层面政策出台，比较有代表性的包括《深圳市人民政府关于支持互联网金融创新发展的指导意见》（深府〔2014〕23号）、《上海市政府印发关于促进互联网金融产业健康发展若干意见的通知》（沪府发〔2014〕47号），以及北京市石景山区《支持互联网金融产业发展办法（试行）》和海淀区《关于促进互联网金融创新发展的意见》等地方政府文件。

经归纳梳理相关内容，其政策方向和措施的共性包括以下几个方面。

1. 将鼓励互联网金融发展的导向定位集中于服务实体经济和产业转型升级，体现出地区经济将互联网金融作为增长、转型、创新发展新生动力的期望。例如，深圳市明确其发展互联网金融的动机是"进一步丰富深圳金融改革创新内涵，抢占新一轮互联网金融发展先机，推动互联网金融集聚创新发展，构建市场化、信息化、现代化金融服务体系，巩固提升深圳金融中心地位"，提出"要深刻认识互联网金融对全市转变经济发展方式、促进产业转型升级的重要作用，把握政策机遇，充分集聚资源，营造良好的金融创新环境，推动互联网金融健康快速发展，持续增强金融业竞争力，构建新时期深圳经济特区金融创新发展新优势"，"鼓励互联网金融开展业务创新。支持互联网金融企业探索建立面向中小微型企业线上、线下的多层次投融资服务体系，在融资规模、周期、成本等方面提供更具针对性和灵活性的产品和服务"。上海市提出"鼓励互联网金融为符合国家及本市产业导向领域的中小微企业和家庭居民提供多样、灵活的金融服务；支持互联网金融与电子商务、现代物流、信息服务、跨境贸易等领域融合发展，促进相关行业转型升级"。

2. 赋予互联网金融相对独立、明确的行业身份。深圳市提出"支持互联网金融企业注册登记。允许互联网金融企业（除经国家金融监管部门批准设立的机构外）在工商登记企业名称和经营范围中，使用'互联网金融服务'字样"。上海市提出"允许主要从事互联网金融业务的企业在名称中使用'互联网金融'或'网络金融'字样，并在工商登记等环节提供便利"。北京市石景山区规定"鼓励互联网金融企业在石景山区设立和发展，支持企业在名称中使用'金融信息服务'字样，根据行业主管部门的审批结果核准经营范围，政府相关部门为企业提供高效便捷的准入服务"。北京市海淀区规定"大力支持互联网金融企业在海淀注册设立。工商分局要简化登记审核流程，缩短审核时间，提升审核效率。积极争取在区内注册的企业名称中使用'金融信息服务'字样或经营范围中使用'基于互联网的金融信息服务、撮合交易'等字样。支持互联网金融企业在海淀开展各项互联网金融创新服务业务，区金融办对申请政策的互联网金融企业实行登记管理"。这意味着互联网金融机构在企业属性方面至少在形式上有了区别于一般工商企业的特殊"身份"特征。虽然其不必然具备金融机构的明确性质，但有了类金融服务或辅助服务的被认可地位。

3. 基于地方行政资源，提供政策性激励。各地区普遍重视对互联网行业的政策吸引和优惠措施，主要运用政策优惠和机构聚集等传统上使用的产业政策增强本地区的吸引力，以期降低行业的落地成本和发展成本。

（1）资金政策方面。深圳市提出"加大对互联网金融项目的奖励。重大科技研发和商业模式创新的互联网金融项目，可申报互联网产业发展专项资金。符合我市金融创新方向的互联网金融创新产品和业务模式，可申报市金融创新奖。符合条件的互联网金融产业园区，可申报科技型企业孵化器项目资助"；"创新财政资金对互联网金融投入方式。鼓励创业投资引导基金与境内外股权投资机构、金融机构、产学研联盟合作，发起设立互联网金融创投基金，重点投向初创期、成长期的互联网金融企业。创新市科技研发资金的投入方式，通过贷款贴息、科技保险、股权投资等资助方式，引导金融资源和社会资本加大对互联网金融的投入"。上海市提出"对互联网金融领域的新兴业态和创新模式，本市战略性新兴产业发展专项资金、服务业发展引导资金、高新技术成果转化专项资金等财政资金予以重点支持。支持有条件的互联网金融企业进行软件企业、高新技术企业、技术先进型服务企业等方面认定，按照规定享受相关财税优惠政策"；"充分发挥上海市大学生科技创业基金、上海市创业投资引导基金等政策性基金的助推作用，探索设立主要投向互联网金融领域早期创业企业的创业投资基金和天使投资基金。支持社会资本发起设立互联网金融产业投资基金、并购基金，鼓励各类机构投资有发展潜力的互联网金融企业"。北京市石景山区提出"发挥政府引导基金的杠杆作用，吸引社会资本共同参与发起设立互联网金融产业投资基金，扶持互联网金融企业发展，加快培育龙头企业"，"设立互联网金融产业发展专项资金，每年安排1亿元，用于支持互联网金融产业基地建设、完善互联网金融基础配套设施，对互联网金融创新有重要贡献的杰出人才和核心骨干给予奖励"，"鼓励互联网金融企业在石景山区内购（租）房。购买自用办公用房从事互联网金融业务的，经认定后可以享受购房补贴；租赁自用办公用房从事互联网金融业务的，经认定可以享受三年租金补贴……经认定符合条件的互联网金融企业可享受一次性开办补贴100万元"；北京市海淀区"对2013年之后（含2013年）新设立或新迁入海淀区，具备独立法人资格且在海淀区注册纳税并经认定为互联网金融企业的，可参照金融机构享受相关的购房补贴和三年租房价格补贴。入驻海淀区科技金融重点楼宇（中关村金融大厦、中关村PE大厦、互联网金融中心等）的互联网金融企业……给予三年的房租价格补贴"等。

（2）人才政策方面。深圳市"支持金融业和互联网产业整合智力资源，开展跨界结合的学术研究、交流合作和培训活动。鼓励互联网金融企业、金融机构和科研机构通过组建博士后工作站、研究智囊机构等方式，开展互联网金融创新研究，加快培养创新型金融人才。互联网金融企业的高级管理人员和高级技术人才，符合深圳市高层次人才认定条件的，可享受关于人才引进、子女教育、医疗保障等方面的相关扶持政策"。上海市"支持互联网金融企业的高级管理人员和高级技术人才享受本市人才引进政策，在居住证等人沪手续办理方面提供便利。支持作出突出贡献的互联网金融企业高级管理人才和技术人才申报本市有关高级人才项目。支持高等院校、专业机构加强互联网金融领域人才培训，探索开展从业人员资质认证，对有关培训认证费用可给予适当补贴"。北京市石景山区规划"联合国内知名院校共同开办北京互联网金融研究院。开展互联网金融产业理论研究，探索创新发展路径，开展互联网金融行业标准研究，推动研究成果转化，加快培养互联网金融人才，提升互联网金融人才可持续发展能力"，"支持互联网金融重点企业享受北京市和石景山区人才服务政策。包括高端人才落户、医疗、子女教育、人事档案管理、职称评定、社会保障手续办理等专业化服务"；北京市海淀区提出"建立健全互联网金融人才培训机制与培养体系。加大中高层次互联网金融人才培训力度，以吸引、培训人才为促进海淀互联网金融产业发展的重要手段，对相关互联网金融人才的培训费用予以适当的补贴，对相关机构组织开展的培训工作予以奖励，形成互联网金融人才梯队。协助企业引进的海外留学归国人员申请享受扶持政策"。

（3）产业政策方面。深圳市提出"支持互联网金融产业链联盟发起设立产业基金、并购基金和风险补偿基金，以满足互联网金融企业不同阶段、不同层次的资金需求"。上海市提出"构建互联网金融产业联盟，促进信息技术手段与金融业务的融合运用。支持设立、发展提供数据存储及备份、云计算共享、大数据挖掘、信息系统及数据中心外包、信息安全维护等基础服务的机构，支持建立互联网金融数据共享交换平台"，"探索开展互联网金融相关领域地方立法研究，加大对互联网金融企业专利、软件、品牌等知识产权的保护力度"。

4. 着手完善基础设施和发展环境建设。针对互联网金融技术密集、信息密集和专业密集的特点，各地区普遍开始关注适合互联网创新特点的基础环境建设问题，即除了"硬优惠"，更需要"软环境"。至于面向互联网金融创新和发展的配套基础设施，各地区也开始在政策上予以考虑和规划，否则产业优惠政策有可能被简单化为地区间吸引从业机构的价格竞争型政策。

（1）信用体系方面。深圳市提出"完善互联网金融信用体系建设。积极推动符合条件的互联网金融企业接入人民银行征信系统。探索组建互联网金融信息服务平台，推动信息的交流对接和资源共享。支持具备资质的信用中介组织开展互联网金融企业信用评级，增强市场信息透明度"。上海市提出"支持互联网金融企业充分利用各类信用信息查询系统，规范信用信息的记录、查询和使用。支持信用服务机构面向互联网金融领域加强信用产品研发和服务创新，建设互联网金融信用信息服务平台。对为互联网金融企业提供专业信用服务的机构，可按照规定给予一定支持"；"支持市公共信用信息服务平台与互联网金融企业加强合作，促进公共信用信息、金融信用信息、社会信用信息互动共用"。北京市海淀区提出建立政府部门信用信息交换机制，完善对企业基础信用、企业政务信用、企业经营信用等信息的归集、征集和共享机制。此外，上海市还提出关键性的几点："探索开展互联网金融相关领域地方立法研究，加大对互联网金融企业专利、软件、品牌等知识产权的保护力度。充分发挥上海金融法治环境建设联席会议等工作机制的作用，针对互联网金融行业特点，着力营造良好法治环境"。

（2）信息科技体系方面。深圳市提出"支持互联网金融配套服务机构在深集聚，拓展数据储存备份、云计算共享服务、大数据挖掘服务、销售结算服务等业务，加强信息安全、大数据储存和宽带基础设施建设。推动会计、审计、法律、咨询等中介服务机构专业化、高端化发展，为互联网金融企业提供优质的专业服务"。上海市提出"支持设立、发展提供数据存储及备份、云计算共享、大数据挖掘、信息系统及数据中心外包、信息安全维护等基础服务的机构,支持建立互联网金融数据共享交换平台"。

(3)产业园区方面。深圳市提出"鼓励各区(新区)积极参与互联网金融创新试点工作,进一步优化产业空间布局,加大政策扶持力度,强化市区两级联动,吸引各类互联网金融企业及配套服务机构聚集,持续增强互联网金融聚集效应"。上海市"鼓励互联网金融企业合理集聚。积极支持有条件的区县、园区结合自身产业定位,建设有特色的互联网金融产业基地(园区),制定有针对性的政策措施,引导互联网金融企业合理集聚。对优秀互联网金融产业基地(园区),市、区县两级政府可给予一定支持"。北京市海淀区提出"加快建设互联网金融产业园和基地。拓展互联网金融发展空间,打造互联网金融产业园和互联网金融基地,形成互联网金融产业聚集态势"。

5. 兼顾互联网金融风险监管。

(1)监管规范方面。深圳市提出"建立互联网金融行业自律组织。筹建全市互联网金融行业协会,建立各有关部门共同参与的互联网金融联席会议制度和工作机制,打击互联网金融违法违规行为。完善互联网金融监管执法体系,加强与金融监管部门的协调配合、综合联动,依法严厉打击利用互联网平台进行的非法集资、非法支付结算和非法证券等各类金融违法犯罪活动,切实维护金融秩序"。上海市提出"积极配合中央金融监管部门开展工作,严厉打击互联网金融领域的非法集资、洗钱犯罪、恶意欺诈、虚假广告、违规交易、买卖客户信息等违法犯罪行为","支持建立互联网金融行业协会、联盟"。

（2）投资者教育和金融知识宣传方面。深圳市规划定期开展金融法制教育、警示宣传工作，加强投资者金融知识普及和风险教育，提升全社会对互联网金融的认知度和风险防范意识。上海市提出"加强投资者教育和金融消费者权益保护。通过电视、广播、报刊、网络等多种形式，加强互联网金融适当性教育，提高投资者风险意识及产品认知、风险识别能力。畅通互联网金融消费投诉渠道，加强金融消费者权益保护"。

本章小结

在国际互联网金融模式探索的引领和国内民间金融需求刺激的共同作用下，国内互联网金融实践呈现出发展迅速、创新活跃、形态多样、"野蛮生长"的趋势。由于互联网金融尚未构成一个严谨、稳定的理论概念，更多地是对互联网环境下一系列自发式金融或类金融经营现象的概括，我国互联网金融的业态呈现出发展程度不同、风险程度不同、影响程度不同的特点，彼此间差异较大。虽然互联网带来了新的技术手段和交易渠道，但由于金融业务具有本质的风险性和外部性，互联网金融也必然接受基于单体或系统性风险考量的监管约束。在我国基础金融法规和更为严厉的非法集资刑事法律框架下，互联网金融的监管体系是具有建设基础和上位法指导的，但同时监管者也必须充分着眼于互联网对社会效率带来的显著优化和模式创新，在现有的法律框架内，给予互联网金融发展、创新的空间，赋予其满足现有金融体系不能有效覆盖领域的金融功能，成为普惠金融的延展和补充。

从网上支付到P2P网络借贷，从网络销售金融产品到众筹融资，虽然形态和功能存在较大差异，但均对应到互联网社会中实体经济活动反映出的现实需求，因此在监管建设上也需要从实体经济需求的角度着手，稳步构建监管体系，与行业同步发展和完善，可以归纳为三方面导向：一是充分动员市场自身的优胜劣汰机制，强化市场约束和行业自律，促进"良币驱逐劣币"机制的形成；二是准确识别分割互联网金融从业机构的良好实践和违法违规行为，鼓励良性发展，果断以法律为边界惩戒违法者，为合规者提供健康的竞争发展环境；三是创新自身的监管模式，尊重互联网和互联网实体经济的规律，打造新的监管手段和工具。从全社会互联网化的总体趋势上观察，经济互联网化决定了金融互联网化，也就决定了监管的互联网化，这是不以监管者的意志为转移的。

第六章
中国互联网金融创新前景展望

第一节　中国互联网金融发展面临前所未有的机遇

中国历史上曾是金融创新的大国。从先秦到唐宋，再到晚清近代，中国的货币金融制度变迁纵跨前后数千年，其间出现了众多对后世影响深远的金融创新。唐朝宪宗年间的飞钱制度，就是货币史上一次重大的金融支付工具创新。尽管只是昙花一现，但飞钱对金融发展的影响不可忽视。飞钱的兴起首先促进了当时社会商品经济的迅速发展，实现了商品和金融资源在欧亚大陆广阔空间内的优化配置。此外，飞钱"合券乃取"的兑换方法标志着汇兑信用的开始，对后期纸币的产生起到了较大的示范和推动作用。中国也是世界上第一个使用法定纸币的国家，比欧洲要早几百年。北宋时期，中国出现了世界上第一个有政府信用支持的纸币——交子。随着商品经济的发展，笨重的铁钱在四川地区的商品交换使用中尤为不便，于是纸质的交子首先在当地民间开始流行。随着交子发行量的剧增，交子开始出现信用问题，终于导致价值暴跌，引发了地区性金融危机，这也是世界上第一次纸币类型的通货膨胀。四川交子从民间流行到正式由官方机构规范发行，则整整花了 60 余年的时间。这不但是中国金融史上的大事，在世界金融史上也是值得浓墨重彩的一笔。可以说，金融创新在中国一直都有着深刻的历史积淀和文化支撑。

在今天，互联网已经成为一种全方位改变人类社会生活空间的技术架构，其背后所代表的开放、平等、协作和分享等精神也在深刻影响人们的生活，而互联网精神中的一些社会性特点则和东方的传统文化非常契合。与西方基督教文化主张的个性解放、强调个人主义相比，东方文化的社会性特点更为明显，群体文化的色彩比较浓厚。自古以来，中国传统文化中"人情"都占据了相当重要的地位，人们花在社会交际方面的精力和时间远远超过西方，人与人之间的关系也更为密切。因此，以社交网络、P2P 技术为代表的各类互联网业态在中国的蓬勃兴起也就不足为奇了。基于共享精神而兴起的 P2P 借贷行业，就与存在于中国唐宋时代，目前在浙江、福建民间仍广泛流传的"标会"这一融资方式有许多共通之处。两者都是将借款人的资金分为多个标准份额提供给不同的贷款者分担风险，同时通过社交网络的约束降低信用风险。

总体来看，中国互联网金融起步的时间并没有落后世界太多，在其中的部分领域甚至已经成为全球领先者。近年来，中国互联网行业发展迅猛，整个行业规模扩张保持较快速度，在互联网理念和技术方面的创新更是层出不穷。截至 2013 年 12 月，中国网民规模达到 6.18 亿人，全年共计新增网民 5358 万人。与此同时，手机上网用户继续保持良好的增长态势，规模达到 5 亿人，手机是第一大上网终端。[①] 在电子商务领域，中国 2013 年电子商务规模已达到 10 万亿元，位居全球首位。与之伴随

---

① 中国互联网络信息中心（CNNIC）：《中国互联网络发展状况统计报告》，2014 年 1 月 16 日。

的第三方支付市场规模也已接近 5.5 万亿元，同比增速达到 46.8%。在新兴的 P2P 借贷领域，2013 年中国 P2P 借贷市场规模约为 680.3 亿元，也超过了欧美等国家。①

展望未来，互联网技术和精神对金融领域的改造已势不可当。互联网金融在填补传统金融空白和薄弱环节以及推动普惠金融发展等方面，将发挥至关重要的作用。中国的互联网金融行业正面临前所未有的发展机遇，而完善的监管体制则是促进中国互联网金融长期可持续发展的基石。

第二节　推动金融创新应防范金融风险

纵观世界金融发展史，每一次重大的金融创新都会引发金融危机。从中国北宋时期交子的出现导致区域性通货膨胀，到 16 世纪荷兰的"郁金香狂潮"，再到最近一次由美国次贷问题引发的国际金融危机，每一次重大金融危机的背后几乎都有金融创新的影子。世界金融发展史实质就是一部金融创新与金融危机往复更替的历史。正如纸币的发明加速了通货膨胀发生一样，银行的出现暴露了金融机构被挤兑乃至破产的风险，而股市的发展则催化了资产泡沫的大量形成——金融创新在推动社会经济发展的同时往往也带来了始料未及的问题和风险，给原有金融体系、金融业务以及货币政策等造成较大冲击。拿离我们最近的这一次国际金融危机来说，以资产证券化为代表的一系列金融创新就在危机的爆发和

---

① 《央行：推动我国互联网金融 继续保持全球领先地位》，http：//stock.sohu.com/20140404/n397743559.shtml；《艾瑞咨询：2013 年中国电子商务市场交易规模 9.9 万亿元》，http：//ec.iresearch.cn/others/20140115/225005.shtml。

升级过程中扮演了十分重要的角色。资产证券化所创造的金融衍生产品本意是为了分散金融风险、提高金融机构效率，但是，过度的资产证券化加长了金融交易的链条，导致风险从房地产市场、抵押贷款市场逐渐蔓延到信用市场，最后引发了国际金融危机。

金融危机的发生通常要求政府吸取教训，适当采取补救措施，完善制度建设，而每个国家处理金融危机的方式和态度对金融体系的发展则有深远影响。中国晚清政府对轮船招商局的整顿措施，显示出其对民营企业和金融创新已彻底丧失了信心。而清政府在此之后大力推行的官办经济，则深化了后世政府对企业发展进行行政干预的固有理念。与之类似，英国政府对"南海泡沫事件"的处理也相当严厉，事后通过的《泡沫法案》对英国证券市场的影响长达 100 余年。英国私人公司自此被禁止向公众发行股票，直到 120 年后的 1860 年才重新解禁，英国证券市场在此期间陷入了长期的停滞。总体来看，西方国家在应对金融危机方面，更多地是不断完善制度建设，倡导契约精神，往往是通过鼓励新的创新来解决旧的危机，实现了金融创新与制度创新的平衡发展。

很多发达国家的事实证明，金融危机的出现更多地是因为对金融创新产生的风险认识不足，以及金融监管的滞后甚至缺失。美国次贷危机的外在表现虽是金融创新过度，但其内在根源则是对过度金融创新的监管不力。因此，只有建立完善的内部风险管理程序和外部监管制度才能长久推动金融创新。

第三节　互联网金融监管的基本原则

互联网金融是一种新型金融业态，目前国际上没有统一的监管规则。

为了促进互联网金融业务的稳健发展，监管者必须寻求创新与风险的平衡。我们建议借鉴国际最新的监管改革经验，对互联网金融的监管秉持两大原则。

一、风险特征监管原则

风险特征监管原则指不拘泥于机构的名称，按金融业务的实质功能和风险特征进行监管。在现代金融体系中，在空间维度和时间维度分配金融资源的机构并不是只有商业银行。判断一个机构是否具有信贷中介职能，不能单看名称，更重要的是看它的实际金融功能。理论上讲，互联网信贷中介和我们常说的"影子银行"概念非常相像。根据金融稳定理事会的定义，影子银行有广义和狭义之分。广义的影子银行包含所有非银行信贷中介机构，而狭义的定义则是指没有接受适当监管的信贷中介机构。从上述定义来看，在中国，互联网金融机构符合影子银行的特征。

金融机构的名称是常变的，而其发挥的金融功能和金融风险在很长的阶段是恒定的。如果监管部门只针对机构名称制定规则，则永远会落在金融创新的后面。我们建议，对新兴金融机构的监管应该根据其金融功能对应的金融风险特征进行监管。

1. 涉及金融业务且存在逆向选择风险就要建立准入标准。在前面的章节中，我们已经介绍了金融机构具有外部性，因而成为特许经营行业，由于逆向选择和"柠檬问题"的存在必须进行准入管理。例如，根据法律，只有国家授权的金融机构才可以进行公开的资金归集。公开的资金归集是通过广告宣传，汇集社会不特定对象的资金进行投资。这种方式与资金提供方的穷富无关，也与广告宣传的形式无关。大规模社会资金归集是银行业务的一个专属特征，如果非银行机构进行大规模社会资金归集，就必须符合严格的准入标准。不论通过何种平台，只要从事金融相关业务，就必须满足机构、业务、人员准入的相应条件，防止出现逆向选择问题。

2. 具有委托—代理问题和道德风险就要加强风险管理和信息披露。不论是互联网信贷中介机构还是提供众筹和理财服务的信息平台，都会产生道德风险，危及消费者的利益。因此，提供第三方支付和金融服务的互联网机构应该重点加强消费者保护和第三方资金托管。以 P2P 形式从事间接融资和以众筹形式从事直接融资的机构还应建立内部风险管理流程，妥善管理信用风险、市场风险、操作风险。监管部门应该对互联网信贷机构开展现场与非现场检查，互联网众筹机构也应填报相应报表，定期公布经营管理情况。

3. 进行显性或隐性收益承诺就要具备损失吸收能力。无论是显性还是隐性的收益承诺，都具有合同的约束力。显性承诺是指在合同约定中已经明确对投资收益进行担保，如果收益达不到预期水平则应进行补偿。隐性承诺是诱导投资者或储户对投资收益形成刚性兑付的预期，中介机构对贷款进行隐性的担保增信。不论是显性承诺还是隐性承诺，出让资金方更多地是考量金融中介机构的信用，而不是借款方的信用，因而在遭受投资损失时金融机构必须分担风险。例如，银行代理发行的金融产品如果遭遇损失，从法律责任上来说虽然银行可以免责，但为了减少声誉风险和维护客户关系，实际操作中银行往往要参与分担投资损失。因此，互联网金融平台只要在客户投资产生损失时依合同约定或在道义上有偿付责任，就必须建立资本和拨备类型的损失吸收机制。

4. 存在期限错配和流动性转换就要建立流动性管理规则。部分互联网金融平台从事资金池业务，利用短期借入的资金投资长期的项目，形成期限错配风险。与此同时，互联网中介机构对资金提供方承诺可随时提取资金，面临很大的流动性风险，必须建立流动性管理规则。这方面，可以借鉴国际金融监管改革成果，分别针对短期流动性压力和长期资产期限错配设立流动性监管指标，降低风险。

5. 建立退出机制，降低外部化成本。从事信贷中介的互联网机构应该加入存款保险计划，进行众筹等直接融资的机构应该确保公司的破产倒闭不影响筹资项目的运营和对投资者的回报。从事金融支付的公司应该建立恢复与处置安排，当支付公司陷入危机时，其承担的金融市场功能可以通过其他公司或平台得以延续。

二、系统重要性监管原则

系统重要性监管原则指监管强度随系统重要性的提高而提升。为了鼓励创新，降低合规成本，对规模小、系统重要性低的互联网金融机构可以设定相对较低的监管标准。与此对应，为了防范风险，抑制盲目扩张，对一些规模大、系统重要性高的互联网金融机构应该提高监管标准。

本次金融危机表明，大型金融机构在金融市场上扮演着极其重要的角色，如果倒闭，会造成金融体系的巨大动荡。商业银行的倒闭将会造成大量储户的挤兑，引发社会危机，而投资银行倒闭也会使发挥做市商功能的市场陷入瘫痪，金融功能无法延续。2008 年，美国财政部和美联储由于担心动用纳税人金钱救助银行将面临道德压力，没有救助雷曼兄弟公司，引发了国际金融危机。系统重要性金融机构面临破产威胁时解决方案非常有限，为确保其安全而不得不将救助成本转嫁给纳税人。此问题若不能合理解决，将导致道德风险上升，将使系统重要性金融机构承担过度风险。为了解决"大而不能倒"的两难问题，经过反复讨论，金融稳定理事会决定从评估金融机构的系统重要性、强化吸收损失能力、加大监管强度、完善风险处置机制、夯实金融基础设施等方面来设计解决方案。首先，金融稳定理事会从国际活跃程度、资产规模、复杂度、关联度、可替代性五个角度确定了系统重要性的标准。其次，国际监管界对系统重要性金融机构大幅提高了资本和流动性的监管标准，以增强其经营的稳健性。最后，所有全球系统重要性金融机构都被要求建立恢复和处置计划，确保金融机构经济功能的维持和有序退出。目前，全球29家银行和9家保险公司已分别被认定为全球系统重要性银行和全球系统重要性保险公司，其中，包括我国的两家银行（中国银行、工商银行）和一家保险公司（平安集团）。

借鉴国际上对系统重要性金融机构的监管经验，互联网金融机构应该根据其业务范围和经营规模确定监管标准。在发展初期，对涉及资金规模小、客户人数少的互联网金融业务可以执行相对较低的监管标准，对从事小微企业信贷和涉农业务的机构还可以给予适当优惠。随着互联网金融业务的拓展，互联网金融机构对金融体系的影响将会上升，对一些拥有大量客户、占据巨大市场份额的互联网金融机构应该设定更为严格的监管标准。具有全国性、系统性影响的互联网金融机构还应建立严格的恢复与处置计划，监管机构也应分配更多的监管资源。

第四节　未来世界

互联网技术的出现加速了我们所处时代的变革，并在不断介入包括金融在内的众多领域，深刻地改变着社会经济运行方式和人们的日常生活习惯。在全球信息通讯和网络技术日新月异的情况下，互联网金融行业的出现符合现代服务业的发展趋势。可以想象，在可预见的未来，现有的金融体系将在互联网金融创新的带动下发生革命性变化。

一是金融信息和金融知识集约化，金融专业知识的垄断性降低。在人类社会发展的数百万年间，信息一直是稀缺资源，专业技能和知识的积累成本巨大。作为信息密集型行业，金融业对信息一直是高度依存的。传统金融机构从出现至今已经过了几百年的发展，对各类金融技术和知识的储备、对风险的控制能力都已经比较完善了。由于金融信息和金融知识的复杂性和稀缺性，金融业成为信息价值最高的行业。由于专业技能的不可复制性，金融人才享受最优厚的待遇。

反观互联网金融行业，它是建立在平等、开放以及共享等互联网精神基础之上的，具备资源开放化、信息集约化以及选择市场化等特点。随着金融信息和金融知识在互联网上的不断普及，从基础的客户信用信息到实时的交易信息都将通过互联网进行储存和分析，未来金融信息将在互联网上高度集中且开放。传统金融行业原本赖以生存的基于信息不对称、基于金融专业知识的比较优势将不复存在。届时，互联网金融行业将对传统金融业务带来巨大冲击。金融业的分工和专业化也将逐渐淡化。未来完全可能出现全球统一的金融信息平台和知识库，普通民众不一定需要掌握金融专业知识，就可以在互联网信息平台的指导下进行复杂的金融投资操作。各类理财投资的收益率将趋同，现在活跃的各类理财基金将面临转型的压力。

二是互联网金融机构混业经营，赢者通吃。过去几十年，金融机构的混业经营风起云涌，一直是争论的话题。国际金融危机之前，出现了很多既从事商业银行业务，又进行投资银行业务的"金融航母"。国际金融危机之后，国际监管机构在传统信贷业务和证券业务之间强化了"防火墙"。但是，互联网金融的横空出世，显著降低了间接融资与直接融资的区别。从理论上讲，P2P 信贷也可以看做是一种众筹业务，只不过一种产品承诺收益，一种产品按股分红，区别在于收益的分配方式而已。支付和理财的区别也由于 PayPal 基金和余额宝等新型金融业务的出现变得难以区别。因此，互联网给金融业带来的最大影响就是混业经营的"大金融"时代的到来。

互联网金融公司通过手中掌握的大量客户资源，凭借"大数据"、低成本等优势进行跨业经营的趋势已经十分明显。阿里巴巴、百度、腾讯等公司通过自身平台与各类金融产品的紧密衔接，从主营业务向支付汇款、小额信贷、现金管理、财富管理、基金和保险代理等各项传统银行业务逐步渗透。与此同时，传统的金融机构也纷纷涉足互联网领域，网上银行、资金托管、网上理财业务不断创新。互联网金融机构最大的优势在于互联网思维，而传统金融机构的最大优势在于历史和线下资源。未来，只有掌握了互联网思维并具有强大的线上、线下资源的金融机构才能生存。今后的金融机构竞争格局会发生巨大改变，金融机构的数量将会大幅减少，但每一家金融机构的业务范围会扩大，客户数量将会显著上升。金融机构的日益复杂化和更高的系统重要性将要求更完善的风险管理制度和外部监管机制。

三是金融服务实现普惠化和标准化，金融创新成为消除阶级不平等的新路径。互联网金融打破了金融服务的约束边界，通过互联网触角摆脱空间的限制，提高了金融服务的覆盖面和可获得性，增强了金融多层次服务实体经济的能力。P2P 借贷平台、众筹融资、互联网理财等互联网金融机构通过"大数据"、大平台、云计算等技术，能够批量化、快速对客户各项数据进行搜集和分析，降低了交易成本和信息不对称的程度，使得更多大众群体能够共享便捷的金融服务，提高了金融的普惠程度。未来，互联网金融将在个人信用贷款、小微企业融资以及小额碎片化理财等长尾金融服务方面发挥更大作用。此外，互联网金融将彻底打破传统金融业的地域和语言障碍，在低成本条件下对客户在金融服务方面的需求和偏好进行分析，提供任何时间（anytime）、任何地点（anywhere）、任何方式（anyway）的标准化的金融服务，以前只有富有阶层专享的金融服务也扩展到了普通的社会大众。

理论上讲，现代金融可以成为一种打破阶级限制、扩大人类自由的革命工具。在传统的阶级斗争理论中，无产阶级尽管有聪明才智，但缺乏资金和生产资料，只能为资本家卖命，沦为资本的奴隶。社会划分为两个鲜明的阶级：受资本奴役的无产者阶层和不劳而获的资本家阶层，而打破这种不公平社会制度的方式就是无产阶级革命，即剥夺资本家的私有财产，实现生产资料公有化。在现代的金融体系中，随着 P2P 和众筹等新金融方式的出现，有才能的无产者可以方便地获取资金，摆脱资本的奴役，创业成功后很快晋升为富有阶层，成为自由的人；而资金富余的人也可以更为便捷地进行广泛的社会投资，参与社会成果的分享。同样一个人，在某个项目中可以是借贷方，在另一个项目中也可以是投资方，无产者和资本家的阶级划分在资源高效分配的时代已经弱化。从这个意义上讲，通过金融创新消除阶级的不平等是一条更为稳健和科学的道路。

附录一
作者简介

范文仲　耶鲁大学经济学博士，现任中国银行业监督管理委员会国际部主任、中国金融四十人论坛成员、中国人民对外友好协会理事、海峡两岸关系协会理事、第十一届全国青联委员。

本科毕业于复旦大学世界经济系。20 世纪 90 年代中期，曾在国家财政部世界银行司工作，后赴美国耶鲁大学攻读博士学位，毕业后在美国雷曼兄弟公司担任亚太宏观经济学家。2006 年，进入中国银监会工作，担任法规部司局级干部、研究局副局长。2008 年，作为"中组部、团中央第九批赴渝博士服务团"团长，到重庆市挂职工作，先后被任命为重庆市国资委、发改委副主任。

2010 年起，担任银监会国际部主要负责人。国际部的工作职责包括：深化银行监管国际交流合作，积极推动中国银行业机构国际化发展；通过全球金融稳定理事会和巴塞尔银行监管委员会等国际平台，积极参与全球银行监管改革进程，制定国际金融监管新规则；协调指导中国银行业稳健实施包括巴塞尔协议 Ⅲ 在内的国际新监管标准，提高银行监管工作的有效性。

蒋则沈 2006 年进入中国银监会业务创新监管协作部工作，先后从事电子银行、信息科技风险、互联网金融等领域的监管研究和政策制定。此前，在英国伯明翰大学经济系取得理学硕士学位，在复旦大学中文系取得文学学士学位。

郭宇航 点融网联合首席执行官、创始人，上海新金融研究院理事，中国政法大学金融创新与互联网金融法治研究中心研究员。在创立点融网之前，从事律师行业十余年，专注于知识产权及投资领域。曾为西门子、谷歌、微软等跨国公司代理国内知识产权事务，为多家风险投资基金担任法律顾问。创办过私募基金，并担任特有威领新三板投资基金执行事务合伙人。2012 年，与全球最大的互联网借贷平台 Lending Club 的创始人之一、前首席技术总裁苏海德联手在中国创立了点融网。

周特立 2012 年进入中国银监会国际部工作。此前，曾先后供职于毕马威（英国）会计师事务所、国信证券股份有限公司投资银行事业部。在英国伦敦城市大学卡斯商学院取得理学硕士学位，在英国诺丁汉大学取得文学学士学位。

董辰珂 清华大学五道口金融学院 2013 级博士生。2013 年于清华大学五道口金融学院（原中国人民银行研究生部）获得硕士学位；2009 年于华东师范大学公共管理学院获得管理学学士学位，辅修华东师范大学心理学学士学位。

附录二
上海新金融研究院简介

上海新金融研究院（Shanghai Finance Institute，SFI）是一家非官方、非营利性的独立智库，致力于新金融领域的政策研究。研究院成立于2011年7月14日，由中国金融四十人论坛（China Finance 40 Forum，CF40）举办，与上海市黄浦区人民政府开展战略合作。研究院的业务主管单位是上海市金融服务办公室，登记管理机关是上海市社团管理局。研究院的宗旨是：探索国际金融发展新趋势，求解国内金融发展新问题，支持上海国际金融中心建设。

2014年1月22日，在美国宾夕法尼亚大学发布的《2013年全球智库报告》中，上海新金融研究院在"最佳管理"排名中居第29位，是该榜单中国区第一。在其他几项指标中，研究院也处于国内领先地位。

作为独立、专业、开放的现代化智库，上海新金融研究院努力提供一流的研究产品和高层次、有实效的研讨活动。研究院业务主要包括SFI闭门研讨会、上海新金融年会、互联网金融外滩论坛、课题研究、《新金融评论》、"新金融书系"、媒体专栏、学术论文等。

中国金融四十人论坛是一家非官方、非营利性的独立智库，专注于经济金融领域的政策研究。论坛成立于2008年4月12日，由40位40岁上下的金融精锐组成，即"40×40俱乐部"。本智库的宗旨是：以前瞻视野和探索精神，致力于夯实中国金融学术基础，研究金融领域前沿课题，推动中国金融业改革与发展。

Introduction of SFI

Founded on July 14, 2011, the Shanghai Finance Institute (SFI) is a leading non – governmental, non – profit institute dedicated to professional academic financial research. SFI is operated by the China Finance 40 Forum (CF40) and has a strategic cooperation with the Shanghai Huangpu District government. The Shanghai Financial Services Office is SFI's regulator, and SFI is registered with the Shanghai Administration of Social Organizations.

The mission of SFI is to explore new trends in the global financial market, pursue solutions to novel problems associated with China's financial development, and support the development of Shanghai as an international financial center.

SFI ranked No. 29 in "Best Management" in the 2013 Global Go – To Think Tank Index and was the highest – ranked Chinese Think Tank in this category. SFI was also recognized as one of the top Think Tanks in China in other categories.

Known for its professionalism and openness, SFI is an independent think tank dedicated to promote academic exchange. It conducts high – level research activities to provide first – class research products.

SFI hosts events such as closed – door seminars, the Shanghai Annual Conference of New Finance, and the Bund Forum of Internet Finance. It also conducts research projects and is responsible for the publication of the *New Fi-*

nance Review, the New Finance Book Series, various academic journals and articles, and media columns.

The China Finance 40 Forum (CF40) is a non – government, non – profit, and independent think tank dedicated to policy research on economics and finance. CF40 was founded on April 12, 2008, and operates as a "40 × 40 club" that consists of forty influential experts around 40 years old. CF40 aims to enhance the academic foundation of China's finance, provide high – quality research on emerging financial issues, and promote financial reform and development.

附录三

上海新金融研究院组织架构与成员名单（2014 年）

研究院顾问委员会主席：

陈　元　全国政协副主席

研究院顾问委员会成员（按姓氏拼音排序）：

1　方星海　中央财经领导小组办公室国际经济局局长

2　胡怀邦　国家开发银行董事长

3　姜　洋　中国证券监督管理委员会副主席

4　凌　涛　中国人民银行上海总部原副主任

5　屠光绍　上海市市委常委、常务副市长

6　王　江　美国麻省理工学院斯隆管理学院金融学教授

7　吴晓灵　全国人大财经委副主任委员

8　阎庆民　中国银行业监督管理委员会副主席

9　易　纲　中国人民银行副行长、国家外汇管理局局长

10　袁　力　国家开发银行副行长

研究院理事长：

万建华　国泰君安证券股份有限公司董事长

研究院副理事长：

1　郑　杨　上海市金融服务办公室主任

2　周　伟　上海市黄浦区区委书记

3　王海明　中国金融四十人论坛秘书长

研究院常务理事（截至 2014 年 8 月，按姓氏拼音排序）：

1　陈继武　上海凯石益正资产管理有限公司总经理

2　高克勤　农银金融租赁有限公司总裁

3　关达昌　东亚银行行长

4　侯福宁　上海农村商业银行行长

5　兰　荣　兴业证券股份有限公司董事长

6　李建国　上海银行副行长

7　李　麟　上海浦东发展银行战略发展部总经理

8　李思明　恒信金融租赁有限公司首席执行官

9　李迅雷　海通证券副总裁、首席经济学家

10　连　平　交通银行首席经济学家

11　潘卫东　上海国际信托有限公司董事长

12　潘鑫军　东方证券股份有限公司董事长

13　彭　蕾　浙江蚂蚁小微金融服务集团董事长兼 CEO

14　裘国根　上海重阳投资管理有限公司董事长

15　许罗德　上海黄金交易所理事长

16　许　臻　上海清算所董事长

17　杨华辉　兴业国际信托有限公司董事长

18　姚文平　德邦证券有限责任公司董事长

19　赵令欢　弘毅股权投资管理（上海）有限公司总裁

研究院副监事长：

彭　崧　上海市黄浦区人民政府区长

研究院监事会成员：

1　管　涛　国家外汇管理局国际收支司司长

2　吴　成　上海市黄浦区人民政府副区长

研究院院长：

钱颖一

研究院副院长：

钟　伟

研究院常务副院长：

王海明